第7回日本伝道会議

宣教ガイド2023

JEA宣教委員会宣教研究部門 編

Japan congress on evangelism

いのちのことば社

はじめに

JEA 宣教委員会宣教研究部門チーフ　福井誠

　2019 年末に始まった新型コロナウイルス感染症（Covid-19）の世界的な流行により、私たちは改めて自分たちの本質的なあり方をさまざまに考察させられた。一般のビジネス社会においても、グレートリセットということばが使われ、戦後形作られ、当たり前に続けてきたあり方をいったん白紙に戻して、まったく新しいものを一から創り出していくことが言われている。それは、キリスト教界においても同様である。『「おわり」から「はじめる」宣教協力』という JCE 7 のテーマ設定はまさに、その目的に沿うものであった。

　ただ考えてみれば、おそらくコロナ以前から、これまでのあり方では対応しきれなくなっていた事態が生じていたのであり、多くの牧師、信徒は、その状況に気づきながらも何をどうすればよいのか慎重な洞察を続けていたと思われる。本著は、そのように新しい仕組みとルールを真剣に考えてこられた方々と共に、さらに考察を深め、それぞれが相応しい結論と実践を形作ることを期待して編纂された。

　JCE6 の『データブック』が出版されたのは 2016 年であった。そして今回は、コロナを挟んだ大きな変化もあり、7 年ぶり（JCE6 の『データブック』のデータは古いのでそれ以上の）のアップデート版が待ち望まれた。しかし、実際には、キリスト教界内で実質的な統計調査のアップデートは進んでおらず、さらに、従来から問題にされてきた教会の定義の多様化に加え、コロナ以降、新しい集会形式（ハイブリッド集会）の導入といった現象により、各教団教派の教会員、礼拝出席者数の統計数値の取り方に意味合いの違いが目立つようになってきた。つまり、各データを単純にアップデートできない状況が生じている。

　そこで、JEA 宣教委員会研究部門では、今回の伝道会議の目的やテーマに沿った内容を中心に、各教団教派・団体へ直接連絡を取り、独自にデータを取った内容から書き起こすことを編集方針とした。また、JCE6 の『データブック』では、できるだけ多くのデータを掲載し、解釈自体は、読者にお任せしていたが、その後、データの解釈、さらには宣教の方向性を具体的に示して

ほしいと言う声が多数寄せられたこともあり、今回は、これからの日本の宣教の方向性についてたたき台となる、材料や議論を多く掲載することを方針とした。そのため今回は、『データブック2』と呼ばず、『宣教ガイド2023〜「おわり」から「はじめる」宣教協力〜』と名前も変えた。

　各章の執筆には、宣教委員会研究部門の研究員が携わったが、もちろん、書かれたことは彼ら自身の個人的な見解というよりも、JEAの専門委員会や、JEA総会で特別な時間をいただいたディスカッション、その他この執筆を目的とした種々の懇談会の内容などを反映させており、多くの方々の助言のもとに総合的に作成されている。

　しかしそれでも書かれた内容については、言葉不足であり、疑問な点、また不十分だと思われる点が多々あるかもしれない。しかしその場合は、率直なフィードバックをいただければ幸いである。そして、さらなる議論、調査を重ね、次回JCE8に出版予定の『宣教ガイド2030』に向けて、役立てていきたいと願っている（意見送付先：jceprokanri@gmil.com）。

推薦のことば

JEA 宣教委員会前委員長　三浦春壽

　『「おわり」から「はじめる」宣教協力』をテーマに第七回日本伝道会議（JCE7）が 2023 年 9 月 19 日から 22 日まで、岐阜県長良川国際会議場で行われます。この日のために、JEA 宣教研究部門では、日本の諸教会による宣教について検討してきました。皆様からの尊いアンケートを通し、主なる神様が『宣教ガイド 2023 ～「おわり」から「はじめる」宣教協力～』（以下『宣教ガイド』）と題して皆様にお届けできるところまで導いてくださり、助けてくださったことに心から感謝しています。。

　若い牧師たちが、ご自分たちに託された主の教会の牧会に専念する一方で、みことばと聖霊に励まされ、助けられながら、日本と世界の宣教の現状を分析し、今後の宣教について考え、まとめたものがこの『宣教ガイド』です。これは、今後の日本の教会の宣教協力と使命について提言している力作です。

　「海外日本人教会と在日外国人教会」では、ディアスポラ宣教の重要性を訴え、「現地（海外日本人教会）や日本国内からの理解と協力が不可欠であることも、日本の教会は覚えるべきである」と提言しています。海外邦人が自己アイデンティティを求め、キリストの十字架と復活の福音を受け入れ、救われる方々が多くいます。その方々が帰国した際に、受け入れる日本の諸教会との協力が不可欠です。また、「地方宣教の課題」では、福音が日本の社会にキリスト教文化として根付くための粘り強い戦いが示唆されています。さらに、「次世代宣教の課題」については、今日の少子高齢化に伴うキリスト教会の危機に触れ、その中で何が求められているかを提言しています。これまでの福音宣教や教会協力に留まらない、「終わり」とするものが何かを考え、「はじめる」ことが何かを明らかにしようとしています。是非、この『宣教ガイド』をご利用くださり、これからの日本の宣教のため、また、教会協力のためにお用いくださいますようにと心から願ってやみません。

　二元論（霊か肉か、善か悪か、光か闇か、味方か敵か、0 か 1 か）の世界観が社会を支配する中、万物を創造された主なる神様の支配による、包括的（ホーリスティック）福音宣教がキリスト教会に託されています。それは、神様の主権

に基づく価値観に生きるいのちの喜びであり、キリストの十字架と復活により隔ての壁が打ち破られる和解の福音を提示することです。格差や分断が広がる世界にあって、包括的福音宣教を携えるためにも、この『宣教ガイド』をお用いいただくよう、心からお薦めします。

刊行の辞

JCE7プログラム局長、JEA宣教委員会委員長　中西雅裕

　この度、『宣教ガイド2023～「おわり」から「はじめる」宣教協力～』を出版できることを、心から主に感謝いたします。

　この数年、コロナ渦によって、今まで当然のように行ってきた礼拝、交わり、宣教ができなくなりました。どうすれば良いのか……教会につながるクリスチャンみんなが、考えざるをえなくなりました。世界中にもたらされた、大きな変化です。その中でこれは、活動を止めて静まり、信仰、教会生活、礼拝、宣教などの本質を考える機会を神様が与えてくださったのではないか、と思うようになりました。神様によって強制リセットスイッチが押され、新しい何かが始まることを神様が期待しておられるのではないかと。

　今後、しばらくの間はコロナとの共存となるでしょう。あえてウィズ・コロナという言葉を使わせていただきますが、ウィズ・コロナの時代は以前のやり方にただ戻るのではなく、本質を見極め、終わらせるべきものを終わらせ、新しく始めるものを始めていく「新しい時代」の始まりなのです。複雑になりつつある社会の変化に目を向けて、災害、環境破壊、少子高齢化、デジタル化、国際政情不安、多文化共生などの課題に教会がしっかりと向き合う必要があります。このコロナ渦で、私たちは今までできないと思ってきたデジタル化を、否応なく受け入れ、適応し、それができているのですから。

　この変化への適応の助けとなる基本データとして発行されたのが、この『宣教ガイド2023～「おわり」から「はじめる」宣教協力～』です。日本福音同盟（JEA）宣教委員会宣教研究部門のメンバーが幅広いところからデータを集め、考え、Zoomミーティングや合宿を繰り返して、第7回日本伝道会議（JCE7）に合わせて執筆しました。前回の伝道会議以降の、キリスト教界に関する変化をまとめてあります。ぜひ、このデータを用いて議論し合いたいと思います。

　以前のJCE6の時、発行された『データブック』をボロボロになるまで何度も読み、線を引いて、考えたという方のお証しを聞いて感激しました。この日本での宣教のために、私たちも真剣に考え、互いの議論を深め合い、宣教に関

わっていきたいと願います。すべての教会がこの『宣教ガイド 2023』を手にし、現状を分析し、宣教に役立ててほしいと思います。すべての神学生がこの『宣教ガイド 2023』をもとに、日本での宣教について学んでほしいと願っています。

　この『宣教ガイド 2023』を書くために、一緒に知恵をしぼった宣教研究部門のメンバー一人ひとりに感謝します。「『おわり』から『はじめる』私たちの祈り」を作りあげてくださった宣言文作成のメンバー全員に感謝します。そして今回も、この本を発行してくださった、いのちのことば社の担当の方々に感謝いたします。そして何よりも私たちに期待をしてくださる神さまに感謝いたします。日本と世界の宣教が進みいきますように！　祈りつつ。

『宣 教 ガ イ ド 2023』 目 次

　　　　　　　　　　　　　　　　　　　　　　　装幀　中林多恵子

第1章　キリスト教界と疫病、震災

　新型コロナウイルス感染者の始まりは、2019 年 12 月、中国であった。その後感染者は、またたく間に世界中に拡大し、2020 年 3 月、世界保健機構はパンデミックを宣言した。日本では、2020 年 1 月、中国から帰国した日本人の感染が初めてで、同年 2 月、北海道で独自の緊急事態宣言が発令（発出）された。さらに同年 4 月 7 日〜5 月 31 日、7 都道府県を対象に、第 1 回緊急事態宣言が発令された。以後コロナは、多くの人命を奪い、世界中の医療のみならず福祉、産業、経済などさまざまな分野に大きな打撃を与え、ビジネスの世界では「グレートリセット」とも呼ばれる歴史的な転換点の引き金となった。

　コロナ発生後、3 年以上が経過した今日、ワクチンが普及、政府は 2023 年 5 月 8 日、コロナを感染法上、季節性インフルエンザと同等の「5 類」に移行し、平時の経済活動を回復させるためのさまざまな措置を進めている。

　他方、この数十年、前代未聞の種々の震災、日本にまでその影響が及ぶ他国の激しい内乱、戦争などが相次いでいる。まさに「夜は深まり、昼は近づいている（ローマ 13：12）」つまり、近づく主の日を深く覚えさせられるこの時代にあって、コロナは、宣教と牧会の在り方を再考する機会を与えてくれるものであった。

1　アンケート調査の概要

　JEA 宣教委員会研究部門では、コロナの感染拡大が始まった直後、さらに、感染法上「5 類」に移行するまでの間、以下の 3 つのアンケート調査を実施した。

　①アンケート対象：JEA 加盟団体の 1984 教会（教団事務所を通じて実施）

　②回答数および回答率：344 件（17.3%）

　③実施期間：2021 年 3 月 31 日〜6 月 10 日

　④回答方法：アンケート用紙、FAX およびメールでの回答、さらに Google
　　フォームでの WEB 直接入力回答の方式を採用

また、賛美、愛餐会等の追跡調査を以下のとおり実施した。

①アンケート対象：第一次調査の 344 教会（直接回答を依頼）

②回答数および回答率：118 件（34.3％）

③実施期間：2022 年 2 月 25 日〜3 月 11 日

④回答方法：Google フォームでの WEB 直接入力回答の方式を採用

さらに、5 月 8 日以降、つまり政府コロナ 5 類移行後の教会の対応について、以下のとおり調査した。

①アンケート対象：第一次調査の 344 教会（直接回答を依頼）

②回答数および回答率：165 件（47.9％）

③実施期間：2023 年 5 月 10 日〜5 月 30 日

④回答方法：Google フォームでの WEB 直接入力回答の方式を採用

本稿は、以上の 3 つの調査を基にしているが、サンプル数やアンケート対象を踏まえて、日本の福音派教会のおおよその傾向として参考にしていただきたい。

2　アンケート分析⑴ ── コロナのキリスト教会への影響

1)　礼拝出席への影響

　教会規模により変化が大きく、大規模教会では、礼拝出席者が約 80％減少した。これは人流を押さえた感染リスク対策による自然な結果である。しかし

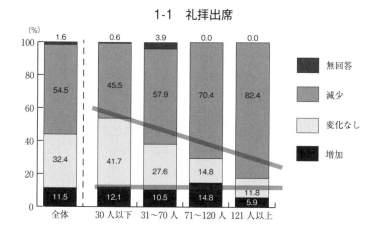

1-1　礼拝出席

ながら、逆に礼拝出席者が増加している教会が約 10％あった。それらのうち、オンラインでの礼拝者をカウントした教会は 63％であった。その他の理由で注目されるのは、電車やバス等で遠くの教会に通う行動を控え、歩いて通える教会に行くようになった、というものがある。

2)　礼拝賛美への影響

　賛美の実地方法については、それぞれ飛沫感染予防対策を流動的に試行錯誤している。複数選択方式の回答によれば、通常どおり賛美した 24％、賛美の曲を減らして賛美した 49％、短縮で賛美した 31％、小声で賛美した 30％である。なおもともと会堂の広さに比し人数が少ないという理由、また、オンライン併用方式で礼拝を実施するようになったので、会堂に集まる人数が減り、従来どおりの賛美が可能であったとする教会もあった。また、奏楽者がオンラインでの礼拝出席となったため、会堂ではヒムプレイヤーなどを用いるケースもあった。ほかには、賛美はしなかった 1％、歌詞を朗読 1％、歌詞を黙読 2％、代表者のみの賛美 7％、二酸化炭素濃度計を確認しつつ賛美 10％、ハミング、エアードッグの導入などがあった。

　賛美は、会堂の広さや集まる人数、換気等の状況によって、それぞれの教会の環境に応じた飛沫感染対策が実施されているので、特別に推奨される方式があるわけではない。

3)　諸集会への影響

　礼拝出席に比べ、教会規模による差は少なかった。というのも、教会の中心的集会である礼拝以外は、すべて中止せざるをえなかった事情がある。ことにアウトリーチ関係の集会は、コロナ発生後、ほぼどの教会でも中止する対応となった。

4)　交わりへの影響

　交わりが薄くなったと考える教会、牧会的関わりが深まったと考える教会、感じ方は種々分かれた。おそらく前者は、愛餐会など、全体的な交わりが目に見える形で失われたことによるもので、後者は、個別訪問や電話、SNS などでの接触回数が増えたことによる感じ方の違いである。したがって教会規模が大きくなればなるほど、プログラムが中止されたことで、交わりの希薄さを感

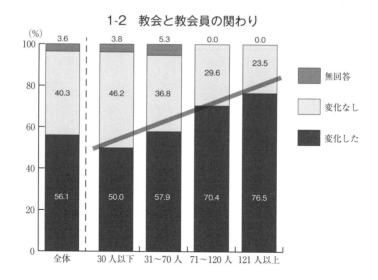

1-2 教会と教会員の関わり

(%)

凡例:
- 無回答
- 変化なし
- 変化した

	全体	30人以下	31〜70人	71〜120人	121人以上
無回答	3.6	3.8	5.3	0.0	0.0
変化なし	40.3	46.2	36.8	29.6	23.5
変化した	56.1	50.0	57.9	70.4	76.5

じている。逆に教会規模にかかわらず、セルグループや地域集会などの、小グループ活動が機能している教会では、ほぼ交わりへの影響は少ないと感じている。

5) 愛餐会への影響

コロナ禍で大きく影響を受けた教会の活動は、愛餐会である。愛餐会を行わなかった教会は78%、マスク会食で実施した教会は14%、ソーシャル・ディスタンスを取って行った教会は8%であった。実際の進め方は、弁当を購入したり、持参したり、黙食する等で、持ち寄りのポトラック形式はほぼなされていない。

6) 新来会者数への影響

教会規模によって差が見られ、大規模教会ほど減少した。ただ少数ではあるが、増えている教会もあり、その実態は、オンラインによる新来会者の増加をカウントしたためである（約90%）。増えた参加者の内訳は、教会員の未信者の家族の参加、遠距離の教会員、教会から遠ざかっていた会員の回復と来会が中心である。結果、諸集会、特別記念礼拝（冠婚葬祭を含む）等への参加者も増加したというコメントもある。

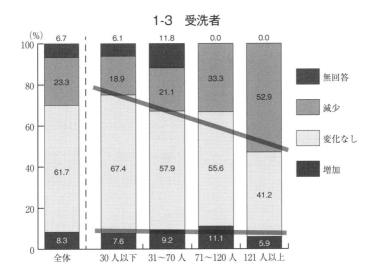

1-3　受洗者

7)　**受洗者数への影響**

　受洗者数は、大規模教会ほど減少している。この結果は注意を要する。というのは、大規模教会の受洗者数が、人と人のつながりではなく、プログラムに依存している可能性を示しているからである。

　コロナ期間に受洗者を起こしている教会は10％であった。その内訳は、コロナ前から受洗の準備をしていて受洗に至ったケースが60％、コロナを機に教会を来訪して受洗したケースが40％であった。救いの感染力は、プログラムにあるのではなく、人にあるとすれば、人と人のつながりによって、いついかなる時であっても、受洗者が起こされても不思議ではない。しかしそれが大教会で激減したことの意味を考える必要がある。

8)　**地域との関わりへの影響**

　地域との関わりについては変化を感じていない教会が多い。しかしながら、コロナによって地域とのダイナミックスが生じていないというのは、教会が地域から遊離している現実を暗示してもいる。

9)　**献金への影響**

　月定献金と礼拝献金を比較すると、明らかに礼拝献金に対する影響が大き

い。そして教会規模にかかわらず、月定献金については、約半数以上の教会が変化を感じていない。信徒の忠実さを示す指標というべきだろう。また 120 人を超える大規模教会に、月定献金が増えたと回答している教会が 10％以上ある。その要因は、オンラインによる献金回収の工夫があった。

10) オンラインの導入

(1) 物理的環境整備

コロナを機に、約半数の教会が、設備や機器を新規に揃えている。確かにきちんとしたカメラ、マイク、ライティングがないとライブ配信もできない。従来、教会のデジタル化は宣教・牧会になじまないと敬遠されがちであった。しかしコロナが教会のデジタル化を一気に推し進めた。

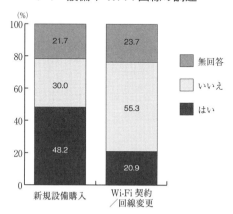

1-4　設備や Wi-Fi 回線の調達

(2) オンラインの導入

オンライン礼拝を実際に導入した教会は 64％、コロナ前から実施していた

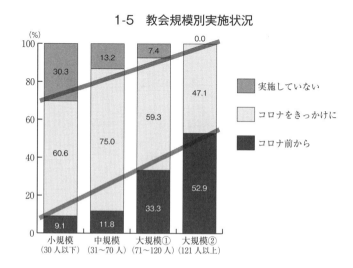

1-5　教会規模別実施状況

教会を合わせると約 80％ となる。コロナ前からの導入にしては、大規模②教会（120 人以上）の 17 教会はほぼ全部の教会で、小中規模教会では、約 10％の教会で導入している程度であった。

　コロナ当初のアンケート調査では「感覚的にオンライン礼拝を受け入れられない」というコメントも少なくなく、小規模教会の約 30％、中規模教会の約 13％、大規模①教会（71 ～ 120 人）の約 7％が、オンライン礼拝を実施していない。その結果、オンライン難民が生じていることを指摘するコメントもあった。

11）　牧会・宣教への影響

　コロナは、明らかに、会堂中心の、いわゆるイベントなどで人を集める形の活動を抑制した。またオンラインによる活動を否応なしに導入させた。しかしそこで、コロナをマイナス影響と受け止め、これが早く終わって元に戻ってほしいと手をこまねいている教会、コロナをプラスの機会として受け止め、教会の本質に立ち戻る努力やデジタル化の有効利用に取り組み、新たな方向転換を図った教会がある。さらには、今回の状況に左右されず、これまでどおりの活動を継続している教会、と宣教・牧会の現状は分かれた。

　教会のデジタル化について言えば、教会の規模によらず、牧師の働きも変化した。小規模教会の牧師で、礼拝の継続を進めるために、慣れないオンライン礼拝への取り組みを余儀なくされた者も多い。他方、大規模教会の牧師の場合、オンライン礼拝は、スタッフに任せ、自らは宣教ツールとしてのオンライン活用に本格的に取り組んだり、場所を問わない種々のズームミーティングで隙間時間を埋め、多忙感を深めたりしている者も多い。

3　アンケート分析⑵ ── コロナ、感染法上 5 類移行後の対応について

　コロナ禍が発生してから早 3 年、2023 年 5 月 8 日、コロナは感染法上インフルエンザ同等の 5 類へ移行された。本稿を記載している 6 月末現在、東京の街並でのマスク着用者の数は減ってきてはいるが、まだ少数派とは言えない。しかし、教会のアウトリーチ、愛餐会は、種々再開されている。3 年間の変化と方向性について検討した。

1) 礼拝の座席配置

礼拝の座席配置については、5月8日以降も、ソーシャル・ディスタンスを保った状態を継続するという回答が41.2%、コロナ前の状態に戻すという回答が20%であった。注目すべきは、これを機に、快適な教会の空間を考えた新しい座席配置を計画するという回答が10.3%で、これ以降の質問についても、コロナを機にまったく新しく教会の在り方を考えようという動きがある。

2) 礼拝の人数制限

人数制限は撤廃するという回答が21.2%で、これまでも人数制限をしていなかったという回答の52.1%を合わせると、ほぼ人数制限に関しては元に戻る方向で動いている。

3) 礼拝の賛美

コロナ対応を継続する教会は19.4%であり、これも、ほぼ元に戻る方向に動いている。

4) 聖餐式の方法

コミュニオンカップなどの感染対策のより高い材料を用いて継続するが29.7%あるものの、もはや象徴聖餐式などの特別措置はなされず、通常実施に戻ってきている。

5) 愛餐会の実施

5月8日以降も、愛餐会を実施しない教会は15.8%、感染対策を考えながら実施、もしくは再開する教会が35.7%、完全に元の会食を再開する教会が6.7%、愛餐会の新しいスタイルを計画して実施するが18.8%と、ほぼ再開、実施の動きになっている。

6) マスクの着用

これまでどおり教会内でマスクの着用を推奨するは31.5%、個人の判断に任せるが49.7%で、今後もしばらくマスク着用者とマスク非着用者は混在する状況にある。

7)　アクリル板などの使用

　アクリル板を使用していた教会で、これまでどおりアクリル板の使用を継続する教会は40.9％であるが、23.2％の教会はこれを撤廃すると回答した。

8)　オンライン礼拝の継続とその評価

　オンライン礼拝については、原則対面にするという回答が8％、種々事情のある方のために継続するという回答が52.1％、礼拝のみならず宣教ツールとして積極的に活用するという回答が20.6％であった。コロナ禍当初に期待されたほど、積極的な継続活用の声は少ない。

　実際、オンライン礼拝についてどのように評価するか尋ねてみた。

　①オンライン礼拝での礼拝はやはり難しいので対面を推奨する（6.7％）

　②コロナ禍など緊急時においてやむなき手段であると考える（36.4％）

　③オンライン礼拝でも礼拝は十分可能と今後も活用を継続すると考える（20.6％）

　④実に有効な手段で今後もこれを積極的に活用する方法を考える（18.8％）

　消極的、容認的な活用派（①、②）が積極的活用派（③、④）をやや上回った。

9)　新来会者の状況

　新来会者が増えてきたが28.5％、変化はないが47.9％、減少したままである（新しい新来会者が与えられない）18.8％で、66.7％の教会の立ち直りが進んでいない。

10)　求道者の状況

　求道者が増えてきたが23.2％、変化はないが48.2％、減少したままであるが23.8％で、72％の教会の立ち直りが進んでいない。

11)　受洗者の状況

　受洗者が増えてきたが10％、変化はないが57.6％、減少したままであるが25.5％で、83.1％の教会の立ち直りが進んでいない。新来会者が減少したままであれば、当然、求道者、受洗者の数も減少したままとなる。

12)　対面礼拝・オンライン礼拝出席者の状況

　5月8日以降、対面礼拝が増えてきたと回答する教会が32.9％、変化がないと回答する教会が42.1％、減少したままと回答する教会が20.7％である。またオンライン礼拝では、増えてきたが9.8％、変化はないが47％、減少してきたが25％である。

　一般社会ではほぼコロナ前の活動が復帰してきているにもかかわらず、教会ではオンライン礼拝から対面礼拝の回復がなかなか進まない状況がある。コロナ期間中に、教会員がオンライン参加を気軽に選択するようになり、対面礼拝が戻りにくくなることは予測されていたことであるが、それが現実化し始めている。後で述べるように、オンラインは、現段階では宣教よりも牧会に有効なツールであると考えられ、受洗者、求道者の数を回復するには、新来会者数の回復、いわゆる対面での人流回復が鍵となる。

13)　月定献金・礼拝献金

　月定献金については、72.7％の教会が変化はないと答えている。月定献金の性質からすれば、自然な回答率である。したがって、人流が回復し、新来会者、求道者、受洗者が徐々に増えてきている状況を反映して、集会献金（礼拝献金を含む）も増えてきているという教会が17％というのも自然な結果である。ただし先に述べたように、教会の立ち直りの遅れが、集会献金の回復にもしばらく影響を与えると言える。

14)　諸集会やイベントの開催

　諸集会、イベントの開催数は、徐々に再開が70.3％、変化はないが13.3％、まだ再開のめどがないが10.9％である。諸集会やイベント関連については、教会が種々動き始めている状況が伺える。

15)　ポストコロナの課題

　コロナは、教会のアウトリーチ活動、また愛餐会を中心に大きな影響を与えた。ことに教会学校においては、衰退著しく、再開拓の機会となっていると考えている教会が33.5％であった。確かに、クリスチャンキャンプ場も、このコロナ禍によって一挙に減ったのが、教会単位で主催される教会学校キャンプであるとされる。また、礼拝人数が全体的に回復しないとする回答が29.9％、

そしてオンラインの利便性のために対面の活動が回復しないとする回答が10.4
％。教会員相互の関係に距離ができてしまったと感じている回答が21.3％であ
った。また求道者や、クリスチャンホーム二世の子どもたちが教会に戻らない
状況も課題としてあげられている。

　現在、社会の動きが再開しはじめても、教会の動きは速やかではなく、慎重
な姿勢を崩さない教会も少なくない。教会は、三密を避けられない愛餐会や賛
美等、高感染リスクの活動が多く、感染予防については十分な措置を取るべき
ことが期待される場であるし、宗教施設内でのクラスター発生に対する社会的
批判の報道も相次いだ状況もあるが、第3回のアンケート結果は、教会の活動
回復が、いましばらく遅れる状況を示唆している。しかし、実はそこに、後で
述べるように、コロナ前からあった潜在的な課題が不随している可能性を考え
る必要もあるだろう。

4　コロナとキリスト教会

1)　オンラインの導入について

　オンラインについては賛否両論あるにしても、オンラインによるメリットは
あったと考えてよい。つまり、オンラインの活用による新しい発見が種々なさ
れ、SNS や YouTube などによる集会のライブ配信、zoom を使った学びや祈
祷会等、新しい宣教・牧会の可能性への期待感が高まった。そして実際、オン
ラインならではの求道者層、新来会者層を獲得する手段となった。また日本の
地域を、さらには海を越えた海外のメンバーとつながる牧会と宣教の機会が得
られた。

　ただしそれは、まだ取り組み始めであって、試みの段階である。コロナが約
3年経過した今日、オンラインに対する否定的な発言は減少したように思われ
るが、3回目のアンケート調査によると、オンラインの積極的活用派の数は、
消極的活用派を上回っているわけではない。それは、教会のデジタル化に対す
るアレルギー反応もあるかもしれないが、現実的にデジタル化をサポートする
人材の確保が難しい状況にもよる。実際、コロナにあって、オンライン礼拝に
対応したのはほとんどが牧師である。専門知識もない牧師が何とかしなくて
は、と友人や知人、家族のサポートを得ながら大変な努力をして対応した。つ
まり、オンライン礼拝を実施することで精一杯の状況が続いてきたのであり、

対面が再び可能な状況が戻ってきた以上、デジタル化を維持・推進する人材に不足しているとなれば、今後対面礼拝を中心とした活動に自然に戻っていく流れは理解できる。実際、日本の約70％の教会は、デジタル化の人材に乏しい小規模教会である。

またコロナ禍の緊急事態宣言によって、会堂での礼拝を中止せざるをえなかったのは、おおかた首都圏、大都市圏の教会であって、地方の教会では、感染拡大防止策を取りながら、対面礼拝を継続している教会も少なくなかった。つまり、キリスト教会のコロナ対応は、決して全国一律ではなく、都市部と地方では違う対応状況がある。

この3年間で、オンラインツールへの評価も次第に固まり、基本的にオンラインツールは、信頼関係のできている間柄においてこそ有効で、宣教と牧会とに分けて考えた場合、新しく求道者を獲得するよりも、親しい間柄の牧会により有効と考えられる手段になってきている。医療の分野でも、コロナ禍によってオンライン診療が進んだが、実際には、オンラインで得られる情報は限られており、既によく知っている患者の診療であればこそ機能するツールという理解が深まっている。したがって現段階で注力すべきことは、オンラインツールの活用方法よりも、オンラインツールを活用する者の姿勢であり、関わり方である。つまり、最新のテクノロジーを牧会手段として導入しても、「こまめにコンタクトを取って、一人ひとりと向き合う時間が必要であることが分かり、個人との関わりを大事にしていく」信徒と膝を交えて語り合う牧師の姿勢は、変わらないものとして意識されなくてはならない。

クラウドチャーチ、つまり、本格的にオンラインのバーチャル教会を進める話題もあるが、それも先に議論が進んでいるに過ぎず、実際には、メタバースに関心のある一部の教会の試行錯誤的な実践であり、今のところ、全体がこぞって向かう方向性ではない。オンラインの教会での活用については、第8章の教会のデジタル化でさらに議論を行っているので、参照していただきたい。

2) 「オンライン礼拝」か「礼拝のオンライン配信」か
——真の礼拝の熱心さを取り戻す

当初、キリスト教界内で起こった礼拝に関する議論は、「オンライン」か「対面」かであった。しかしコロナが3年経過した今日、議論となっているのは、日本クリスチャン・アカデミー共同研究が指摘している「オンライン礼

拝」か「礼拝のオンライン配信」かの問いであることに間違いはない。それらの区別のみならず、配信者と受信者との間のその捉え方のずれも、徐々に意識されるようになってきた今日、大切なのは、配信者（礼拝主催者）の側が、どのような意図でそれを実施しているかを明確に表明することなのだろう。そして、その意図にふさわしい在り方を求めることである。つまり、「礼拝のオンライン配信」の受信者は、礼拝出席者というよりも、礼拝もしくは説教の視聴者にすぎない。だから、「礼拝のオンライン配信」の参加者を礼拝人数の増加とカウントすることはできないのが本当である。しかし、そうではない現状があり、筆者は、このほかの理由も含め、2019 年以降の教会礼拝人数等の統計値は、かなり慎重に取り扱うべきであり、単純に教勢値として統計化するのは難しいと考えている。

　ともあれ、第 3 回のアンケート調査からは、オンライン礼拝はやはり火急の手段である、あるいは遠隔地の兄弟姉妹の礼拝の便を計る補助手段である、と覚めた見方が強くなってきている。となれば「礼拝のオンライン配信」ではない「オンライン礼拝」を継続すると考えた場合、そこで、神は礼拝者を求めておられる（ヨハネ 4：23）という神学に立って、配信者と受診者の意識の共有を徹底すべきなのだろう。

　たとえば、山口隆康氏は、「コロナパンデミックの中の教会形成」において、コロナ禍のオンライン礼拝の可能性を語っている。[1]礼拝が終わった後に、SNS で「今日の礼拝を感謝します」「みことばをありがとうございます」と立て続けに信徒からレスポンスが来たその時、物理的に場所を共有することはできなかったものの、同じみことば、感謝、賛美、祈り、そして献身において皆が一つ心になって献げていた、まことの礼拝が成り立っていることに気づかされた状況を語っている。つまりオンライン礼拝の可能性は否定されるものではないが、実施においては、配信者と受信者の意識共有を明確にすべきだろう。

　また、コロナ禍は、改めてこのような礼拝の本質を考えさせられ、これまでの対面礼拝が本当に主に献げられたものであったのかを振り返る機会を与えた。つまりオンラインであれ対面であれ、神は礼拝者を求めておられるという神学に立たせられる機会を与えた。しかし旧約聖書を読み返せば理解されるように、これは実際には、聖書史の中で繰り返し神の民に与えられたチャレンジでもある。預言者イザヤが語ったことは、真の礼拝者を回復させようとする神の熱意である（イザヤ 1：11 〜 16）。それから数百年後、神がエレミヤを通して語

ったことも同じである（エレミヤ 6：20）。アッシリア捕囚、バビロン捕囚、これらは、神の裁きとして語られるが、それは、イスラエルから礼拝の祝福を取り去り、礼拝の本質を考えさせる教育的な出来事であった。実際、捕囚期間イスラエルの民は、心一つにして、回復を待ち望むようになるが、彼らにエゼキエルが語ったことは、礼拝がしるしとなることであった（エゼキエル 20：19～20）。そのための努力は、エズラ記、ネヘミヤ記に明らかであるが、それは、まことの礼拝の回復、礼拝者を求められている神へのまことの応答を求めるものである。

　対面かオンラインかではなく、いずれにせよ「礼拝」と呼ばれるものにおいて、一人ひとりが神に向かい、共に心を揃えて神に喜ばれる礼拝を献げる（ヘブル 12：28）、そして礼拝で喚起された献身を献金や新しい一週の生活という具体的なもので形にできるかどうか、コロナで問われたのはまさにそのことである。

3)　牧会について ── 問安ではなく牧会的訪問

　コロナにおいては、オンラインの活用が積極的に取り入れられたと思われる一方で、感染予防に注意しながら、戸別訪問に力を入れる動きもあった。注目すべきは、戸別訪問の在り方を再考するコメントである。つまりこれまで牧師の訪問は、休みがちな信徒に週報や月報を届け、近況を伺い、励まし、関わりを強化していくように考えられてきた部分があった。だから、日本人の生活様式も変化し、牧師の訪問は必ずしも期待されなくなってきている今日、特に都市部においては、戸別訪問を牧会の一部と考えない牧師も少なくない。

　しかしながら、コロナを機に、教会での聖餐執行が難しくなると、パンとぶどう酒を届け、共に主の恵みを分かち合う聖餐的訪問が少なからず行われるようになり、改めて戸別訪問の本質的な意味が意識されるようになった。つまり、それは関係づくりを主とするのではなく、神の恵みと罪の赦しを提供する牧会的訪問であるというわけである。

　確かに今後 2030 年問題という、教会に通えなくなる信徒が激増する時代を迎えるにあたり、キリストを頭とする霊的共同体の一員であることを共に確認し、その恵みを喜び合うための聖餐的訪問は重要な働きになるだろう。教会のために忠実に仕えてきた信徒一人ひとりを天の御国に送り届けるまで、しっかり牧会的・聖餐的訪問でフォローしていく働きは欠かせない。少子高齢化に伴

う献身者の激減により、伝統的な一教会一牧師制の構造が崩れ始め、もはや一牧師が多数の教会を兼牧せざるをえない状況が進みつつある今日、牧師のもとで牧会・伝道を行う信徒リーダーの役割も議論されるようになった。訪問するのが、個人の家庭にせよ、教会にせよ、牧師が教会を出て、巡回的な働きを求められる時代にあって、改めてその働きの本質を、コロナは考えさせてくれたと言える。

4)　宣教について —— 疫病的なキリストのいのちの回復

　コロナは、教会の宣教実践についても、初代教会的本質を振り返る機会を与えた。コロナによって多くの教会は、会堂中心、もしくは、イベントを開いて人を集める伝道活動を中止せざるをえなかった。人流の制限により、礼拝出席者、新来会者が減ったという状況は自然なことである。しかし、受洗者数まで激減してしまうことの意味は何であろうか。というのも、宣教は本来、教会という場にかかわらず進められるはずのものである。実際、コロナによるソーシャル・ディスタンスという現実はあっても、経済活動は続き、人との接触も失われたわけではない。そのような意味では、かたやソーシャル・ディスタンスを取りながらも、人から人へと感染し続け、またたく間に世界中に広まったのがコロナである。パウロは「実は、この男はまるで疫病のような人間で、世界中のユダヤ人の間に騒ぎを起こしている者であり、ナザレ人の一派の首謀者であります（使徒24：5）」と言われたが、福音には疫病のような性質がある。つまり、コロナは、私たちのうちに、その感染的なキリストのいのちがあるかどうかを問いかけたのである。実際、初代教会が行っていたことは、種々のイベントやプログラムを通して人を集めることよりも、身近な関係性の中で、つまり自らの生活を通して福音のいのちを感染させることであった。教会は、信仰者一人ひとりの集まりであるから、教会に宣教力があるということは、信仰者一人ひとりに、キリストのいのちを感染させる力がある、ということである。結局、一人ひとりが自然に感染させる霊的なものを持っているはずなのに、そこではない、違うところで教会が力んでいる、さまざまな努力をしている状況はないだろうか。

　だからもしかしたら、近年、宣教の手段として、子ども食堂、高齢者・障がい者福祉、葬儀伝道など、さまざまな試みがなされているが、それも要検討事項なのかもしれない。つまり、それらは尊い働きであることに間違いはない

が、日本のキリスト教会の歴史を振り返ってみれば、地域に浸透しようと幼稚園経営を行う教会に対して、伝道一本の在り方がよいのだと批判的な目が向けられた時代もあった。そして実際に幼稚園経営によって教会に人は集まり、経済的に安定することがあっても、思うほどの霊的な収穫を得られない現実と格闘してきた教会も少なくなかった。それはさまざまなイベントにおいてもそうである。イベントに人は集まるし、キリスト教シンパは起こされるが、新生したキリスト者の獲得には結びつかない、教会がさらに霊的に強化されるわけではないという問題である。今取り組んでいるさまざまな試みも同じような経緯をたどる可能性はある。

　これからは、教会に人を呼び込むのではない、出ていくのだ、という声もあるが、呼び込むか、外に出ていくかの問題ではない。イベントをするかしないかの問題でもない。つまりどのような宣教の手段が取られるとしても、疫病的なキリストのいのちが自然に実を結ぶ信徒・牧師のそれぞれの存在が問われているのである。

　教会学校の働きについても、コロナ前から既に身内的になっていた活動が、オンラインの手段を通じて、さらに新しい子どもを獲得できない状況に直面し、再開拓に迫られている教会も多い。オンラインに柔軟な中高生ですら、今や、オンラインツールの集会には、食いつきが悪い状況が生じている。だから、何か一緒にご飯を食べる、対面で楽しい時を持つことが必要なのだと言う声も聞かれる。しかし、問われているのは、キリスト者自身に、友人・知人を神に結びつける霊的ないのちが躍動しているかどうかである。

5)　交わりについて —— 信仰生活共同体の形成

　コロナで、その影響が少なかった教会は、小グループ活動が機能している教会であった。つまり、教会の規模にかかわらず、教会内の人間関係がしっかりできている教会は、経済的にも、また活動的にも守られている。しかし、注意すべきことは、それは必ずしもセルグループによる教会形成がよいことを意味しないことである。つまり、たとえ小グループの活動がなされていても、それが形ばかりの活動であれば、コロナを乗り越えるようには機能しない。だから、コロナを機に潜在していた問題が鮮明となり、痛みを負った教会も少なくなかった。セルグループ、小グループという形の問題ではなく、その実質がどうであるかが重要なのである。

　そこで合わせて考えたいことは、これからの教会形成の在り方である。ある程度の大きさになると、どうしてもセルグループ等の小グループ活動を上手に取り入れないと、信徒一人ひとりのケアが難しくなる。しかしそもそも論として、信仰生活共同体として機能する最適な教会のサイズはどのくらいなのだろうか。もちろん、教会が自立的に牧師を支えられる規模も考慮しなくてはならないが、本来日本において必要とされていることは、より大きな教会を作り上げることではなく、信仰生活共同体として機能しうる中規模教会（40名程度）を、歩いて通える距離に、より多く作っていくことなのだろう。そしてそれらを、巡回牧師のリーダーシップのもと、信徒リーダーと共に推進していくのがこれからのスタイルになっていくはずである（「第9章　教会形成」参照）。

　住んでいる地域を越えて、電車で何駅も乗り継いで教会に通う、あるいは、車で遠距離にある教会に通う、こうしたことが続くのは足腰が丈夫で健康な時期に限られる。年老いて、通い慣れた教会に通い続けられない時期は必ず来る。アンケートにも、コロナを機に歩いて通える距離の教会に礼拝場所を替える行動が散見された。それは、有事常態化の時代における地域教会の在り方について重要な示唆を与えている。本質的に考えるなら、歩いて通える距離にある教会は、電車で通う遠くにある教会よりも、信徒の所属意識と奉仕者精神を開発し、養うところがある。また遠くから通ってくる信徒ではなく、歩いて通える距離にいる信徒で構成される教会であればこそ、種々の地域に浸透しようとする取り組みも、既にある人間関係を活かすことになる。教会が、地域の学校や会社など、諸機関と連携して地域に親しまれる場として教会が建て上げられていくことを求めるなら、遠くから通ってくるメンバーよりも、地元住人のメンバーの存在が欠かせない。そうでなければ、日本に土着化した仏教寺院のように、キリスト教会が地域の風景に溶け込むことはないだろう。キリスト教信仰が日本に土着化することを考えるならば、医療、福祉、また防災の在り方を考えるとわかるように、たとえデジタル化が進んだとしても、アナログ的な発想に立ち戻り、いかに地域における信仰のみならず生活共同体となって行くかを考えながら、教会形成に取り組まなくてはならない。

5 疫病、災害、そして教会

1) コロナと初期対応

　教会がコロナ禍に対応した時期は、2020 年 4 月の緊急事態宣言以前からが 71 ％、その後が 29 ％となっている[2]。政府がコロナに際して「新型インフルエンザ等対策特別措置法（平成 24 年法律 31 号）」を整え、種々の施策を出し始めたのは、第 1 回緊急事態宣言以降である。つまり、回答教会の多くは、自粛要請以前に、また自粛要請対象になっていないにもかかわらず、それぞれの判断で早々と自粛活動を進めた。しかも、速やかに礼拝を休止した教会も少なくない（約 20 ％）。これを当初、ジャーナリズムに振り回された慌てた対応とみなす声もあった。

2) コロナ対応への根拠としたもの

　教会が初動のために参考にしたものは、教団・教派の通信（約 55 ％）、また同レベルで、ネットやメディアの情報、そして他教会の対応となっている。特に団体に所属する教会においては、団体の通信が初動に最も大きな影響を与えている。団体としての方針、対策などの通知が遅ければ、それだけ、教会の初動の判断も、当然のことながら、教会の固有の判断に任せられることになる。コロナに対して、あるいはコロナ禍のみならず、社会の危機的な事態、いわゆる有事に、本来教会はどのように初動を開始すべきか、各教会、および各教団教派は、体制を整備しておく必要がある。

1-6　対応の参考としたもの

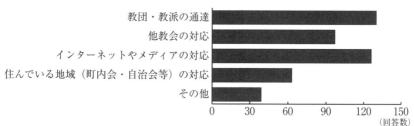

3)　エスカレーションルール

　そこで考えなければならないのが、東日本大震災以降、ことに福島原発事故の時に注目されたエスカレーションルールである。今回のコロナにおいても、それは同様であった。

　エスカレーションルールとは、非常事態において、どのルートでどのレベル（役職）まで報告するか、誰が責任者となるのかを定めておくことである。団体の看板を掲げている現場の牧師にとって、現場の信徒との余計な軋轢を生み出さず、危機対応を円滑にするためには、団体との関係で速やかな決断を下せるエスカレーションルールが必要である。

　いささか刺激的なことを言えば、スペイン風邪の後に来たのは戦争と言われる。コロナが早く収束すればよい、と多くの人は考えてきた。あるいはコロナに左右されずに活動を続け、収束した先を見越した計画を既に考え始めている教会もあるかもしれない。しかし、さらなる想定外の段階に入った時に、各教会は、何を持って初動の根拠とすればよいのか、整理しておく必要はある。

4)　各教団教派のエスカレーションルールの事例

　そこで、各教団・教派はどのようなエスカレーションルールを用意しているのか、事例を検討した。実際に参照したものは、

　　①アッセンブリーズ・オブ・ゴッド教団「教会用災害対策マニュアル教会防
　　　災 2021 年改訂版」
　　②日本ホーリネス教団奉仕局・緊急支援対策室編「災害発生時の連絡・行動
　　　マニュアル」
　　③東京フリー・メソジスト教団「災害発生時の連絡・対応マニュアル」
　　④日本イエス・キリスト教団「自然災害危機管理マニュアル」
　　⑤同盟基督教団「広域災害対策ガイドライン」（2021 年 2 月改訂版）
である。

　各団体が、社会的危機状況に対する対応のマニュアル（エスカレーションルール、危機管理委員会など）を整備しておくことは、重要であり、そのポイントを整理すると次のようになる。

5) エスカレーションルールの要点

（1） レベル

　まず、日本イエス・キリスト教団の「自然災害危機管理マニュアルは」被災地教会員、被災地教会、被災地教区、教団、被災地外教区と、それぞれのレベルでの対応の在り方が明確に指示されている。基本的にエスカレーションが必要な緊急事態においては、何よりも迅速な対応が求められるので、少なくとも個人、教会、教区、教団レベルで「どのような時に」「誰にエスカレーションするのか」つまり何をどこまでそれぞれのレベルで行う権限を委ねられているのかが明確にされていなくてはならない。また上位に報告されるべきことは何か明確に内容が定められているのみならず、それが全体で共有されていなくてはならない。

　各レベルでの裁量の余地が大きくなればなるほど、非常事態にあっては重要な案件を本来処理すべきでない場所で処理したり、あるいは事後、責任のなすり合いが生じたりしかねない。さらには、イテロがモーセに指摘したような問題、つまり現場で処理すべきことが、何から何まで安易にエスカレーションされ、上長に対応を求める事態も生じ、上長が疲れ果ててしまう事態も生じる。

（2） ルートと手段

　次に、迅速にエスカレーションするためには、報告や相談、処理の一連のルートを明確に定めておく必要がある。ことに、手元に置いておくために配布されるマニュアルであるのなら、連絡手段としての電話、メール、LINEのアドレスを明記しなくてはならない。東京フリー・メソジスト教団の「災害発生時の連絡・対応マニュアル」では、報告先担当者や電話番号が明記されており、緊急時のルートをたどりやすい。

　また非常事態の緊急度が高い場合は電話で行うのが原則と思われているが、一般企業の例を見ると、情報交換の履歴を残すために必ずメールで連絡をするなどを定めている場合もある。

（3） 状況変化に応じた改訂

　以上エスカレーションのルールを明文化したらそれで終わりではない。その運用を定期的に見直し現状に合わせて修正、改訂する必要がある。つまり、状況の変化に応じて、常に動ける状態にしておくため、繰り返し見直しとシミュ

レーションを重ねることが重要である。そしてこうしたルールが動きやすい、日頃の人間関係の形成にも労力を要する。つまり、非常事態を乗り越えるための、実際にルートとルールが機能する団体内での良好な人間関係づくりもまた、並行して計画し実施されなくてはならない、ということである。

　なお、日本同盟基督教団社会厚生部の広域対策ガイドラインは、被災後の復興の指針まで時系列で、ガイドラインをまとめており、アッセンブリーズ・オブ・ゴッド教団のそれは、教会レベルでの対応を中心にまとめている。以上、エスカレーションルールについては、レベルごとに詳しい対応をまとめ、ルートを明確にし、さらに、時系列に業務復帰の流れを整理しておく必要がある。

6)　キリスト教会の災害関連ネットワーク

　エスカレーションルールに関連して考えておく必要があるのは、キリスト教会の災害ネットワーク形成のみならず、種々の震災また、その他の有事を想定し、その際に具体的にどのように動いていくかシミュレーションをするなど事前対策を講じることである。

　日本政府の地震調査研究推進本部は、「全国地震動予測地図」を公表し、これから日本に被害を及ぼす可能性のある地震を予測している[3]。たとえば、今世紀の半ばまでに、太平洋岸の海域で、東海地方から首都圏までを襲うと考えられている東海地震、また中部から近畿・四国にかけての広大な地域に被害が予想される東南海地震と南海地震である。そしてこれから 30 年以内に、M8.0 の東海地震が 88%、M8.1 の東南海地震が 70%、M8.4 の南海地震が 60% という高い確率で起こるとしている。また、こうした情報を防災対策にどのように活用すべきか、「成果を社会に活かす部会」の報告をも掲載している。

　これまで大きな震災により、東北ヘルプ、九基災、そして全キ災などの震災支援活動が立ちあがっていった経緯もあるが、このような大規模震災が首都圏に実際に起こった場合、どの地域に本部を置き、どのようなルート、手段で支援体制を構築し実施するのか、検討も必要である。これを、単に、プロテスタント教会の福音派というのみならず、NCC 系、聖公会、カトリック、正教が一堂に会して検討することも提案される。

支援を受ける側ではなく、支援を与える側となる備え

キリスト全国災害ネット代表　北野献慈

〈目的〉

　全キ災は全国各地の災害支援ネットワーク、災害支援団体、教団教派の災害対策部門がネットワークを組み、2019年より3つの目的を掲げて活動を開始しました。それは、

　　①大規模災害に備えて迅速で適切に協力できるための仕組みを作っておくため、

　　②大規模災害が起こった時に情報を迅速に分かち合うため、

　　③災害支援について日頃から互いの経験と取り組みを分かち合うためです。

〈災害が起きた時〉

　全キ災のおもな働きは各ネットワークを結ぶ「ハブ」の役割です。ですから大規模災害が起きた時には、HP、SNS、情報共有会議等を通じて情報を共有します。また必要に応じて臨時スタッフを置き、加盟団体、協力団体間の連携が潤滑に行われるように対応する予定です。また、最近では小規模、中規模災害が起こった時にも初期の情報共有会議を呼びかけており、団体間の協力がスムーズになっています。

〈万一に備えて防災・災害支援〉

　全国各地に防災や災害支援のネットワークがもっと作られることを願います。必ずしも新たなネットワークを作る必要はありません。既存の牧師会や教会ネットワークが、万一の時には災害支援にも関わることを了解しているだけで大きな力になります。そのようなケースでも全キ災に参加できます。また、皆様の教団・教派に災害支援部門や担当者がおられないなら速やかにお決めいただき、決まっていれば、ぜひ私たちの交わりに加わっていただきたいです。なぜなら、いざ災害が起こった時に、顔と名前を知っているだけで、被災地での協力に決定的な違いをもたらすからです。

〈協力のプラットフォーム〉

　全キ災は、援助協力委員会（JEA）との良き協力関係を築きつつ、当初から日本基督教団やNCC（日本キリスト教協議会）に連携を呼びかけてきました。また、サマリタンズ・パースなどの海外の団体とも災害前から信

頼関係を築き、いざという時に良き連携が取れることを願っています。
　そしてキリスト者が主の名のもとに協力し、主の愛を具現化し、主の栄光を共に表すことができることを願ってやみません。

6　まとめ

　コロナは、これまで当たりまえにこなしてきた日常の動きにブレーキをかけ、さまざまな意味で、人に立ち止まり考える余裕を与えた。また、デジタル化を一挙に進め、その有効性についてさまざまな考察を深めさせた。さらに、信徒も牧師も、これによって特定のメディア媒体に頼ることなく、インターネット上で直接、他教会の実践をあれこれ覗き見る機会を与えられ、改めて自分たちのありよう、信仰や教会の本質をあれこれ考える機会を得た。そしてそれは、キリスト教会が意識的に見ようとしなかった現実、潜在的に抱えてきた課題を明らかにし、良い意味でも悪い意味でもさまざまな気づきを与えた。

　コロナによって明らかに教会の動きは変化してきた。第3回アンケート調査では、これを機に、教会の会堂の使い方、礼拝の在り方、奉仕の在り方、さまざまな面で、これまでとは違った在り方を考え作り上げていきたいという回答が10%強あった。大切なのは、ここで改めて考えさせられた本質を最もよく表す形は何であるかを考え続け、それを信徒と牧師が共に生み出していくことなのだろう。いや、既にコロナ前から、そのような本質を考えて実践し、自分たちの歩みに自信を持った教会も少なくないが、多くの教会の現実はそうではない。だから、何も考えなければ、車が轍に嵌っていくように、再び古き形に戻っていき、それで終わってしまうこともある。そしてどうしようもない行き詰まり感に再び陥る教会も多いだろう。

　また、コロナ以前の状態における課題に対する気づきは、それを真っ向から否定するというよりも、物事には適正な感覚、レベル、状態というものがあることへの気づきも重要である。つまり、教勢を伸ばせばよいというものではなく、教会のポテンシャルに合わせた活動をすることである。本来、公的な場所であれば、このぐらいの衛生環境維持には気を遣う必要があるという反省。実は、コロナ対策というよりは、この程度のことは、本当は考えておくべきだったという内容もあったということなのである。そのような意味では、コロナは、きっかけであり、機会をもたらしたと考えるべきものである。それは、

キリスト教会に打撃を与えたのではなく、むしろ、私たちが、整備すべきところ、深めるべきところ、配慮すべきところ、大事にすべきところを教えてくれたと言うべきだろう。日本の宣教は、まだまだこれからであり、主の恵みも大きいと言うべきだろう。

　末筆になるが、このアンケート調査のために、細かな裏付け作業を手伝ってくれた、日本イエス・キリスト教団幌向子羊教会飯田勝彦牧師、また分析を手伝ってくれた森岡綾子氏に感謝を申し上げる。　　　　　　　　　　　（福井誠）

〈注〉

1　山口隆康著「コロナパンデミックの中の教会形成」（東神大パンフレット 42、2020 年）

2　日本クリスチャン・アカデミー共同研究『コロナ後の教会の可能性』によれば、コロナ禍への対応が生じた時期は、2020 年 3 月の時点で 30％、翌 4 月緊急事態宣言発令（発出）で 75％となったという。本調査との違いは、調査対象の特徴による結果と思われる（荒瀬牧彦編『日本クリスチャン・アカデミー共同研究、コロナ後の教会の可能性、危機下で問い直す教会・礼拝・宣教』、キリスト新聞社、2023 年）

3　https://www.jishin.go.jp/evaluation/seismic_hazard_map/

第2章　増える在留外国人と在日外国語教会との宣教協力

1　はじめに

　この章では、『データブック』（2016）[1]の「第4章 在日外国人教会」で扱っていた在留外国人のデータの一部を更新し、そこで課題とされていた日本国内の「外国語教会」の働きの一端を紹介している。それによって、「ヒト・モノ・カネ・情報」が国境を超えて行き交う「グローバル化」時代と言われる、今の日本宣教を考える一助となることを願っている。

2　在留外国人の状況

　昨今、日本で生活する外国人が増え、多国籍化していることについては、『データブック』がすでに述べていた（122頁）。しかし、その後7年が経ち、在留外国人の増加スピードは加速してきている。日本の教会は、もはや外国人の急増を無視できない状況に来ていることを知る必要がある。
　そもそも、この外国人の急増については、政府の積極的な働きかけによると

2-1　増え続ける在留外国人と近年の増加加速傾向のグラフ

5年毎の「在留外国人数」（1975年〜2020年）

（資料）　総務省統計局「人口推計」（各年10月1日現在）
　　　　　出入国在留管理庁「在留外国人統計（旧登録外国人統計）」（各年末現在）

ころが大きい。もちろん、その背後にあるのは、日本が抱える少子化と、労働力不足の問題だ。特に『データブック』出版後の動向としては、2017 年 11 月から「旧外国人技能実習制度」が改定され、技能実習生の滞在期限 3 年が最長 5 年（条件付き）まで延長できるようになった。加えて、その改定によって、技能実習生の受け入れ業種も広げられ、優良企業は実習生の受け入れ人数を増やすことも可能になっている。また、2019 年 4 月からは外国人の在留資格に「特定技能」が加わった。そして、国はこの資格で 5 年間のうちに 34 万 5 千人を迎え入れることを目指している。他方で、2019 年には、2008 年から提唱されていた「留学生 30 万人計画」が達成される形となっている。

　さらに、2020 年には総務省の「地域における多文化共生推進プラン」も改訂され、よりいっそう、地域において外国人への①コミュニケーション支援、②生活支援、③意識啓発と社会参画支援、④地域活性化の推進やグローバル化への対応、がなされようとしている。これは、今、政府が外国人を積極的に日本に受け入れ、外国人との共生の道を模索しているということを示すものである。つまり、日本の教会も、この多文化共生（外国人との共生）に向けて備えなければならない状況になっている。

1）　在留外国人数の急増

　しかも、外国人との共生への対応は緊迫した状況にある。2021 年末現在、出入国在留管理庁の統計では、在留外国人数が約 276 万 1 千人となっている。これは、日本第三の都市、大阪市の人口約 275 万人（2021 年 10 月現在）を上回る数である。また、『データブック』が使用した 2015 年データ（約 223 万 2 千人）からは、6 年間で約 52 万 8 千人（年平均 8 万 8 千人）増えたという計算になる。

　この数がどういう意味を持つのかを説明するために、さらに前の 6 年間（2009 ～ 2015 年）の増加数（約 4 万 6 千人）と比較してみよう。すると、その増加は 11.5 倍にもなっている。ただし、前の 6 年間には、リーマンショックや、東日本大震災の影響と見られる外国人数の減少があるので、数自体は少し大げさなものとなっている。しかし、この数字を日本の社会変化として見る時に、このような 52 万人規模の在留外国人の増加には、2015 年より前では 14 ～ 15 年もかかっていた。実数を挙げると、2001 年（177 万 8 千人）から 2015 年では在留外国人は約 45 万 4 千人増、さらに 1 年さかのぼり 2000 年（168 万 6 千人）

2-2　在留外国人数の直近６年間と以前の６年間の比較（単位：人）

2009年	2,186,121
2010年	2,087,261
2011年	2,047,349
2012年	2,033,656
2013年	2,066,445
2014年	2,121,831
2015年	2,232,189

※2009年～2015年（6年間）約 4万6千人増

11.5倍

2015年	2,232,189
2016年	2,382,822
2017年	2,561,848
2018年	2,731,093
2019年	2,933,137
2020年	2,887,116
2021年	2,760,635

※2015年～2021年（6年間）約52万8千人増

（資料）出入国在留管理庁「在留外国人統計（旧登録外国人統計）」（各年末現在）

からだと、約 54 万 6 千人増となっている。つまり、それと同規模の外国人増加が、この６年で起きているのである。

　しかも、この直近の６年間は、コロナ禍の影響を大きく受けた 2020 年、2021 年を含んでいることを忘れてはならない。あくまで参考ではあるが、2015 年からコロナ禍前（2019 年は 293 万 3 千人）までの４年間では、在留外国人の増加数は、すでに約 70 万 1 千人（年平均 17 万 5 千人）に達していた。それが、2019 年から 2021 年のコロナ禍の２年間で約 17 万 3 千人減少したのだ。一見、それは少しの差に見えるかもしれない。しかし、もしコロナ禍がなければ、2019 年から 2021 年までの２年間も在留外国人数は減ることなく、毎年 20 万人（２年で 40 万人）近く増えていたはずである。つまり、計算上は、2015 ～ 2021 年の６年間では 110 万人もの在留外国人が増加していたことになるのだ。この数字からも、今まさに日本の社会が急速に変化しているのがわかるのではないだろうか。

2)　在留外国人の国別推移

　さて、その急増する在留外国人の現状を示すために、国籍別の「上位７か国」の過去６年間の推移を「2-3」に示した。これは『データブック』のグラフ（122 頁）を更新したものとなっている。ただし、今回は 2021 年末時点での上位７か国を記しているため、比較の際には、一部の国が入れ替わっていることに注意してほしい。特に 2021 年末では、ベトナムが２位に繰り上がり、前回７位（52,271 人、今回８位：54,162 人）の米国に代わり、インドネシア（前回

2-3　国籍別在留外国人数の推移 2015 年〜 2021 年（単位：人）

	2015年	2016年	2017年	2018年	2019年	2020年	2021年
総数	2,232,189	2,382,822	2,561,848	2,731,093	2,933,137	2,887,116	2,760,635
その他	467897	499309	535955	567453	602971	583031	562,817
インドネシア	35910	42850	49982	56346	66860	66832	59820
ネパール	54775	67470	80038	88951	98824	95982	97109
ブラジル	173437	180923	191362	201865	211677	208538	204879
フィリピン	229595	243662	260553	271289	282798	279660	276615
韓国	457772	453096	450663	449634	446364	426908	409855
ベトナム	146956	199990	262405	330835	411968	448053	432934
中国	665847	695522	730890	764720	813675	778112	716606

（資料）出入国在留管理庁「在留外国人統計」（各年末現在）

11 位）が入っている。このように、6 年間で在留外国人数の中身も変化してき
ている。

　また、同じく「在留外国人統計」を用いて 2015 年からの 6 年間の「増加
数」の上位国を記したのが「2-4」である。そこに見ることができるように、
韓国は例外として、「2-3」の上位国が、6 年間の人数増加数においても上位を

2-4　「在留外国人」の増加順位（2015 年〜 2021 年の 6 年間）

*増加数順（1位〜10位）総数の変化「528,446人増」			
1位：ベトナム	285,978人増	1年当たり	47,663人増
2位：中国	50,759人増	1年当たり	8,460人増
3位：フィリピン	47,020人増	1年当たり	7,837人増
4位：ネパール	42,334人増	1年当たり	7,056人増
5位：ブラジル	31,442人増	1年当たり	5,240人増
6位：インドネシア	23,910人増	1年当たり	3,985人増
7位：ミャンマー	23,509人増	1年当たり	3,918人増
8位：スリランカ	15,834人増	1年当たり	2,639人増
9位：インド	9,814人増	1年当たり	1,636人増
10位：カンボジア	8,625人増	1年当たり	1,438人増
【付録】*減少数順（1位〜3位）			
1位：韓国	47,917人減	1年当たり	7,986人減
2位：朝鮮	7,627人減	1年当たり	1,271人減
3位：オーストラリア	883人減	1年当たり	147人減

（資料）出入国在留管理庁「在留外国人統計」（各年末現在）

占めている。中でも、ベトナム人の増加は桁違いで、この６年間（2015 ～ 2021年）の在留外国人増加数（約 52 万 8 千人）の半数以上（約 54％）がベトナム人だったことを示している。つまり、ベトナム人の急増が、在留外国人数急増の直接要因となっていることを示している。これは、先述の政策が大きく影響を与えていることを示す数字でもある。

　他方、「2-3」3 位の韓国人については、『データブック』（121 頁）にも述べられていたとおり、1992 年（688,144 人）をピークに減少を続けているのが今回も見られる。その数は、2015 年からの６年間で、さらに約 4 万 8 千人減っている。その要因としては、韓国人が①比較的多く日本へ帰化すること（6 年間で約 2 万 7 千人）、また②戦時中、日本人とされていた特別永住者の高齢化、を挙げることができる。そのため、韓国人の減少は、今後も続くことだろう。

3）　今後の増加予測

　さらに、上記の７か国に加えて、今後の動向を見守りたいのが、ミャンマー（2021 年末の国籍別ランクでは圏外 12 位）と、スリランカ（同 14 位）である。この２つの国は、「2-4」の６年間の増加順位では７位と、8 位に入っている。また、両国は、コロナ禍でも、増加数自体は大きくないが人数を伸ばし、ミャンマー人の６年間の増加は、政情不安もあって、今回上位 7 か国に躍り出たインドネシアの増加数に迫る数となっている。他方のスリランカについては、インドネシアやベトナムなどと同様に、2019 年に政府間で在留資格「特定技能」に関わる「協力覚書」（MOC）を交わしているため、政府の後押しが期待できる。そのため、両国は、今後日本での存在感を増してくると考えられる。

2-5　「在留外国人」のコロナ禍での人数増加国・増加人数

◇コロナ禍2020年に在留者人数の増加した国			
1位：ベトナム	36,085人増	2位：ミャンマー	3,000人増
3位：スリランカ	1,923人増	4位：カンボジア	1,639人増
5位：パキスタン	1,337人増	6位：バングラデシュ	831人増
◇コロナ禍2021年に在留者人数の増加した国			
1位：ミャンマー	2,197人増	2位：ネパール	1,127人増
3位：アフガニスタン	273人増	4位：ボリビア	108人増
5位：バングラデシュ	75人増	6位：シリヤ	57人増

（資料）　出入国在留管理庁「在留外国人統計」（各年末現在）

　また、あまり注目されないが、統計の滞在資格を見てみると、日本への永住者は 2015 年（700,500 人）から 2021 年（831,157 人）の 6 年間で、約 13 万 1 千人（1 年当たり約 2 万 2 千人）増加している。この永住者の増加は、コロナ禍にいっさい影響されていない。このような外国人の定住化も、今後の在留外国人の増加傾向を示す数字と言えるのではないだろうか。

　他方で、コロナ禍の 2019 年から 2021 年の 2 年間で減少した在留外国人数（約 17 万 2 千人）のうち、ほぼ 8 割は留学生だった（2 年で約 13 万 8 千人減）。その数も、2022 年 12 月に公開された 2022 年 6 月末の統計では、2021 年末の207,830 人より 260,767 人へと、半年で約 5 万 3 千人増えている。さらに、本章では『データブック』が毎年末の統計を用いていたため、これまで「6 月末現在」の数字は用いなかったが、2022 年 6 月の在留外国人数（2,961,969 人）を見ると、2019 年末の 293 万 3 千人を上回り、過去最多数を更新している。この数字からも、在留外国人全体の増加傾向が確認できる。この外国人の増加傾向は、もうしばらく続きそうである。

4）　日本人人口減少の視点から見る在留外国人の増加

　さて、ここで「在留外国人の状況」の項目を締めくくるに当たり、日本人人口の減少という視点から、この外国人の増加に光を当ててみたい。

　周知のとおり、現在日本人人口は減少傾向にある。総務省統計局「人口推移」によると 2021 年 10 月の「日本総人口」は約 1 億 2,550 万 2 千人で、そ

2-6　2015 年〜 2021 年の人口の推移（各年 10 月 1 日現在、単位：人）

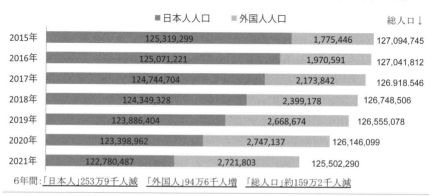

（資料）総務省統計局「人口推計（参考表）全国人口の推移」2022 年 3 月 22 日公開

の内訳は、「日本人人口」1億2,278万人、「外国人人口」が272万2千人である。総務省統計局と、出入国在留管理庁とでは統計の取り方が違うので、外国人数については、「在留外国人」数より3万9千人程度少なくなっている。しかし、ここで指摘したいことは、日本人人口が減少する中で、外国人人口が増加しているという点である。

　総務省の数字では、2015年（1億2531万9千人）からの6年間（2021年1億2278万人）で日本人人口が253万9千人減少する中、外国人人口が（2015年177万5千人 から 2021年272万2千人）94万6千人増加したことになっている。このように日本人人口が減ると同時に、外国人人口が増えるということは、当然、単に外国人数が増える以上に、勢いを増して外国人の「日本総人口」に占める割合が大きくなることを意味している。

　さらに、これは、日本国内において、単純に外国人が増えているのではなく、部分的にどんどん日本人が外国人に入れ替わっているということになるのだ。言い換えると、それは、国の中身が日本人から外国人に替わっているということになる。まさに、それが、「日本総人口」という数字の中で起きているのである。もちろん、地域差もあるので、そのような変化について、実感のない読者もいるかもしれない。しかし、日本に住む「人」が替わってきているとするなら、日本の教会は、どうするべきなのかを、改めて考える必要がある。

5）　増える在留外国人と向き合うために

　少し前から日本では、イスラム礼拝施設が増加していることは読者も知っていることだろう。しかし、最近は神奈川県愛川町などでは在日ベトナム人、ラオス人、カンボジア人が、それぞれ献金を集め、それぞれの言語の寺院を作るということが起きている。しかも、その施設に本国からの僧侶を呼び寄せて、冠婚葬祭等の祭儀を行ったり、信徒の相談にのったりしている。もちろん、世間では、これも多文化共生の取り組みの一環として片付けられてしまうかもしれない。しかし、日本の教会は、今後このような外国語の他宗教礼拝施設や信仰者の増加とも向き合わなければならない状況がすでに起きているのである。もはや、グローバル化によって、急激に変わりつつある日本国内の状況に対応していくのに、一刻の猶予もないのが現実だ。

　外国では、人種にこだわらずに、地域に住む人々への宣教がなされている。今、日本の教会も日本にいる外国人のための宣教に取り組み始めなければ大き

な遅れをとることになる。もちろん、それはいきなり外国人に外国語で、直接福音を語れと言っているのではない。そうではなく、その意図は、外国人との共生社会に対応する必要を理解し、教会が備えるということである。そして、具体的には、外国人の良き隣人となるということである。

　それは、日本の教会がキリスト者としての旗印を掲げながら、積極的に外国人とも関わりを持っていくということだ。行政も、日本の企業も、ボランティア団体も、すでに外国人の行政手続きを助けたり、生活支援を始めたりしている。もう日本の教会は、生活支援の面では、少し出遅れてしまっている。しかし、教会のできることは、行政やボランティアでは手の届かないところに入って行くことである。例えば、日本語で大量に配られる学校からの配布物は、子どもを持つ外国人が日常的に抱えている課題だ。地域によっては翻訳もしているが、支援のない地域もある。そのようなところに助けの手を指し伸べるようなことが、教会のできることなのかもしれない。また、別方面ではビザ問題で入国管理局によって強制収監されている方々へ関わるクリスチャンの働きも始まっている。それも、教会のできる働きの１つだろう。

　このまま何もしなければ、日本の教会は、急増する外国人との共生社会から取り残されることになる。だからこそ、教会同士のネットワークを生かし、情報共有と協力をしながら、祈りつつ、外国人との関係づくりを具体的に始めることを考えてほしい。今、日本の教会が、多文化共生の視点で日本宣教を考えなければならない時が来ていることを、ぜひ覚えてほしい。

「あなたがたは寄留者を愛しなさい。」（申命 10:19）

　外国人との共生の視点が必要であることは上記のとおりであるが、それでも在留外国人や外国語教会が「日本宣教の枠に入るのか」疑問を持つ読者もいるかもしれない。しかし、日本総人口の中に在留外国人が含まれているし、在日外国語教会は、以前から日本人宣教に携わってきている。

　また、何よりも、本章が特に意識していることは、聖書が「寄留者」いわゆる「外国人」を数えあげていることである。申命記 10 章ほかでは、「寄留者」は、「やもめ」や「みなしご」たちと同様に、ユダヤ人社会の中で守られるべき存在とされている。そして、決して、虐げられ、権利を侵されないように、むしろ、その命を保つことができるようにと、配慮すべ

きことが命じられている（申命 24：14 ～ 21）。さらに、歴代誌第二２章
17 節でも、ソロモン王が「寄留者」を数えあげている。ただし、ソロモ
ンは外国人を労働力とする目的で数えたようだ。しかし、外国人が社会の
中で覚えられていたことには違いない。つまり、ユダヤ社会では、「寄留
者」も社会構成員として取り扱われていたのである。

　そのような視点に立つ時に、当然、在日外国人が日本宣教の中で覚えられ
ることに納得がいくのではないか。もちろん、外国語で福音を語るのは、
まだしばらくは日本人ではなく、外国にルーツを持つ人たちが主役である
かもしれない。しかし、日本国籍を持たない外国人が日本社会の構成員で
はないかのような見方や、母国を追われて逃げて来た人の人権がこの日本
で踏みにじられている現実への問題意識も含め、本書に在日外国語教会と
外国人が含まれる意義も考えてみてほしい。日本の教会までもが、外国人
の人権、その「人」としての尊厳を無視するようであってはならない。

　最後に、「JEA 宣教委員会異文化宣教ネットワーク部門」（2016 年新
設）では、日本にいる外国人のため、特に「入管問題」のための祈り会
（「入管被収容者方を覚えて祈るズームコネクション」）を持っている。オンラ
インで、多くの教団教派の方々がつながっているので、興味のある方は、
問い合わせてみていただきたい。

3　在日外国語教会の現状

　さて、在留外国人の急増については、これまで見てきたとおりであるが、日
本国内では、そのような外国人の信仰の受け皿として、英語、韓国語、中国
語、スペイン語、ポルトガル語、タガログ語、インドネシア語などでの礼拝が
もたれてきた。それが、いわゆる外国語礼拝、外国語教会である。その数は、
インターネット（Web）サイトの「クリスチャン情報ブック WEB」（https://
church-info.jp/）で検索すると 400 を超えている。ただし、未登録の教会や礼
拝も存在していて、その全容の把握は難しいのが現実である。

　また、外国語礼拝の中には、日本語を使用するバイリンガル礼拝を持つもの
や、礼拝堂（建物）を持たず、牧師もいないような、家庭礼拝のようなものも
ある。そのため、何をもって外国語礼拝、あるいは外国語教会とするかという
問題もあるが、本章ではその意味を広くとらえ、以下外国語を話す群れと外国

人のための群れ（いくつかは礼拝をもっていない群れもある）すべてを「教会」として、以下在日外国語教会について述べている。

　まずは、近年の動向を押さえる意味で、比較的新しく始まったベトナム語教会（2016 年開始）と、ネパール語教会（2014 年開始）を取り上げる。

2-7　在日ベトナム語教会・ネパール語教会（2023 年 3 月現在）

	ベトナム語教会	ネパール語教会
教会数	5 教会以上	12 教会以上
働き人数	（宣教師 1）	牧師 4、長老 5
ネットワーク	VBTJ（ベトナミーズ・バイブル・トゥー・ジャパン）	Nepali Christian Unity Society Japan
ウェブサイト	https://www.vbtj.org/	https://www.facebook.com/groups/936710296433912/（非公開 英文フェイスブック）

1)　在日ベトナム語教会の現状（2023 年 3 月現在）

⑴　確認されている在日ベトナム語教会（5 教会）

＊東京都荒川区（日暮里）	約 30 人	(2019 年開始)
＊名古屋市中区	約 15 人	(2019 年開始)
＊大阪府八尾市	約 30 人	(2016 年開始)
＊大阪府堺市	7 人	(2022 年確認)
＊茨城県土浦市	5 人	(2022 年確認)

　（資料）VBTJ（ベトナミーズ・バイブル・トゥー・ジャパン）日本人代表、
　　　　宮城県石巻市在住のベトナム人宣教師への聞き取り

　2023 年 3 月現在、ベトナム人のためには、東京（日暮里）、名古屋、八尾、堺、土浦に「教会」（礼拝のための群れ）が確認されている。日暮里では、理解のある既存の教会（堂）を会場に、月に 1 度ずつ日曜の夕方、ベトナム人牧師（石巻市への宣教師）の指導のもと、ベトナム語礼拝が持たれている。また、八尾市では韓国人教会に属する形で、ベトナム語礼拝が毎週持たれている。さらに、名古屋でも不定期に礼拝がなされ、小さいながら堺、土浦の各市でも集まりがあることがわかってきている。

　ちなみに、カトリック教会では、以前から全国の教区に移民や難民の担当者

を設け（https://www.jcarm.com/activity/）、そのネットワークやサポート体制が構築されてきている。そして、約30年前より日本の神学校を出たベトナム人司祭が働いている。それもあってか、東京の麹町の教会にはベトナム語ミサに1,000人の礼拝者が集まり（ライブ配信あり）、大阪の玉造（外国人神父）でも300人の礼拝者がいて、カトリック教会では人があふれているようだ。その点、プロテスタントは、かなり遅れをとった形になっている。

⑵　ベトナム人宣教の展望

　それでは、このような在日ベトナム語教会と、ベトナム人宣教について、日本の教会は、どのような展望を持つことができるのだろうか。まず、ベトナムは、仏教国とはいうものの信教の自由が保障されていて、キリスト教信仰（プロテスタントは2％）を受け入れるに当たっての、政治的、制度的障害はなくなっている。しかし、かつて迫害を受けた経験を持つ者も多くいる。また、およそ9割の家では仏壇があり、教会が福音を語るには、相手の敵意を和らげるところから入らなければならない。さらに、公然の迫害はなくなっても、家族内ではクリスチャンとなったために、不平等な扱いを受けることは、今もあるようだ。

　そのような国から日本に来るベトナム人（出入国在留管理庁の統計2022年6月末現在約47万6千人）の38％は、技能実習生（前掲統計、181,957人）で、期限が来れば本国へと帰って行く。同様に、全体の9％に当たる在留資格4位の留学生（前掲統計、44,358人）も、日本で職を得る者は4割程度だ。[10]もちろん、今後状況は変わるかもしれないが、現在のところは、来日するベトナム人の多くは数年で帰国してしまう。実際、日本の教会に出入りするベトナム人も帰国するのがほとんどだ。したがって、日本でのベトナム人宣教は、自然と送り出すことに主眼を置いたものになるだろう。

　クリスチャンは、本国に帰れば元の教会があるし、また日本で教会に通い始めた者についても、都市部では教会探しには困らないようだ。景気が良いため、帰国後の就職の心配もいらない。他方で、プロテスタント教会は、宣教に明け暮れているため、礼拝堂はどこもボロボロで、お金が足りないくらいである。まさに人々は福音を必要としている状況だ。そのため、ベトナムでは異端のモルモン教会も進出し（2022年に教会としての正式認可が下り）、「日本から」エホバの証人の宣教師も派遣されているらしい。

　もちろん、どの民族においても、心に響く言葉は、母国語であることが多い。そのため、先述のとおり日本においても、まず考えるべきことは、ベトナム人によるベトナム人宣教である。統計から言うと 9,500 人以上のベトナム人プロテスタントクリスチャンが日本にいることにはなる。しかし、在日ベトナム人のための専任の働き人がいないためなのか、どこにも属さない約 9 千人の火種は、日本でくすぶり続けている状況だ。だからこそ、そこに日本の教会が関わり、在日ベトナム人宣教のために祈り、助けていく体制が必要なのではないだろうか。豊かになってきているベトナムから、今後もベトナム人が来日し続けるかは別問題として、在日ベトナム人が密集している地域では、いつプロテスタントの新しいベトナム語教会が誕生してもおかしくない。その際には、場所の提供など、日本の教会の協力は不可欠である。

　また、地方では、すでにベトナム人クリスチャンが、信仰の交わりと養いを求めて、日本の教会に出入りしている。[11]日本語しか通じないことを知りながら、日本語の教会にやってくるベトナム人がいるのだ。繰り返すが、だからこそ、日本の教会には、そのようなベトナム人をどう迎え、関わり、信仰の火を絶やすことなく帰国できるかを共に考え、備えてほしい。

　また、積極的にベトナム人に働きかけたいという場合には、VBTJ（ベトナミーズ・バイブル・トゥー・ジャパン）が、ベトナム語聖書や伝道ツールの取り次ぎを行い、ネットワークを構築している。ぜひ問い合わせてみてほしい。また、宣教団体の OMF インターナショナルも、2023 年 3 月現在ベトナム語と日本語のバイリンガルトラクトを準備中である。

2）　在日ネパール語教会の現状（2023 年 3 月現在）

⑴　確認されている在日ネパール語教会（12 か所）

＊千葉県松戸市	＊埼玉県川越市
＊東京都立川市	＊東京都品川区（大崎）
＊東京都大田区（蒲田）	＊群馬県大泉町
＊神奈川県小田原市	＊名古屋市中村区
＊大阪府富田林市	＊神戸市灘区
＊福岡市南区	＊那覇市小禄

（資料）Nepali Christian Unity Society Japan 理事（日本人宣教師）インタビュー

　日本で生活するネパール人のためには、現在 12 か所に教会がある。那覇市のネパール語教会は 2020 年 12 月に新しく始まったものだ。そして、さらに新しい動きも生まれてきているという。

　来日する若いネパール人の中には、既存の英語礼拝に集う者もいるが、多くのネパール人クリスチャンの傾向としては、母国語や、ネパールスタイルの礼拝を求めて、ネパール語礼拝に好んで出席するようである。このネパールスタイルというのは、賛美と祈りを多く取り入れた独特の礼拝スタイルで、迫害下の地下教会としての活動で培ってきたもののようだ。そのため、ネパール人は、近くにネパール語教会がない場合には、新しくネパール語礼拝を始めてしまうこともあると言う。また、ネパール人は、日本人宣教にも熱心で、言葉の分からない日本人をとにかくネパール語礼拝へ連れて来たり、ネパール語と日本語のバイリンガルトラクトを作成して配布したりしている。

(2)　ネパール人宣教の展望

　現在、世界中で最もクリスチャン人口が伸びている国が、ネパールだと言われている。かつてはヒンドゥー教でなければならなかった（1951 年頃までクリスチャンなし）国が、1990 年代から変わり、2008 年には王政から共和制となった。その社会変化に伴い、クリスチャンも増え、今や 5%（あるいは 10% 近く）になっていると言われている。ただし、その反動として、ネパール本国ではクリスチャンへの迫害も起こっているらしい。しかし、キリスト教へ心が開かれているのが、今のネパール人だと言えよう。そのため、ネパール語教会は、今後、日本でますます増えていきそうである。

　そこに、ベトナム語教会への関わりと同様、礼拝拠点となる日本の教会の協力が必要となる。また、ネパール語教会は、ネパール人同士が集まる傾向にあるため、特に日本の教会との交わりから孤立させないことが、日本の教会の側に求められていることを覚えてほしい。ネパーリ・クリスチャン・ユニティー・ソサイアティー・ジャパンの理事に、日本人宣教師が 1 名加わっているので、必要があれば、橋渡しもしてくれる。

(3)　その他の在日外国語教会（2023 年 3 月現在）

　以下、簡単に在留外国人数上位国の外国語教会について触れてみる。

2-10　その他の在留外国人上位国の在日外国語教会の状況

	韓国	中国	フィリピン	ブラジル	インドネシア
教会数	200 以上	101 以上	約 100	約 500	15 以上
ネットワーク	各教派教団	日本華人クリスチャンセンター（JCC）	在日フィリピン人教会連合（JCPC）	多数	インドネシア福音教会(GIII)
（日本語）ウェブサイト	多数	http://tokyo-jcc.com	https://www.facebook.com/jcpc2014/（英文フェイスブック）	不明	https://www.giii-japan.org/

(1)　在日韓国語教会

　韓国語教会については、現在「在日大韓基督教会」（https://kccj.jp/）のネットワーク傘下に 115 教会入っているが、ほかにも本国の大教会とのつながりで、日本に教派を形成して活動する教会も多い。たとえば、純福音教会（"純福音東京教会" https://www.fgtc.jp/）などは、日本に 78 の支部（教会）を持っている。このように韓国本国とのつながりで宣教をしている教会はほかにもあり、単立教会を加えると、網羅的な把握は難しい状況だ。

　また、在日韓国語教会では、日本語の礼拝を行い、日本人宣教をしている教会が多くある。ただし、近年の韓国人数の減少や、韓国由来の異端とその分派に荒らされ、さらにはカルト化する教会もあり、在日韓国語教会を取り巻く環境は厳しいと思われる。しかし、決して十把一絡げにするのではなく、日本の教会が、韓国語教会に対しての正しい知識と理解を持ち、協力する必要があることを心に留めたい。特に、韓国のオンヌリ教会を母体にした働きが日本各地で大きな集会を開催し（https://www.lovesonata.org/jp/）、その後も祈りのつながりを保っている。さらにはメディア宣教の面（CGNTV）でも、日本との宣教協力を模索し、日本人宣教に良い影響を与えている。しかし、知らない教会との宣教協力を模索する際には、本書 7 章に記載されている韓国系異端に、くれぐれも注意してほしい。

(2)　在日中国人（華人）教会

　「日本華人クリスチャンセンター」（JCC）は個人参加のネットワークであるが、そのウェブサイトによると、101 教会が登録されている。2012 年 11 月

JCC 設立直後（2013 年）の 40 教会から、その数は増加し、ネットワークが広がってきている。ただし、中には、日本の教会の中にある華人グループも含まれているようだ。

　在日華人教会には若者が多く、伝道意識が高い。また、コロナ禍前（2019 年）には、JCC 所属教会全体で約 3,000 人の中国人が日本国内の各教会で礼拝をささげていたと言う。しかし、中国語教会も中国由来のカルト教会が日本で活発に活動しているので、韓国語教会同様に、日本の教会の正しい知識と理解が必要となっている。

　また、JCC では月 1 回の連合祈禱会で相互に祈り合うだけでなく、在日クリスチャン連合礼拝にも参加し、他言語の在日教会との交わりもなされている。特に「伝道団体連絡協議会」（https://dendankyo.jimdofree.com/）に所属して、日本の教会との情報交換をしながら、宣教もなされている。例えば、日本の教会に協力しての駅前での聖書配布や路傍伝道、トラクトの個宅配布などが行われてきている。その代表理事（韓国人宣教師）によると、今後日本の教会や団体と協力した宣教活動が盛んになされていきそうである。

⑶　在日フィリピン人教会

　フィリピン人のための正式なグループとしては、在日フィリピン人教会連合（JCPC）がある。「連合」は、おもに首都圏の教会の交わりで、本国のフィリピン福音同盟の宣教部門であるフィリピン・ミッション・アソシエーション（PMA、150 ほどの宣教団体が加盟）のメンバーにもなっている。日本人宣教師が 1 人、「連合」の理事会に加わっているので、情報を得ることも可能だ。

　フィリピン人教会の多くは、タガログ語と英語の混じった言葉（英語を意味するイングリッシュをもじって「タングリッシュ」と言う）を話す。フィリピン語教会と言わないのはそのためだ。

　また「連合」は大きくは 7 つ程の群れからなるが、現在 30 ～ 40 人規模の教会が約 40 存在していて、全体では 1,400 人ぐらいがこのネットワークの中に入っている。日本全体のフィリピン人教会数の正確なデータはないが、この首都圏を中心にした「連合」と、各地区のリーダーとのつながりから、全国では 100 程度の教会が存在すると見込まれている。ただし、フィリピン人教会の場合、開拓教会を開始するまでに、スモール・グループでの礼拝をするため、そのような「教会」を含めるとそれ以上になる。そして、中には日本語部を持つ

教会も出てきている。また「連合」では、年に1度の合同祈禱会で、必ず日本の祝福のために祈っている。

(4) 在日ブラジル人（ポルトガル語）教会

在日ブラジル人教会については、2008年に在日ポルトガル語宗教施設が313確認されており、その47％が福音派とペンテコステ派を中心とするプロテスタント教会だとされていた[12]。ただし、データに漏れている教会が多数あって、在日ブラジル人宣教師のネットワーク「AMEJ」のリーダーがつかんでいる情報からは、その数は400とも500とも言われる。その教会はそれぞれの教団教派内のつながりで動き、場合によっては同じ教団内でも連携が取られておらず、その数の把握は難しい。しかも、在日ブラジル人教会は増加傾向にあるので、その把握はなおさら困難を極める。

また、AMEJには宣教師が34名在籍しているが（『JEMA Directory』2022年度版）、その数を網羅しているわけではない。しかし、AMEJによってコロナ禍前には宣教師訓練や、伝道集会が行われていたそうだ。在日ブラジル人教会の中には、特にブラジル人の少ない地域では、教会内にポルトガル語がわからない子どもたちも出てきているし、バイリンガル礼拝を行う教会の中には、日本人の礼拝者も集っている。ほかにも、日本の教団との協力関係の中にあるグループや、1つの建物を日本の教会と一緒に使っている教会、ブラジル人労働者が共に資金提供をすることによって、新会堂が建った日本の教会もある。このように個々で、日本の教会とつながり、良い関係が築かれている教会もある。

(5) 在日インドネシア語教会

インドネシアは、世界最大のイスラム教人口を誇る国とのイメージが強いが、植民地化の名残で、クリスチャンが公称13％となっている。しかし、リバイバルを経験し、実際のクリスチャン人口はさらに多くなってきている。

在日インドネシア人のためには1989年より「東京福音教会インドネシア」として始まった働きが、2002年には「インドネシア福音教会（GIII）」に名称を変更し、現在7つの自給教会と8つの伝道所になっている。そして、日本人の主任牧師のもと、9人のインドネシア人牧師を招聘し、その会員数は全体で860名になっている。東京や大阪の教会では、留学生、卒業後日本で働く会

社員（IT 関係など）、大使館（領事館）職員、日本人の夫と結婚した女性、研修生、看護士、介護士等が集まり、同様に地方でも、日本人の夫を持つ女性、研修生、看護士、介護士が中心となって礼拝をしている。

　また、GIII は日本の教団の JEC（日本福音教会）の傘下にあり、ビザの取得などでの協力がなされている。ほかにも、カリスマ系、改革派などでも、在日インドネシア語教会がいくつか存在している。

（4）今後の課題

　そのほか、現在はイラン人（ペルシア語）礼拝、ビルマ語礼拝、モンゴル語礼拝なども持たれている。このような外国語「教会」については、エスニック・ミニストリーズ・ネットワーク・ジャパン（EMNJ）が 2017 年に結成され、他言語教会同士のネットワークもできてきている。このような少数派の外国語教会の実態調査も今後の課題である。

　また、非常に特化した調査とはなるが、在留外国人の中に含まれない駐日米軍や、駐日外交官らのための働きというのが、調査中に出てきた内容であった。特に米軍のためには、チャプレンがいて、礼拝がなされているが、国家機密などに配慮しつつ、このようなグループでの外国語礼拝の調査をしていくことも課題となるのではないか。

　さらに、外国語教会とは離れてしまうが、『データブック』「第 5 章 在日宣教師」（130 頁）が課題として挙げていた宣教師については、今回は予備調査をするにとどまった。もちろん、来日宣教師も日本宣教に加わっている一員である。宣教師のネットワーク組織としては「JEMA」（日本福音宣教師団　https://jema.org/）があるが、コミュニケーションが英語中心であるため、特に非英語圏のアジアからの宣教師は加盟しない者が多い。ただし、現在のところ、JEMA には日本人スタッフがいるため、電子メールなどには日本語で対応してくださる。昨今日本において、宣教師による日本宣教の効果が、以前より弱まっていると言われている中、宣教師による日本宣教との関わりの調査も、今後の課題である。宣教師が多様化する中、今後日本の教会の意識や必要性にも考察が加えられることで、宣教において双方がさらに力を発揮できるような仕組みや方策が必要だと思われる。

　加えて、日本の教会側の外国人との関わりの状況（外国人礼拝出席者状況、外国語教会との関わり）の把握も、今後の課題となるであろう（本書9章参照）。

2018年より広島県呉市でミャンマー人の集うようになった教会の事例が存在するし、教団内の調査としては、先駆けて2021年に基督兄弟団海外宣教委員会が調査をしている。このような各教団内での状況把握と情報共有が、さらなる協力の輪を広げることになるのではないだろうか。

　このように、今後、多文化共生あるいはディアスポラ宣教を推し進めていくためには、早急に、それに関わる日本の各団体のパイプが太く、強くなっていく必要があることは間違いない。また、情報交換が定期的になされ、素早く必要な情報源（キーパーソン）にたどり着くことのできる枠組みも必要である。その課題のために、日本伝道会議の「ディアスポラ宣教協力（推進）プロジェクト」が活動をしていることも知ってほしい。

【プロジェクト紹介】ディアスポラ宣教協力（推進）プロジェクト

日本の教会が在日外国語宣教と在外邦人宣教において協力を深めるために

　このプロジェクトは、当初は、海外日本語教会や帰国者に焦点を置いていたが、JCE6（2016年）以降、在日外国人教会や、在日外国語宣教にも注目するようになり、「在日外国語宣教」と「海外日本語宣教」の両面で活動を進めてきている。そして、JEA宣教フォーラムにおいて報告と発題を行い、またプロジェクト分科会を開催することで、①日本における「ディアスポラ宣教」について認知度を広めること、②神学的・宣教学的理解を深め協力者のネットワークを構築し、リーダーを養成すること等で、日本の教会による宣教に貢献してきた。こうして、ディアスポラ宣教が一部の専門家によるものではなく、全教会が携わるべきこととして分かち合えるようになってきた。

　JCE7（2023年）後の3年間では、ディアスポラ宣教に携わる人々のつながりが強まり、理念と実践に広がりと深まりがもたらされ、日本の教会が活性化する触媒となる活動として、以下を行う。

⑴　ディアスポラ宣教協力コネクション（交わりの場）を開催（毎年）
　　（「海外日本語宣教」「在日外国語宣教」の両面から）
⑵　プロジェクトのウェブサイトの作成（①プロジェクトの紹介、②人をつなぎ、リソースへの橋渡しし、③上記「コネクション」の案内など）
⑶　プロジェクトのメーリングリストの作成

⑷　プロジェクトメンバーのミーティングの開催（年 1 ～ 4 回）
⑸　JEA 宣教フォーラムにて発題・報告する（2023、2024、2025）

4　まとめ（日本の教会への期待）

　来日する外国人が急増する中で、在日外国語教会も、これからもますます増えていくことだろう。また、その働きは同胞への母国語での宣教にとどまらず、日本人にも及び、すでに日本人が外国語教会で救われ、また礼拝を共に献げる者も出てきている。他方で、文化的な違いによって、外国人と日本の教会とがうまくいかなった事例があるのも事実だ。しかし、このように、在日外国語教会によって日本の宣教の選択肢が広げられていることは、嬉しいことである。そして、プロテスタント人口が約 0.4％ と言われる日本において、外国語教会が同じ主を礼拝する仲間として存在することは喜びである。

　そのような外国語教会でも、すでにその子弟の日本化が始まっている。だからこそ、日本の教会に期待したいことは、彼らとつながる心を持つことである。もちろん、外国語教会との間には、言葉や文化の壁があることはわかっている。一部の外国人が、社会問題を引き起こしているのも知っている。しかし、今彼らと祈り合い、協力する関係を築いていくことが求められている。それによって、普段は別々に活動する群れであっても、互いの宣教協力と、交わりの中に、聖書の示す本来あるべき教会の姿が実現していくのではないだろうか。まずは、このような、宣教協力と交わり、超教派の活動から、多文化共生のモザイクチャーチの実現を期待したいものだ。

　いや、今や地方教会では、外国人クリスチャンが日本の教会に来ることが大いに考えられる時代になってきている。本章の「在留外国人の状況」で触れたとおり、これからの外国人の来訪に備える必要があることを覚え、具体的に以下のようなことで、準備をしてみてはどうだろうか。

　＊祈り、心備えをしておく。

　＊外国語の聖書、伝道ツールを備える。日本国際ギデオン協会から、スマートフォン・アプリで外国語の翻訳聖書を読むこともできる。

　＊スマートフォンなどの翻訳ソフトの使い方を知っておく。コミュニケーションに困った時に、たいへん便利である。

　＊普段から、礼拝後に新しい人が話の輪に加わったり、その場にとどまった

りする工夫をしておく。例えば、誰もが参加できる愛餐会や、お茶とお菓子などを準備しておくと、外国人だけでなく、日本人の新しい人が来た時にも、声をかけやすく、有効に用いることができるだろう。

＊外国語教会を孤立させないために、日本の教会が勇気を持ち、心を開く。祈りながら、異文化と、その信仰への理解を深める。

＊礼拝のために場所を提供する可能性を模索する場合（すべての教会ができることではないだろうが）、入念な話し合いが必要であり、異文化理解と、コミュニケーションが欠かすことができないことを、肝に銘じておく。定期的なミーティングが必要になる。　　　　　　　　　　　（松沢実喜男）

〈注〉

1　第6回日本伝道会議 日本宣教170 ➤ 200 プロジェクト編『データブック：日本宣教のこれからが見えて来る ── キリスト教の30年後を読む』（いのちのことば社、2016）。

2　公益財団法人国際人材協力機構 "外国人技能実習制度とは" 公益財団法人国際人材協力機構 , https://www.jitco.or.jp/ja/regulation/（2022-09-27 アクセス）。

3　「出入国管理及び難民認定法（昭和26年政令319号）第二条の二」e-Gov 法令検索 , https://elaws.e-gov.go.jp/document?lawid=326CO0000000319（2022-09-27 アクセス）。

4　第197回国会法務委員会第7号（平成30年11月26日（月曜日））衆議院：立法情報 : 会議録：法務委員会 , https://www.shugiin.go.jp/internet/itdb_kaigiroku.nsf/html/kaigiroku/000419720181126007.htm（2022-09-27 アクセス）。

5　第169回国会における福田内閣総理大臣施政方針演説（平成20年1月18日）国立国会図書館：インターネット資料収集保存事業 , https://warp.ndl.go.jp/collections/info:ndljp/pid/233240/www.kantei.go.jp/jp/hukudaspeech/2008/01/18housin.html（2022-09-27 アクセス）。

6　総務省「地域における多文化共生推進プラン（改訂）（令和2年9月）」, https://www.soumu.go.jp/main_content/000718717.pdf（2023-03-07 アクセス）.

7　出入国在留管理庁「在留外国人統計（旧登録外国人統計）統計表」（2021年12月）e-Stat 政府統計の総合窓口 , https://www.e-stat.go.jp/stat-search/files?page=1&toukei=00250012（2022-09-29 アクセス）。

8　法務省民事局「帰化許可申請者数、帰化許可者数及び帰化不許可者数の推移」法務省：法務省の概要：組織案内：内部部局：民事局：国籍：帰化許可申請者数等の推移 , https://www.moj.go.jp/content/001342633.pdf（2022-09-27 アクセス）。

9　平成 31 年・令和元年のプレスリリース　出入国在留管理庁：公表情報：プレリリース，
　　https://www.moj.go.jp/isa/publications/press/press2019.html（2022-09-27 アクセス）。

10　日本学生支援機構「2020（令和 2）年度外国人留学生進路状況・学位授与状況調査結
　　果」より計算。

11　「VBTJ ニュースレター」第 1 号 2020 年 1 月、第 6 号 2021 年 11 月。

12　Rafael Shoji, "Religiões entre Brasileiros no Japão: Conversão ao Pentecostalismo e
　　Redefinição Étnica" in REVER: Revista de Estudos da Religião junho（2008），https://
　　www.pucsp.br/rever/rv2_2008/t_shoji.pdf.

第3章　海外日本語教会・集会

1　はじめに

　この章では、『データブック』(2016)[1]「第6章 海外日本人教会・集会」で述べられていた課題に取り組むものとして、「海外へ進出する日本人の状況」のデータの一部を更新し、「海外日本語教会（集会）の状況」の一端を示し、「帰国者の課題」について述べている。『データブック』(146頁)では、日本宣教におけるディアスポラ宣教の視点の欠如が課題とされていたが、さらに7年を経てグローバル化が進み、海外での日本人宣教の必要性は、よりいっそう高まっている。もちろん、その宣教の直接の担い手は、海外にある教会になるだろうが、以下によって、日本の教会が海外日本語教会のために祈り、海外にいる日本人の宣教を共に考え、連携や宣教協力が強まることを願うものである。

2　海外に進出する日本人の状況

1)　海外在留邦人数（外務省「海外在留邦人数調査統計」参照[2]）

　外務省によると、2022年10月1日現在、日本国籍を有し、海外で生活をする「海外在留邦人」数は、合計約130万9千人となっている。その数は、30年前の2倍以上となり、2011年から始まった日本人人口減少後も、2019年までは増え続けてきた。この2019年からの減少もコロナ禍によるもので、今や日本人は、100人に1人が海外で生活をする時代となっている。当然、その海外にいる日本人も福音を必要とする者たちである。そのことを、日本国内でも共に心にとめたいものだ。

2)　直近7年間の変化とその前の7年間の変化の比較（3-2参照）

　その海外に出ていく日本人の状況を知るために、『データブック』発行後の7年間（2015～2022年）と、それより前の7年間（2008～2015年）を比べたのが「3-2」である。2015年より前の7年間では、海外在留邦人数は約2万人増加していたのに対して、直近の7年間では約9千人減少している。その増加率

3-1　1990 年〜 2020 年の 5 年毎の海外在留邦人数のグラフ

海外在留邦人数

日本国籍保有者に占める割合

（資料）外務省「海外在留邦人数調査統計」（各年 10 月 1 日現在）（単位：人）
　　　　総務省統計局「人口推計」（各年 10 月 1 日現在）

はマイナス 104% となり、これはコロナ禍の影響を大きく受けたことを示すものとなっている。特に「長期滞在者」（3 か月以上当該国で暮らす者）については、2019 年 10 月（約 89 万 1 千人）から 2022 年 10 月（約 75 万 1 千人）までの

3-2　海外在留邦人数の増減（2008 〜 2022 年）

	■永住者	□長期滞在者	総数（単位：人）	
2008年	361,269	755,724	1,116,993	
2009年	373,559	758,248	1,131,807	2008年〜2015年
2010年	384,569	758,788	1,143,357	（7年間）
2011年	399,907	782,650	1,182,557	
2012年	411,859	837,718	1,249,577	**200,085人増**
2013年	418,747	839,516	1,258,263	
2014年	436,488	853,687	1,290,175	
2015年	457,084	859,994	1,317,078	-104%
2015年	457,084	859,994	1,317,078	2015年〜2022年
2016年	468,428	870,049	1,338,477	（7年間）
2017年	484,150	867,820	1,351,970	
2018年	513,750	876,620	1,390,370	**8,536人減**
2019年	518,883	891,473	1,410,356	
2020年	529,808	827,916	1,357,724	
2021年	537,662	807,238	1,344,900	
2022年	557,034	751,481	1,308,515	

外務省「海外在留邦人数調査統計」(各年10月1日現在　を編集

（資料）外務省「海外在留邦人数調査統計」(各年 10 月 1 日現在) を編集

コロナ禍の3年間で約14万人も減っている。

　ただし、海外在留邦人の「永住者」については、直近7年間（2015～2022年）でも約10万人増え、その前の7年間（2008～2015年）の約9万6千人増とほとんど変わらない。もちろん、その多くは、「長期滞在者」が滞在資格を「永住者」に変更したのだと思われるが、直近の7年間でも、それまでと変わらず、海外に生活拠点を移す日本人が一定して増加しているのがわかる。

3)　海外在留邦人の居住先

　また、「3-3」は『データブック』（148頁）に準じて、2015年と2022年の海外在留邦人数を地域ごとに比較したものである。ただし、外務省による長期滞在者の職業構成データは2018年から公表されなくなったため、同じものは作成できなくなった。しかし、その地域の人数比較から、在留邦人の滞在先の傾向は7年前と変わっていないことが確認できる。2022年も「永住者」が「北米」に飛び抜けて多く、「長期滞在者」は「アジア」に最も多い。

3-3　海外在留邦人数　地域ごとの 2015 年から 2022 年の増減（単位：人）

地　域	永住者			長期滞在者			総数		
	2015 年	2022 年	増減	2015 年	2022 年	増減	2015 年	2022 年	増減
全世界	457,084	557,034	99,950	859,994	751,481	△ 108,513	1,317,078	1,308,515	△ 8,563
アジア	27,541	42,923	15,382	357,966	328,296	△ 29,670	385,507	371,219	△ 14,288
大洋州	64,716	76,107	11,391	49,720	43,785	△ 5,935	114,436	119,892	5,456
北米	224,685	273,774	49,089	261,179	219,435	△ 41,744	485,864	493,209	7,345
中米	3,573	3,911	338	8,781	8,691	△ 90	12,354	12,602	248
南米	72,193	65,363	△ 6,830	7,415	6,472	△ 943	79,608	71,835	△ 7,773
西欧	60,451	90,195	29,744	150,994	123,175	△ 27,819	211,445	213,370	1,925
東欧・旧ソ連	1,302	1,852	550	7,947	8,514	567	9,249	10,366	1,117
中東	1,889	2,072	183	8,680	7,689	△ 991	10,569	9,761	△ 808
アフリカ	734	837	103	7,286	5,392	△ 1,894	8,020	6,229	△ 1,791
南極	0	0	0	26	32	6	26	32	6

（資料）外務省「海外在留邦人数調査統計」（各年 10 月 1 日現在）
　　　　※「△」印はマイナスを表す。

　また、人数の多い順に在留先国を記したのが「3-4」である。実はこの上位15か国に、在留邦人の85.6%（1,120,407人）が集中している。ちなみに、表には記載していないが、その中で永住者の割合が半分を超えているのは、ブラジル（92.3%）、カナダ（67.9%）、オーストラリア（64.5%）、ニュージーランド（59.7%）、米国（53.3%）の5か国である。他方の長期滞在者は、ベトナ

3-4　国別海外在留邦人数 上位 15 か国・25 都市（単位：人）

	国（地域）名	在留邦人数	邦人数の多い都市の順位と人数
1	アメリカ合衆国	418,842	1 位：ロサンゼルス都市圏 65,044 人
			3 位：ニューヨーク都市圏 38,263 人
			9 位：ホノルル 23,529 人
			11 位：サンフランシスコ都市圏 20,236 人
			14 位：サンノゼ都市圏 15,763 人
			16 位：シアトル都市圏 12,580 人
			18 位：シカゴ都市圏 12,166 人
2	中華人民共和国	102,066	4 位：上海 36,614 人
			10 位：香港 23,166 人
3	オーストラリア	94,942	7 位：シドニー都市圏 28,872 人
			12 位：メルボルン都市圏 18,074 人
			22 位：ゴールドコースト 10,073 人
			24 位：ブリスベン 9,517 人
4	タイ	78,431	2 位：バンコク 56,232 人
5	カナダ	74,362	8 位：バンクーバー都市圏 28,197 人
			13 位：トロント大都市圏 17,999 人
6	イギリス連合王国	65,023	5 位：大ロンドン市 32,947 人
7	ブラジル	47,472	19 位：サンパウロ 10,999 人
8	ドイツ	42,266	参考（30 位：デュッセルドルフ 6,844 人）
9	大韓民国	41,717	15 位：ソウル特別市 12,967 人
10	フランス	36,104	20 位：パリ 10,688 人
11	シンガポール	32,743	6 位：シンガポール（市）32,743 人
12	マレーシア	24,545	17 位：クアラルンプール 12,553 人
13	ベトナム	21,819	21 位：ホーチミン 10,475 人
14	台湾	20,345	25 位：台北 9,306 人
15	ニュージーランド	19,730	23 位：オークランド都市圏 10,001 人

（資料）外務省「海外在留邦人数調査統計」（2022 年 10 月 1 日現在）

ム（98.3%）、タイ（97.3%）、中国（95.9%）、マレーシア（91.5%）、シンガポール（87.7%）の順で 8 割を超え、台湾（68.3%）、フランス（65.2%）、韓国（64.0%）でも 6 割を超え、15 か国中のアジア全 7 か国がここに含まれている。

4)　海外在留邦人宣教の模索のために

　このようなデータから、特に上記 15 か国（25 都市）に日本人ディアスポラ宣教のチャンスがあると言って良いだろう。もちろん、宣教は場所を選ばずなされるべきであり、その他の可能性を否定するつもりはない。また、キリスト

教に友好的ではない国では、宣教自体が難しいのが現実だ。そのため、この15か国も同じに扱うことはできない。しかし、この15か国（25都市）では、今後も日本語宣教の広がりが期待できるのではないかということだ。

　そして、その宣教において、いわゆる従来型の教会形成までを視野に入れるならば、長期滞在者の割合が多い場所は、人の移動の可能性が高く、不安定であることを踏まえなければならない。そのため、そのような場所に牧師や宣教師を派遣する際には、長期的な協力と支援を続けていく覚悟が必要となる。また、在留邦人数上位都市であっても、コロナ前の2019年以前から邦人数を減らしている都市もあるので、その動向を見据えて候補地を考える必要がある。

　ただ、海外では安定した教会形成がされれば、その後は自動的に日本語の働きが継続していくかというと、必ずしもそうではない。むしろ、長い歴史を持つ海外の教会は、自立（自給）し、その働きが大きくなっていても、『データブック』（147頁）が述べていたように、時代と共に現地化する傾向がある。つまり、日本語での働きは中心ではなくなってしまうのだ。多くの場合、日本語教会は、日系人を中心とする日本人教会化したり、現地語が優勢の教会に変化して、その中の日本語部や日本語集会となったりしていく。そのような意味で、結局、海外での日本語での働きは安定したものではなく、「常に宣教的な働き」として、現地や日本国内からの理解と協力が不可欠であることも覚えるべきである。

3　海外日本語教会（集会）の現状

　さて、次に海外で日本人宣教に従事する日本語教会（集会）について、以下に述べていきたい。日本語（日本人）教会数については、『データブック』（149頁）を更新し、「3-5」に記した。ただし、そこには「教会」と称する群れだけでなく、教会とは区別した、日本語部、キリスト集会、JCF（日本語のキリスト者の交わり）、家庭集会など、さまざまな呼称の群れを含んでいる。もちろん、その中には、相当の人数が集まり、毎週礼拝を献げている群れもあれば、牧師を持たない群れ、また毎週集まって礼拝できない群れ、中には聖書研究だけをしている群れもある。実は海外では、何をもって教会とするかは、難しい問題がある。そのため、以下は、広い意味で「教会」という言葉を使用していることを、ここに断っておく。

　また、教会数については、情報源としては、現地のネットワーク等の数値を

そのまま用いるしかなく、データが入手できた数（現地ネットワークが把握している数や執筆者の独自調査）となっている。特に、上記のように、広い意味で「教会」という語を使用すると、その発生・消滅、場所の移動は、把握し尽くすことができず、逆に新しく生まれている「家の教会」のようなものまでを含めた包括的、網羅的情報収集は不可能である。むしろ、海外では教会というも

3-5　海外日本人（日本語）教会（2022 年～ 2023 年 3 月調査）

地域	国名(州名)	日本人教会数		地域	国名(州名)	日本人教会数	
		2015年	2022年			2015年	2022年
アジア	インドネシア	1	1	北米	アメリカ	172	133
	シンガポール	4	2		アラスカ州	—	1
	タイ	2	3		アラバマ州	1	1
	ネパール	1	休止		アリゾナ州	2	2
	フィリピン	5	3		イリノイ州	8	6
	ベトナム	—	2		オクラホマ州	1	1
	マレーシア	1	1		オハイオ州	3	3
	モンゴル	1	不明		オレゴン州	4	4
	韓国	10	22		カリフォルニア州	79	48
	台湾	4	5		ケンタッキー州	1	3
	中国	4	4		コネチカット州	2	0
大洋州 (オセアニア)	オーストラリア	10	11		コロラド州	2	3
	ニュージーランド	4	9		ジョージア州	2	3
中南米	アルゼンチン	4	現地語		テキサス州	4	5
	パラグアイ	1	1		テネシー州	2	2
	ブラジル	92	約90		ニュージャージー州	3	4
	ペルー	1	現地語		ニューヨーク州	6	6
	ボリビア	2	1		ネバダ州	1	1
	メキシコ	2	現地語		ノースカロライナ州	2	1
欧州 (ヨーロッパ)	アイルランド	—	1		バージニア州	1	不明
	英国	7	8		ハワイ州	20	10
	イタリア	1	1		フロリダ州	—	3
	オーストリア	1	1		ペンシルバニア州	3	3
	オランダ	4	2		マサチューセッツ州	4	2
	スイス	2	1		（マリアナ諸島）	2	不明
	スペイン	3	3		ミシガン州	—	4
	チェコ共和国	1	1		ミズーリ州	—	1
	デンマーク	—	1		ミネソタ州	2	2
	ドイツ	9	12		メリーランド州	3	2
	ノルウェー	2	2		ユタ州	3	1
	フィンランド	2	1		ワシントン州	11	11
	フランス	1	1		カナダ	13	15
	ベルギー	1	1		合計	370	342
	ルーマニア	1	1				
中東	トルコ	1	1				
アフリカ	ケニア		(+1)				

※前回北米に記載のメキシコは、今回は中南米に記載。外務省は、ルーマニアを東欧・ロシアとして分類するが、ここでは、ヨーロッパに分類。

（資料）『クリスチャン情報ブック 2016』（いのちのことば社）
　　　　「クリスチャン新聞」2022 年 7 月 3 日 付録
　　　　KoJaMA 名簿、各ネットワークのウェブサイトもしくは代表聞き取り、
　　　　2023 年独自調査含む

のが、必ず牧師と会堂を持っているという考えから脱却しつつあり、「家の教会」から群れが大きくなっていく傾向のようだ。そのため、海外日本語教会についても、今後は個々のつながりと、地域のネットワークや、複数の「教会」をまとめる教会、その拠点となる「教会」の把握のほうが重要になると思われる。このように、「教会」というものの理解が変わりつつある中で、以下、2022 〜 2023 年時点の海外各地域の日本語教会の概観を試みたい。

1) 海外日本語教会の特徴や傾向の概観

(1) アジア（43 教会以上）

　まず、アジアの日本語教会については、特にインドネシア、シンガポール、タイ、ベトナムでは、「コロナ前」から駐在員が減っていたようだ。そこにコロナ禍が追い打ちをかけ、駐在員や留学生が相次いで帰国してしまった。そのため、コロナ前までは 20 〜 30 人いた礼拝が、2022 年現在、十数人となっている教会もある。もちろん、そのような教会でも、現地で直接雇用されている日本人や、国際結婚をした日本人などと共に、地域に根差した教会形成を進めている。しかし、2022 年 10 月現在、ベトナム・ホーチミンの教会（2013 年創立）は、コロナ禍の帰国ラッシュに、一時的に休会状態に陥ってしまっている。ただし、もちろんその再開の機会を伺っているし、ハノイでの働きは継続している。このベトナムの日本語教会については『データブック』では把握していなかった教会であるが、このようにベトナムでも働きがなされている。

　また、台湾や、韓国では、日本人出席者よりも現地人クリスチャンが多く集まる礼拝が存在している。特に、韓国では現地教会の日本語礼拝部として活動する共同体が多く、コロナ前は、日本語での礼拝に 100 〜 200 名ほど人が集まっていたところもあった。ちなみに、タイや、マレーシアなどの退職者ビザを発給する国では、引退後を過ごすクリスチャンが、日本語教会に連なっているのも、1 つの特徴的なことであろう。加えて、アジアでは国をまたいで異動（移動）する教会員もいるため、圏内の日本語教会、牧師同士のつながりも求められている。

(2) 大洋州（オセアニア）（20 教会：10 教会と 10 の群れ）

　オセアニアについては、オーストラリアとニュージーランドに日本語教会が存在する。ここでは、調査回答者の区別に従い、あえて「教会」と「群れ」と

いう区別をするが、2022年現在、オーストラリアでは、アデレイド、ゴールドコースト、シドニー、パース、ブリスベン、メルボルンなどに7つの教会と、4つの日本人の群れ（集会）がある。

　また、ニュージーランドでは、北島のオークランド、南島のクライストチャーチ、およびダニーデンに、3つの日本語教会がある。それに加えて、日本人クリスチャンのグループ（群れ）が、北島に4つ、南島にも2つほどある。

(3)　中南米（約92教会）

　中南米では、日本語教会を語る上で、日系人の存在を無視できない。少しその歴史をたどると、第二次世界大戦前の1893年のグァテマラ、1897年のメキシコ、1908年のブラジルに続き、ペルー、アルゼンチン、ボリビア、パラグアイ、ウルグアイ、チリへと日本人が移り住んで行った。また、戦後も日本政府は各国と移住協定を結び、再度ボリビア、パラグアイ、アルゼンチン、ブラジルへと移民を送り出した。中でも、ブラジルへの移民数は最も多く、戦前だけで約18万9千人が、また戦後も約6万8千人がブラジルへと渡って行った。こうして、2021年にはその子孫となるブラジルの日系人総数は約200万人になっていると推定されている。[3]

　そのためブラジルでは、この日系人を中心に、現地化の進んだ約90の「日本人教会」が今も存在している。ブラジルにおいて多くの日本人教会が存在するのは、もちろん移民によって教会が建て上げられ、その信仰が継承されてきたからであるが、さまざまな苦労の中で、日系移民がその自己認識を「日系」として強めていったためと思われる。上記「3-4」のブラジルの在留邦人数に比べ、「3-5」の教会数が圧倒的に多いのは、このような背景がある。

　ただし、現地化の進む中南米の日本人教会では、教会活動は現地のポルトガル語、またはスペイン語に置き換わってきていて、日本語を常時使用する礼拝も少なくなり、日本語礼拝への出席者は高齢化してきている。

(4)　欧州（ヨーロッパ）（37教会）

　ヨーロッパの日本語教会は、人数も組織もしっかりとした教会もあれば、現在は牧師のいない教会や、月に1度の土曜礼拝を守っている教会もあり、状況はさまざまである。ヨーロッパには、海外在留邦人数を反映するように、比較的小さい群れが多い印象である。また、数に表れてこないような小さな群れが

広範囲に点在し、小さな群れが孤立しないネットワーク作りもなされている。そして、聖書を読む会などが、日本語教会と交わりを持ちながら活動をしている。

(5) 北米

　カナダの日本語教会（15教会）は、牧師と役員会を持つ教会がほとんどであるが、集会や、聖書の学び会だけを持つような群れもあるようだ。カナダでは永住者の割合が多いこともあって、バイリンガル礼拝が主流となっている。

　また、アメリカ合衆国（米国）の日本語教会数（131教会以上）は世界中で最も多く、それこそ多様である。ただし、カリフォルニア、ハワイ、ワシントン、ニューヨークの各州には、日系人コミュニティが形成されてきた経緯があり、やはりその地域には他州よりも日本語教会が多く見られる。このように、米国でも、日本語教会への日系人の功績は非常に大きい。

　米国の区分に基づいて概観を試みると、「北東部」ではニューヨーク州、ニュージャージー州などに、100年以上の歴史を持つ教会や、開拓30～40年の教会、また開拓10年の教会などがある。また、「中西部」のイリノイ州や、「南部」のケンタッキー州などに、教会が点在している。さらに、「西海岸（西部）」では、シアトル（ワシントン州）で「新1世」を対象にした開拓がなされ、オレゴン州にも日本語教会が点在している。その中でもカリフォルニア州には、米国最多数の日本語教会が存在している。また、「ハワイ」の日本語教会は、そのほとんどがオアフ島のホノルルに集中している。

　ただし、現在は全米にわたり日本人居住区が変わり、また他国に見られるようにその子や孫（実際には5～7世の時代となっている）が現地化し、従来の日本語教会（日本語部）は縮小傾向にあるようだ。実際、英語礼拝だけになったり、かろうじて日本語のバイブルスタディーを持ったりしている教会もある。ほかにも牧師が高齢化し、ここ5～6年で引退する牧師たちの後を継ぐ働き人がいない教会もある。フルタイム牧師の雇用は経済的な負担が大きく、日本人牧師でなく、日本語を話すことのできる働き人（アメリカ人とは限らない）を、パートタイムで雇用する教会もある。また、かつて多くいた留学生もコロナ前より減少傾向にあり、しかも以前のような1年以上の留学ではなく、3～10か月の交換留学（短期留学）が主流になってきている。そのため、学生宣教の事情も変わってきている。

　しかし、他方で中西部には、自動車関係の会社が多いため、日本語宣教がこれからも広がっていくことに期待が寄せられている。実際、現地教会の ESL（英語教室）の働きは決して小さくはなく、ミシガン州などでは 200 名の駐在員の妻が毎週集っている教会もある。同様の働きをする教会はミシガンにはいくつかあり、ほかにも、ケンタッキー、オハイオ州などでも ESL の生徒として日本人駐在員の妻が大半を占めるというのは珍しくない。イリノイ州にも日本人に特化した働きがあり、他州でも同様の働きがなされていることだろう。興味深いことに、ロサンゼルスにある海外唯一の日本語クリスチャンブックストアの顧客の多くは、日本人ではなく現地人だそうだ。それは日本人の友人や、ESL クラスで配布するプレゼントを購入するための利用であると言う。言い換えるなら、米国では、現地教会に出入りする日本人、また現地教会の礼拝に通っている日本人もかなりいるということになる。

(6)　中東（1 教会）・アフリカ（1 教会）

　中東では、唯一トルコ・イスタンブールに日本語の小さな群れがある。また、アフリカにおいても、実はケニア・ナイロビで 1988 年より、日曜日の午後に日本語聖書の会が行われてきていた。しかし、その情報が正式には寄せられておらず、『データブック』（146 頁ほか）には反映されていなかった。2020 年にコロナ禍の影響で「会」はいったん中断されたが、ズーム（Zoom）による「会」、個人的に聖書の学びをしたい方々との一対一の学びを続け、2021 年より「会」を再開している。2023 年現在も月 1 回の集会が続き、現在の参加者は 10 名から 15 名である。また、2020 年コロナ禍を機に始めた、世界に散らされたかつての聖書の会の出席者たちに向けた聖書の録音メッセージを送る働きも続いている。

2)　海外日本語教会のネットワーク

　このような海外日本語教会と日本とのネットワーク、また海外日本語教会同士のネットワークとして、「3-6」のようなものがある。

(1)　JEA 宣教委員会異文化宣教ネットワーク部門

　「JEA 宣教委員会異文化宣教ネットワーク部門」（2016 年新設）では、「日本語教会ズームコネクション」を 2 〜 3 か月毎に呼びかけて開催している。アジ

3-6　海外のネットワーク　（2023年3月現在）

アジア	日本国内	JEA宣教委員会 異文化宣教ネットワーク部門（を介したコネクション）
	韓国	KoJaMA（Korea Japanese Ministry Association）通称 コジャマ
大洋州	（オセアニア）	J2ANZ（Japan, Jesus, Australia and New Zealand）　フェイスブック https://www.facebook.com/J2ANZ-Brisbane-2226878264077228/
	ニュージーランド	ワン・ボイス・カンファレンス　https://onevoiceforjapan.nz/
中南米	ブラジル	日系キリスト教会連盟
欧州	（欧州）	在欧日本人宣教会　　http://www.joutreach.org/
		ヨーロッパ・キリスト者の集い https://www.europetsudoi.net/link/
北米	カナダ	CJM（Canadian Japanese Ministries）英文 https://www.cjmin.com/
	米国（順不同）	JCFN（Japanese Christian Fellowship Network）http://jcfn.org
		北米ホーリネス教団　https://www.omsholiness.org/nichigo-home
		フリーメソジスト教団（PCJC）英文 http://www.pcjcfm.org/our-churches
		JCPN（Japanese Church Planting Net work）バプテストのプロジェクトチーム http://www.jcpnetwork.com/churches/
		南加キリスト教教会連合　http://nankarengo.com/
		ハワイ日本語キリスト教会連合（AHJCC）https://ahjcc.org/
		RJC（リーチング・ジャパニーズ・フォー・クライスト）英文 https://rjcnetwork.org/
		他

ア＆オセアニア、北アメリカ、ヨーロッパ（在欧日本人教会に協力）のそれぞれの地域について、日本語宣教に従事している現地牧師や信徒リーダー、その宣教に関心のある者が、インターネットを通じて集まり、報告と祈りの時を持っている。

(2)　韓国のネットワーク

　韓国には、ソウルに日本語教会（日本語礼拝部）が多いこともあり、通称「コジャマ」という名の組織が作られ、ネットワークが築かれている。

(3)　オセアニアのネットワーク

　オセアニアでは2017年から3年続けて、「J2ANZ」という大会が持たれ、日本語教会間でも、ゆるやかな交わりが持たれてきた。

　また、ニュージーランドでは、以前からワーキングホリデーの若者たちが現地国内を移動することから、教会間で情報を送り合ったり、別教会の牧師を特別集会のゲストに招いたりして、交流がなされてきていた。それが、2021年7月に「ワン・ボイス・カンファレンス」が行われ、オンラインで交わりを持つようになり、ネットワークができてきている（2023年1月に第2回をオークランドで開催、約90人参加）。そして、今後、このような交わりが、広がる傾向にあるようだ。

(4)　ブラジルのネットワーク

　ブラジルには、「日系キリスト教会連盟」に多くの日系人教会が加盟し、連携を持ってきている。ただし、そこに所属する牧師たちも、日本語を話す牧師が減ってきていて、会議もポルトガル語が中心になっている。

(5)　ヨーロッパのネットワーク

　ヨーロッパの日本語教会のネットワークとしては、「在欧日本人宣教会」がある。在欧日本人宣教会では、各地をオンラインでつなぎ、年数回の祈り会を開催している。また、機関紙を発行して、その様子を日本にも伝えている。その機関紙のバックナンバーを在欧日本人宣教会のウェブページより読むこともできる。また「ヨーロッパ・キリスト者の集い」が持たれ、相互の交わりがなされている。

(6)　カナダのネットワーク

　領土の広大なカナダでは都市同士が離れているため、教会や牧師が孤立しがちである。そのため、日本人宣教のためのネットワーク「CJM」があり、15 以上の教会と集会が加盟している。CJM は、カナダの日本語教会が、より大きな「神の家族」としてのつながりを持つために、年に 1 度の牧師夫妻やリーダーが一堂に会する大会を主催している。それによって、互いの教会の情報交換と、交わりが持たれている。また、オセアニア同様に、カナダでもワーキングホリデーをきっかけに教会に集う者がいて、その者たちの国内移動の際には、CJM のネットワークによって、連携が取られている。

(7)　米国のネットワーク

　米国では、各地域のネットワークはあっても、全土にわたる日本語教会のネットワークは今のところはない。しかし、米国からの帰国者と日本の教会への橋渡しの働きを担う「JCFN」の集会（キャンプ、訓練会など）には全米からの参加者が集まり、個々のつながりや、互いの励ましの場として用いられている。ほかにもキャンプを通じた交わり（「東海岸日本語教会合同ファミリーキャンプ」、「ミシガンバイブルキャンプ」など）が、いくつかある。

　また、日本への元宣教師たちを中心にスタートした「RJC」の働きも、広くネットワークを築いている。さらに、「北米ホーリネス教団」や、フリーメソ

70

ジスト教団から始まった「PCJC」では、日本語教会が教団（組織）内のネットワークを築いている。そのほか、バプテストでは、北米の南部バプテスト教会と南部バプテスト連盟が協力して「JCPN」という日本語教会新設（開拓）のプロジェクトチームを立ち上げて、働きがなされている。

　地域のネットワークとしては、カリフォルニア州では、「北加基督教会同盟」と、「南加キリスト教教会連合」とがある。また、ハワイ州にも、「ハワイ日本語キリスト教会連合」（AHJCC）がある。その他、ニューヨークを中心にした東海岸の牧師会、中西部シカゴ（イリノイ州）にも牧師会があり、年数回の集まりが持たれている。さらに、南部ルイビル（ケンタッキー州）の教会の牧師が、他州も含め小さな教会を巡回するような形で、いくつかの教会がつながっている。

3)　海外日本語教会アンケート結果

　さて、このような海外日本語教会に対して、2022年1～10月（当初の予定を延長）にアンケート調査を行った。その内容は、①教会の基本情報と、②過去10年の礼拝出席者数（1回あたりの年間平均出席者）と、③過去10年間の受洗者数（年間受洗者総数）の調査である。

　アンケート調査は、すべて電子メールで送信し、わかる範囲のアジア、オセアニア、カナダ、アメリカの約140教会と、協力者を介しての韓国、ブラジル、ヨーロッパを加えた合計で200～最大300教会を対象としたものである。アンケート用紙は、日本語と英語を用意し、ブラジルでは協力者が現地でポルトガル語にも翻訳してくれたようだ。

　回答数については「日本語での働き」という制限を付けたため、全体で49件の回収にとどまった。日本語を用いたバイリンガル礼拝がなされていても、現地語が中心という認識の教会からは、返答が返ってこなかった可能性がある。また、ほかにも電子メールへの返答が4件あったため、合計53件の応答があった（兼牧2教会が1件となっているものを含む）。今回の調査が、海外の日本語教会の全てを反映しているとは言うことができないかもしれないが、2022年時点での海外日本語教会の現状に迫ろうとした1つの資料である。「3-10」「3-11」については、集計表そのままを記している。

(1)　基本情報からの分析

◇言語使用・協力状況

　電子メールへの返答も含めた53件については、49件が礼拝を実施しているとの回答であった。また、その31％（15件）がバイリンガル礼拝や、同時通訳などで常時現地語を使っている。そこに、1〜2か月に1度の合同礼拝やバイリンガル礼拝を行う2件を入れると、全体の35％（17件）が、2言語を用いた礼拝を持っているという結果となった（3-7）。

　また、53件中（以前からの休止を除く）52件が日本語教会（集会）として活動し、全体の31％（16教会）が現地教会の日本語（礼拝）部として活動している。そこに礼拝堂を借りるなど、現地との協力の中で活動する教会35％（18教会）を入れると、その割合は全体の65％（34教会）となる（3-8）。これは、日本語での働きが、やはり現地での何らかの交わり（協力）を必要としていることを表している。

◇活動時間・正会数・創立年

　次に、実際の49件のアンケート回答中、休会1教会を除く48件については、23件（兼牧教会を含む）が日曜日の午後や、日曜日以外に活動を行っている。そこに、日曜日の午前8時台、9時台から礼拝をする8教会（2回礼拝の教会あり）を含めると、65％（31教会）が現地教会の礼拝と時間が重ならない時間に礼拝を持っていることになる（3-9）。それは現地教会の礼拝

3-7　バイリンガル礼拝
　　　（49教会中）

バイリンガル礼拝 17教会 35％
おもに日本語を使用の礼拝 32教会 65％

3-8　現地教会との協力
　　　（52教会中）

協力なし（不明）18教会 35％
日本語部 16教会 31％
協力あり 18教会 35％

3-9　現地教会の礼拝と時間が
　　　重ならない時間に礼拝を
　　　持つ教会（48教会中）

現地教会と同時間の礼拝 17教会 35％
時間が重ならない 31教会 65％

3-10 「海外日本人教会アンケート結果①」
（2022年1月〜10月実施　49件回答）

地域	教会No.	創立年	礼拝時間	活動の形態・礼拝など	正会員数
アジア	1	1977年	㈰14:30〜16:00		29名
	2	1975年	㈰14:30	現地教会の協力（イヤフォン通訳）	80名
	3	1964年	㈰10:30〜12:00		50名
	4	2004年	㈰10:45〜12:00		なし
	5	2010年?	㈰14:00〜	現地にある韓国語教会の協力	19名
	6	1983年	㈰16:00〜	現地教会の協力	10名
	7	2005年	㈰14:30〜16:00	日本語礼拝部	なし
	8	2012年	㈰15:30〜17:00	現地教会の協力	15名
	9	2013年	（休会中）㈰	休会中	なし
大洋州（オセアニア）	10	2004年	㈰15:00〜	バイリンガル礼拝	60名
	11	1989年	㈰13:30〜15:00	バイリンガル礼拝	57名
	12	1990年	㈰14:30〜15:45		40名
	13	1986年	㈰14:00〜		39名
南米	14	1955年	㈰10:00〜11:30	日語部	57名
	15	1960年	㈰10:15〜11:45	バイリンガル礼拝	116名
	16	1925年	㈰9:00〜	日本語部	15名
	17	1966年	㈰10:00〜11:30	日本語通訳（第1日曜のみ日本語）	80名
	18	1938年	㈰10:15〜11:15	ポルトガル語（日本語通訳付）	321名
欧州（ヨーロッパ）	19	2008年	㈰14:30〜	日本語部、英語の同時通訳	約40名
	20	2006年	第1土曜 13:30〜	現地教会の協力	15名
	21	1986年	土曜午後		20名
	22	2011年	㈰14:00〜	学びは現地教会の協力	13名
	23	2005年	㈰14:30〜（第二のみ）	現地教会の協力	約10名
	24	1980年代	㈰15:00〜（第一、三）	現地教会の協力（間借り）	なし
アフリカ	25	2021年再開	（学び会）2〜3か月に1度	メンバー自宅持ち回り	10名
北米	26	1913年	㈰10:30〜	第1日曜は日英合同（通常は別）	38名
	27	1993年	（学び会）㈰午前	宣教の働き	―
	28	2016年	（学び会）土曜11:00〜	現地教会の協力	8名
	29	2012年	㈰13:00〜		16名
	30	1996年	㈰10:30〜	バイリンガル礼拝（ほとんど英語）	20名
	31	1904年	㈰9:00〜10:00	日語部	
	32	1977年	㈰11:00〜	日本語（英語の同時通訳）	41名
	33	1930年	㈰9:00〜＆13:00〜	※2つの教会の兼任	300＆300名
	34	1941年	㈰9:15〜10:30	日本語部	90名
	35	1904年	㈰10:30〜	日本語部	110名
	36	2020年登録	㈰14:00〜		10名
	37	1990年	㈰9:00〜10:30	日本語礼拝部	10名
	38	1904年	㈰7:30〜、11:30〜(2回)	日本語部	393名
	39	2002年	㈰11:00〜	バイリンガル礼拝	15名
	40	1921年	㈰9:30〜		45名
	41	1977年	㈰9:30〜	日本語部	58名
	42	2002年	㈰11:00〜	（2か月に1度バイリンガル礼拝）	60名
	43	1994年	㈰11:30〜13:00		24名
	44	1930年	㈰10:30〜	日本語部、バイリンガル礼拝	80名
	45	2016年	㈰11:00〜	家の教会（地域教会と連携）	なし
	46	1932年	㈰8:45〜	日本語部（英語の同時通訳）	108名
	47	1905年	㈰10:30〜11:30	バイリンガル礼拝	50名以上
	48	1966年	㈰14:00〜	バイリンガル礼拝	10名
	49	1996年	㈰13:30〜	バイリンガル礼拝	12名

※ No.18, 33 の「正会員数」は現地語の礼拝を守るメンバーを含む。
※ No.33 は、1人の牧師が担当する2教会分の合計数を回答。

3-11 「海外日本人教会アンケート結果②」
（2022 年 1 月〜 10 月実施　49 件回答　単位：人）

◇「礼拝出席者」の年間平均（過去10年間）2012年〜2021年

教会No.	12年	13年	14年	15年	16年	17年	18年	19年	20年	21年
1	47	48.6	41.9	46	48	49.8	46.2	40.5	32.6	39.4
2	50	60	70	80	80	80	80	80	40	40
3	49	53	52	47	55	52	43	39	16	14
4	25	23	25	27	26	24	22	23	16	13
5							28.8	24	15.9	16.5
6	25	25	25	25	23	23	20	15	0	0
7	105	98	123	113	115	100	91	106	(不明)	40
8										15
9	N/A	5	10	20	23	23	15	15	7	5
10	35	40	35	35	40	40	40	35	40	30
11	70		70		70		70		70	70
12	不明	50	55	不明	64	66	63	67	69	64
13	40	40	60	60	60	60	40	30	30	25
14	51	57	57	54	49	43	41	42	中止	(不明)
15	13	12	12	13	13	15	16	18	3(+12)	3(+12)
16	40									15
17	18	16	16	16	16	16	16	16	(不明)	(不明)
18	20	20	18	17	17	14	14	10	(20〜25)	(20〜25)
19	35.8	41.2	51.6	47.3	52.4	49.7	44.6	44.5	45.3	39
20			30							20
21	23	25	20	20	15	16	13	10	7	7
22	15	13	14	14	16	23	20	21	22	22
23									15	10
24	（人数の増減はあるが平均して10人弱）									
25										10
26	15	15	15	15	15	11	11	11	11	13
27	—	—	—	—	—	—	—	—	—	—
28	N/A	N/A	N/A	N/A	12	14	13		10	11
29										
30	12	10	10	10		9		5	5	5(+30)
31	30	30	30	30	30	30	30	30	40	40
32	60	60	64	64	59	54	55	52	48	46
33	50	50	45	45	40	40	40	38		
34	52	52	47	47	44	43	42	38	23	23
35	84.5	96	107	110	105	96	100	93	86	54
36	N/A	N/A	N/A	N/A	N/A	12	14	N/A	15	10
37							16.8	17.2	19.5	26.4
38	130	141	137	122	119	122	109	110	120	117
39	35	35	35	10	25	25	25	25	20	20
40	70			60						
41					49	54	53	55	28	33
42	55	48	59	53	48	45	48	47	44	44
43	60	60	60	60	50	50	40	30	25	25
44	?	83	90	97	98	99	98	90	?	?
45	N/A	N/A	N/A	N/A	13-18	13-18	13-18	13-18	12-15	12-15
46	129	127	133	135	131	133	124	113		
47										
48	25			25					20	15
49	25	25	30	34	34	30	30	30	20	20

◇年間「受洗者」数（過去10年間）2012年〜2021年

教会No.	12年	13年	14年	15年	16年	17年	18年	19年	20年	21年
1	1	2	1	1	0	2	3	0	0	2
2	1	4	6	7	6	6	2	5	0	2
3	5	4	1	4	3	4	1	3	1	0
4	1		2	2		1			2	
5							1	2	2	0
6	0	0	0	0	0	0	0	0	0	0
7	2	4	4	1	2	1	1	1	0	1
8	1	1	1(+1)	1	(+1)	(+1)	0	1(+1)	0	0
9	N/A	0	*	*	*	*	*	*	*	?
10	0	5	1	1	1	2	1	3	1	3
11	3	3	3	2	2	3	3	3	2	3
12	1	14	5	2	9	4	3	2	3	4
13									1	2
14	3	2	3	3	2	0	1	0	0	
15	3	3	0	2	16	0	5	0	0	7
16									0	2
17	4	2	5	3	4	5	7	0	2	
18	0	0	0	0	1	0	1	1	3	0
19	2	1	2	5	6	2	3	1	4	
20	2	1	1	2	1	1	0			
21	不明	不明	不明	不明	不明	0	1	0		
22	2	2	2	1	0	0				
23										
24										
25										
26										
27	—	—	—	—	—	—	—	—	—	—
28	N/A	N/A	N/A	N/A						
29										
30	2	2	0	1	2	0	0	0	0	
31								1	1	
32	3	1	4	1	1	7	2	2	0	
33	2	2	2	2	1	1	1			
34	4	5	4	2	2	3	1	1	0	
35	14	13	10	9	7	2	6	6	1	4
36	N/A	N/A	N/A	N/A	N/A	N/A	N/A	N/A	6	5
37										2
38	16		4	6	9	10	9	1	3	
39	0	0	0	0	0	0	0	1		
40				1	1	2	2	0	1	
41	4	8	4	6	1	5	1	1	2	0
42	4	4	1	1	1	1	0			
43					0	0	0	0	0	1
44	?	4	2	8	3	2	3	3	1	1
45	N/A	N/A	N/A	N/A						
46	16	2	8	6	8	12	3	5	10	1
47										
48	1								1	1
49	3	1	1	2	1	1	2	1	0	1

※「礼拝出席者」の（　）内はオンライン出席者。「受洗者」の（　）内は日本人以外。

※「受洗者」No.1 国際結婚子弟1人を含む。　　　　　No.5 過去10年の受洗者は8人
　　　　　　No.8（　）内は現地人、計4人。日本人5人。　No.9「＊」印の6年間で10人の受洗者。
　　　　　　No.11 マレーシア人、韓国人を数名含む。　No.15 日本人はうち4人。25人は現地人や日系人。
　　　　　　No.19 おもに国際結婚の子弟。　　　　　No.36 登録以前10年の活動で7人の受洗者あり。
　　　　　　No.37 1990年創立以来62人の受洗者あり。　No.39 現地人7人を含む。日本人は11人。
　　　　　　No.49 全11人中、日本人は2割程度。

堂の空き時間を使用するためであったり、現地教会に所属しながら、日本語礼拝に出席することを可能にするためであったりすると思われる。

　また、正会員人数の多い教会は、その歴史も長い。これは、海外での日本人宣教も一朝一夕には進まないことを示している。加えて、会員制をとっていない教会もあり、それも海外の状況を反映している。さらに、アジア、北米には、創立年が比較的新しい教会もあり、地域によって、日本語宣教が新しく始まっている。これは、日本語での宣教の新しいニーズがあることを示している。

⑵　礼拝出席者数（49件中有効回答44件、兼牧教会1件含む）

　ところで、礼拝出席者数については、昨今の海外在留邦人数の増加に比例するような、出席者の増加は見ることができなかった。もちろん、中には人数の増えている教会もあるし、ここに数として上がってこない「家の教会」があるのも事実だ。しかし、礼拝出席者については、空欄（未回答）部分も前後から推測して埋めてみると、今回の調査では、海外日本語教会の礼拝出席者は、全体的に横ばい、もしくは、2014年から2016年をピークに、コロナ前から少しずつ少なくなってきているという結果となっている。

3-12　海外日本語教会アンケートまとめ①「平均礼拝出席者」合計

（49件回答 +4件電子メールへの返事のみ、有効回答44件・45教会分）

年	2012	2013	2014	2015	2016	2017	2018	2019	2020	2021
集計値	1,494	1,459	1,638	1,552	1,645	1,551	1,620	1,456	981	1,092
補正値	1,765	1,798	1,877	1,857	1,864	1,831	1,754	1,685	——	——

2012 ～ 19年平均 1,804人

（コロナ禍前の1年当たりの海外日本語礼拝「出席者数」推計）

　＊集計値はアンケート結果の集計、補正値は未記載部分を推定して補正したもの

　海外の教会では、救われる日本人が起こされても、異動したり、帰国したりするため、常に礼拝出席者の一部は入れ替わり、再度新しい人が加えられながら人数を保っている。そのため、一時的な礼拝人数の減少はよくあることだ。しかし、コロナ禍での人数減少を除外しても、今回の調査では明らかに2017年～2019年で全体的に下降傾向が見られる。これは、単に複数教会で減少期

が重なったと片づけることができるものではなさそうだ。もし「日本語教会」というものが、上述のとおり「宣教的な群れ（働き）」であるという立場に立つとするなら、これは楽観視できない数字である。もちろん、原因の特定は難しいが、海外在留邦人数1位の米国に限ると、減少理由となることについては、以下のようなことが考えられる。

＊「長期滞在者」数の減少傾向（新しく宣教の対象となる日本人数の減少）
　　（米国で2012年の約25万人から2017年には約23万3千人へと減少）
＊日本人居住区の変化（教会の立地の問題）
＊留学生の滞在期間の短期化
＊日本語を話す日系人の減少（日本人子弟の現地化）
＊日本人牧師（宣教師）の隠退（宣教力の低下）
＊現地教会に出席する日本人の増加

　加えて、スマートフォンの日本人への普及率の上昇は（2010年は4%、2015年には5割超、2019年は8割超）、海外での情報収集を手軽にし、以前のように現地に長くいる日本人とつながらなくても、ある程度の便利な海外生活を手にすることを可能にしてしまっている。また、SNS投稿などは、投稿者、閲覧者の両者ともを、海外での娯楽に向かわせているようで、特に海外にいる間に海外を楽しみ尽くそうとする「駐在者マインド」のようなものも生み出しているようだ。このように、さまざまな要因が絡み合って、海外での日本語礼拝の人数減少につながっていると考えられる。

　他方で2023年3月現在、コロナ禍に急激に広まった礼拝のオンライン配信によって、日本などからも海外の日本語礼拝に連なる者や、逆に、海外から日本国内の礼拝に連なる者も増えている。それによって、相互に礼拝出席の間口は広がる形となっている。このような動きが、どのような影響を与えていくのかは、今後検証されていくであろうが、それも含めて日本語礼拝についてのさらなる追跡調査によって実態が明らかになっていくことに期待したい。

(3)　受洗者数（49件中有効回答44件、兼牧教会1件含む）
　受洗者数のアンケート調査については、海外で信仰を持った者の数を明確にする指標と考えて行ったものである。『データブック』（146頁）において、年

3-13　海外日本語教会アンケートまとめ②「年間受洗者」合計
（49件回答 +4件電子メールへの返事のみ、有効回答44件・45教会分）

年	2012	2013	2014	2015	2016	2017	2018	2019	2020	2021
集計値	99	88	98	86	95	66	76	79	28	57
補正値	102	91	103	91	100	71	80	83	30	57

2012〜19年平均90人（外国人を除く数84人）

（コロナ禍前の1年当たりの海外日本語礼拝での「受洗者数」
およびコロナ禍前の明確な外国人受洗者（47人）の平均を除いた数）
＊集計値はアンケート結果の集計、補正値は複数年での人数記載を平均して追加
補正したもの

間の国内と国外の信仰を持つ人数とがほぼ同じとされていたが、その記述につ
いては、ここで訂正しなければならない[4]。

　今回の調査の有効回答の44件（1件は兼牧2教会の回答のため45教会）では、
コロナ前（2012年〜2019年）の日本人受洗者数の年間平均は45教会を合わせ
て84人にとどまる結果となった。もちろん、調査に未回答の教会、現地教会
での受洗者、また信仰を持っても受洗をせず帰国した者も含めると、相当の数
になるのは間違いない。しかし、国内のプロテスタント全教会（約7,900）で信
仰を持つ日本人数と、海外で信仰を持つ者が同数とするには、無理があること
を確認する数字となっている。

　ただし、日本国内の各教会が1年に生み出す受洗者数が、仮に『データブ
ック』（14, 39頁）が推計した平均1人（あるいは0.97人）だとすると、今回の
調査は（84人÷45教会≒1.87人）その約1.9倍となっている。つまり、日本人
は、国内よりも海外のほうが信仰を持ちやすいということを数字で確認する結
果とはなっている。今後、国内外の受洗者数データが多く集まることで、より
正確な数が出てくることに期待をしたい。

4　帰国者の課題理解

　最後に、このように海外滞在中に信仰を持った者が、帰国後、日本の教会に
馴染みにくいことは、『データブック』（147頁）に触れられていたとおりであ
る。それゆえに、海外で信仰を持った者が多くなればなるほど、日本でも信仰
生活を続けていく環境を共に考えることは、大切なことになる。

(1)　JCFN とのつながり（「3-6」参照）

　便宜上、ここでは、海外で信仰を持ったクリスチャンや、求道者をひとくく
りに「帰国者」と呼ぶことにするが、このような帰国者のフォローアップと、
ネットワークづくりについては、以前から JCFN が取り組んできていた。海
外にいる時から帰国者に対しては、ワークブックによる準備や、日本の教会に
対する理解を促すことも行っている。また、帰国後の日本の教会への橋渡し
や、帰国者同士の地域の集まりの案内も行っている。さらに、日本の教会のた
めには『帰国者クリスチャンを理解するために』というパンフレットを用意し
（"ミニストリーリソース" https://jcfn.org より PDF 版を無料ダウンロード可）、情
報提供もなされている。まず、日本の教会は、このような働きをする団体や、
その知識の蓄積の資料の活用を考えることが大切である。

(2)　相互理解と現地教会牧師とのつながり

　ただ、このような取り組みにもかかわらず、帰国者の日本の教会への適応
は、実際には難しいのが現状である。これは、帰国者と日本の教会の相互理解
の問題だけではなく、複雑な要因があるように思われる。

［帰国者側の課題］

　・海外から日本に送り出す教会の帰国者についての認識不足
　・帰国者の経験不足（教会生活・経験期間の短さ、日本の教会についての知識不
　　足、成長のためや訓練期間の不足）
　・帰国者の生活の変化（逆カルチャーショック、帰国後の生活の多忙化・家族や
　　親族との関わり）
　・日本語教会で持っていた交わりの喪失（知っているクリスチャンとのつなが
　　りの喪失）→「メンターのような存在が鍵」
　・中には、信仰ではなく、海外の教会に付随するものを求めていたような
　　者、海外旅行の延長でキリスト者になった者がいること（信仰の自立・確
　　立がなされていないこと）

［日本側の課題］

　・フォローアップができないこと（牧師の帰国者に対する理解不足。教会員も
　　自分の教会しか知らないこと。異文化理解だけでなく、異質な存在への寛容さ

の欠如が見られること。サブカルチャー化。自分のことで精いっぱいの者が多いこと。）
・帰国者の帰る場所によっては、教会がないこと（生きた信仰の交わりが持てない、作れないこと）

　そのため、海外で信仰を持った帰国者は、逆カルチャーショックの強い帰国後6か月程度は、デジタル機器を用いて、これまでどおり海外の日本語教会とのつながりを持つほうが、これからの時代には合っているかもしれない。実際、宣教師ケアには、以前からデジタル機器が用いられているので、国を超えた牧会もありえることだ。帰国者は、短い期間で救われることがあり、無理に日本の教会につなげるよりも、まずは海外の日本語教会とつながり続けることで、信仰の訓練と成長を促すほうが良さそうである。そして、次の段階として、帰国者が日本の教会に通うことを願う場合には、送り出す海外の教会と、迎える日本の教会とが緊密な連絡を取り合い、少なくとも1〜2年間は帰国者が2つの教会につながりながら、手厚くサポートされていくような体制が必要ではないかと考えられる。
　あるいは、帰国者が望むなら、初めから日本への宣教師のいる日本語の教会や、在日外国語教会につなぐこともありえることだろう。この帰国者の日本での信仰の継続のためには、柔軟な対応のほうが大切ではないだろうか。さらに、帰国者同士の交わりを持つことも、帰国者が日本のクリスチャンの中に居場所を見いだす助けになる。このような帰国者たちの「同窓会」的な集まりは、単に日本語懐かしさと、情報収集のためだけに現地教会に出入りしていたような者も、教会の交わりに引き戻す機会を作ることも期待できる。信仰の成長には、居場所の確保と、生きたクリスチャンとの交わりが必要だ。
　いずれにしても、それぞれが、批判的になるのではなく、理解のための歩み寄りと、協力が必要である。また、日本の教会にも柔軟な対応と、異文化を受け入れ、理解し、共生する姿勢が求められていることを覚えてほしい。帰国者とは少し事情が違うが、教会離れは日本国内の受洗者にも見られ、転居の時にも起こることである（本書5章参照）。見つめるべきは主であり、主につながり続ける方法を模索し、励ます必要がある。そのための協力が必要だ。

5　まとめ

　このグローバル化する社会において、海外に出て行く日本人が増加する中で、日本人ディアスポラ宣教と、日本語での宣教を戦略的に考えるには、やはり、海外と日本の教会との協力関係は不可欠である。これまで以上に、海外と日本の教会の交わり、また牧師同士の交わりなどが進められていく必要がある。そのためには、デジタル化が進んでいる今、さらに、その活用を考えるべきであろう。日本の教会が海外の日本語教会のことを知ること、祈ること、交わりを持つことから、その宣教に参加できるようになることを願っている。

　また、日本も人材不足があるが、たとえば JEA のような超教派団体が、海外日本語教会と海外に行きたい牧師とのマッチング、人材バンクのような働きができるならば、海外日本語教会の働きの助けにもなるのではないだろうか。そして、今後、地域ごとの課題を浮き彫りにし、効果的な働きを促すような、調査がなされていくことにも期待したい。課題を共有しつつ、距離は離れていても、お互いの教会のためにできることが増えていくことに期待している。

（松沢実喜男）

〈注〉

1　第6回日本伝道会議「日本宣教 170 ➤ 200 プロジェクト」編著『データブック　日本宣教のこれからが見えて来る —— キリスト教の 30 年後を読む』(いのちのことば社、2016 年)。

2　外務省 "海外在留方針数調査統計" 外務省：海外渡航・滞在：統計・お知らせ, https://www.mofa.go.jp/mofaj/toko/tokei/hojin/index.html （2023-1-10 アクセス）。

3　外務省 "ブラジル基礎データ" 外務省：国・地域：中南米：ブラジル連邦共和国：基礎データ, https://www.mofa.go.jp/mofaj/area/brazil/data.html （2022-10-06 アクセス）。

4　中村裕二 "ハワイでハレルヤ！海外の日本語宣教" 日本 CGNTV: COMMUNITY: COLUMN, http://japan.cgntv.net/bbs_detail.php?bbs_num=91&tb=column&id=&pg=1&links_number= （2023-1-17 アクセス）。

第4章　地方宣教の課題と解決に向けた模索

1　はじめに

　第5回日本伝道会議（2009年、札幌）で、「全教会の課題としての地方伝道」が採択された。実行可能な提言を含むいくつかの方向性が提示され、具体化については諸教会に委ねられた。その後、第6回日本伝道会議（2016年、神戸、以降「JCE6」）では3つの課題が提言された。[1]

　①格差社会と言われる人口や教育・雇用機会などの都市偏重と過疎地の衰退は、対人口比教会数や福音を聞く機会の格差となっている。

　②牧師不足の中、無牧教会の増加や教会閉鎖の危機が顕著となっている。

　③青年信徒の都市転出や信徒・教職の高齢化が進んでいる。これらは、幾度となく古くから指摘されてきたことで、教派を超えた協力も求められてきたが、いまだに有効な協力関係が構築されてきていない。

　これらの課題に対して、JCE6では「都市と地方の問題」において、以下の5つの提言が行われた。[2]

　①「1教会1牧師」の見直し

　②信徒伝道者の育成

　③自給自活伝道の積極評価

　④神学教育のパラダイム転換

　⑤互いに分かち合う共同体としての連帯

　JCE6から7年が経過し、現在（2023年）でも地方宣教は困難な状況が続いている。この章では、困難な地方宣教について考え、解決策を提案する。

2　地方の定義と課題

　本文を書くにあたり、「地方」がどこを指しているのかを定義したい。定義については種々あるが、国土交通省にて用いられている定義に、「地方とは、三大都市圏を除く地域をいう。（中略）なお三大都市圏とは、東京圏、大阪圏、名古屋圏[3]」をいうとある。

2020 年の国勢調査[4]によると、日本の総人口 1 億 2614 万 6 千人に対して、三大都市圏の人口は東京圏で約 3693 万人、大阪圏で約 1821 万人、名古屋圏で約 1129 万人の合計約 6643 万人で、日本の人口の半数が三大都市圏に集中していることがわかる。また、過去 5 年間で人口が増加した地域は沖縄県と福岡県であり、人口減少が特に東北と四国地方で顕著に現れている。

　ただしこの定義「三大都市圏を除く地域」が、必ずしも地方とも言えない。人口 197 万人で自治体別の人口数ではトップ 5 に入る札幌市のように、国土交通省の定義では地方に属しながら大都市化が進んでいる地域もある。この章で「地方」と定義するのは、過疎化、交通網の整備不足、少子高齢化など、さまざまな課題に直面している地域を指す。

　20 年という期間を経て、筆者がかつて過ごした地方に戻ってみると、商店街から人の姿はほとんど消え、小学校も統廃合されていた。2015 年の国勢調査で日本の人口増減率がマイナスに転じた。このような風景は年々全国へと広がっていくことは明らかである。つまり、地方の課題は一地域に留まらず、全国的な課題にシフトしていくことは明らかである。同時に地方の課題は加速しており、人口減少に歯止めがかかる見込みはない。

3　地方創生の時代の流れの中で

　コロナの問題が起こる前から、地方の課題は継続して取り組むべき課題とされてきた。日本全国で「地方創生」に取り組みはじめたのが 2013 年。地方創生としての予算が制定され、2015 年に基本方針が閣議決定された。「まち・ひと・しごと創世総合戦略」については毎年定められ、閣議決定されている。日本の政府は動いているが、教会の動きはどうだろうか。現状維持で手いっぱいではないだろうか。

　次に、日本国内の移動について、都道府県別の転入超過数を見ていく。都道府県間の移動者数は 1970 年台をピークに減少傾向にある（4-1）[5]が、年々減少しているわけではない。この数字は 2013 年から増加傾向にある。この人々が「どこに」移動しているかという点である。

　人の流れは東京圏への転入超過という形で現れている（4-2）[6]。この傾向は最近の傾向ではない。ずっと続いてきて、少し緩和されている状況だ。教会でたとえるなら、一つの教会にだけ人が集まっていき、他の教会は人がどんどん減

4-1　移動者数の推移（1954 ～ 2021 年）

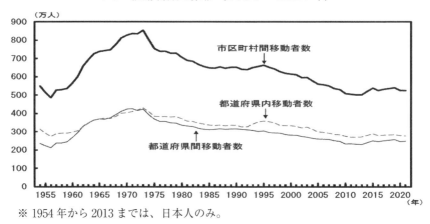

※ 1954 年から 2013 までは、日本人のみ。

っていくような状況にあると言える。この状況に地方は危機感を感じている。精いっぱいみことばの取り次ぎをして、訪問を行い、相談を受け、魂を救いに導き、教会を建て上げていっても、就職や結婚で移動してしまう。地方が抱えている課題の一つである。また、それは統計に表れているくらいの勢いで起こっている。

　さらに国土交通省国土計画局が作成した「東京圏への年齢別純移動者数」の図を見ると、若者の移動が特に顕著であることがわかる（4-3[7]）。

4-2　日本の地方別転入超過数（2020 年 、2021 年）

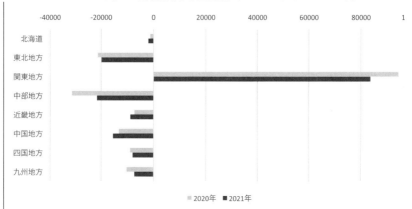

4-3　東京圏への年齢別純移動者数

東京圏への人口の年齢別純移動者数は、大学等入学時（10歳代）に増加し、卒業時（20歳代）に減少するという傾向がみられる。時系列で90年代前半から後半にかけての推移をみると、10歳代の転入超過数が横ばいで推移している中で、20歳代の転出超過数が減少しており、90年代後半の東京圏への人口集中が転出の減少を主因とすることを裏付けている。

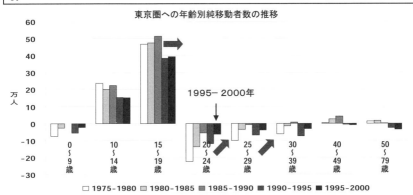

（出典）総務省「国勢調査」より国土交通省国土計画局作成。

　首都圏に移動して戻らなくなる割合は女性が多く、帰って故郷に錦を飾ることは現実問題として厳しい（総務省「住民基本台帳人口移動報告」より）。その理由はさまざまに分析されているが、転出理由の第1位、58.9% の回答は「やりたい仕事、やりがいのある仕事が地方では見つからない」ということだった。[8]

　このような動きは教会においても顕著であり、地方のキリスト教会を取り囲む環境は依然として厳しい。地方がますます取り残されていく。教会が注力した若者は都市圏に行き、戻ってこなくなる。地方の教会は高齢化が加速し、教会に来たくても送迎してくれる人がいないということになり、教会自体の力がますます削がれてしまう。

　0 〜 14歳を年少人口、15 〜 64歳を生産年齢人口、65歳以上を老年人口と呼び、表した日本全体の人口ピラミッドについて、厚生労働省が作成し発表したものがある（図4-4）。[9]

　明らかに将来の少子高齢化が見えている。2023 年現在にあって、2015 年に調査した数値は現実味を帯びて 2025 年、そして 2065 年の予測へと進んでいる。生産年齢人口が 50% を切る時代がやってくる。1990 年には 5.1 人で高齢者 1 人を支えていた時代は、2015 年 2.1 人となり、2025 年の予測では 1.8 人、2065 年の予測では 1.23 人で 1 人の高齢者を支えなくてはならない。さらに子

4-4　人口ピラミッドの変化（1990,2015,2025,2065- 平成 29 年中位推計）

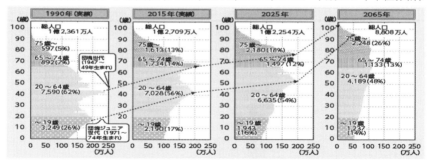

出所：実績値（1990 年および 2015 年）は総務省「国勢調査」をもとに厚生労働省
　　　作成。推計値（2025 年および 2065 年）は国立社会保障・人口問題研究書「日
　　　本の将来推計人口（平成 29 年推計）：出生中位・死亡中位推計」（各年 10 月
　　　1 日現在人口）
※ 1990 年および 2015 年の総人口は、年齢不詳を含む。

どもを育てていかなくてはならない。
　教会にも変化を感じないだろうか。働き盛りの人が減少する、すなわち年を
取っても奉仕をし続ける必要が生じる。その割合が地方において顕著に表れる
と、機械をうまく使うことができないばかりか、トラブルに対応することがで
きず、変化を受け入れることができない教会へとなっていく。そして収入の減
少から、専任牧師がいなくなる。建物も老朽化するが、どうすることもできな
い。働き盛りの人が減少することで、教会の弱体化は容易に予測できる。
　教会の人口ピラミッドはどうなっているだろうか。第 7 回日本伝道会議
（2023 年、岐阜、以降「JCE7」）に先立ち、各地域で地区大会が行われた。東北
地区においては事前にアンケートを実施し、東北地区の各教会のデータを集計
した。得られた会員の年齢分布が 4-5（データ母数 71 件）である。なお、デー
タについてはバラツキが見られたため、中央値を取る形で調整した。実際には
71 教会で 2463 人の会員がおられる。平均値は約 34、中央値は 20 となること
でデータのバラツキ加減がよくわかる。中央値を取ったことで、会員数自体が
少なく見えるが、これが東北の教会の実情でもある。これを見ると、日本にお
ける人口ピラミッドの 2025 年の形よりも、教会の少子高齢化が進んでおり、
さらに厳しい現実がある。
　国が主体となって少子高齢会に歯止めをかけるためにさまざまな政策を行っ

4-5　東北の教会、会員年齢分布

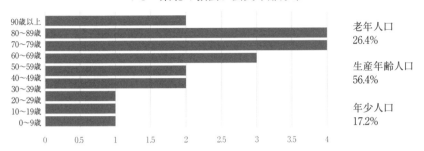

ている。柱となる支援は 3 つあり、①情報支援、②財政支援、③人的支援である[10]。ただ支援するだけではなく、こうも書かれている。

・地方が自立につながるよう自らが考え、責任を持って戦略を推進。

・国は「情報支援」「財政支援」「人的支援」を切れ目なく展開。

　教団として、あるいは各個教会として考えさせられる。財政支援、人的支援については今までも語られてきた。だが情報はどうだろう。もちろん伏せているつもりはないが、ここまで教える必要はない。語る必要はない。牧会的判断として、教団で起こっていることを知らない教会員がどれくらい増加しているだろう。情報の出し渋りが結果として財政支援、人的支援を行うきっかけを阻害してしまっているということはないだろうか。東日本大震災が起こってから 12 年の時を迎えた。筆者も仙台にいて、大きな被害は免れたものの、一番困ったことは「情報が入ってこない」ことだった。電力はすべて失われ、車のガソリンも 1 か月ほど入れることができない。食料の調達のために自転車で教会員にあちらこちらに行ってもらい、共同生活をして乗り切ってきた。「情報」はまさに命をつないでいく。

4　地方のキリスト教会の課題

　地方は大きな課題を抱えている。その課題は果たして地方だけの課題なのだろうか。少子高齢化社会に突入した日本において、こうした地方の課題は都市部まで波及し、教会が弱っていくことは目に見えている。ではどのような課題があるのか。ここでは課題を挙げる。多くの課題が内包されていることを知り、受け止め、ではどのようなことができるのかを考えていく一つのきっかけ

となればと願う。そして地方で起きている課題を都市部の教会は公同の教会としての痛みとして受け止め、祈りながら支え合っていくことができたらどんなに幸いなことだろうか。

　一般的に「地方のキリスト教会の課題」を挙げるならば、①人口減少による会員数の減少、②社会との疎外感、③資金不足、④人材不足が挙げられる。①、③、④に関してはほぼすべての教会が抱えている課題のため割愛し、②について課題を深めていく。

　①の人口減少だけではなく、②の課題が地方では大きい。地方では独特の閉鎖的な社会構造がある。地元の人であれば入ることができるが、他地域から移住した者にとって入ることは難しいグループができてしまっている。同様に教会でもある種のグループが生まれていて、新しく来た人が輪の中に入ることが難しい現実がある。その一方で、都市部は人と人との関わりが希薄になっているとも言われる。私自身もかつて住んでいた地域では住民同士あいさつを交わし合うのが当然だった。そもそも集合住宅が存在せず、住民が入れ替わることもほぼなかったため、だいたいの人が顔見知りだったからである。都市部と言えるような地域に移り住み、住民の入れ替えが起こるような場所に住んだとき、あいさつの希薄さを感じた。ゴミ捨てをしてすれ違う人たちにあいさつをするが、返事が返ってこない。いや、古くから住んでいる人たちは返してくれるが、特に子どもたちがあいさつをしない。それは、そのような教育を受けているから。見知らぬ人に声をかけられても答えてはいけません。ついていってはいけません。誰だか分からない人から声をかけられるとすぐに「不審者情報」として学校からメールが回ってしまう。これは都市部の課題として取り上げられるべきことでもあるが、地方ではこのようなことが逆に働いていく。つまり、密接に関わっていく時に、いわゆる隣組制度のような働きが地方には強くある。それが地方で行われる「祭り」に大きく作用する。

1) 地域の祭りごととどのように対峙するか？

　地域に根ざした教会を建て上げていくとき、地域との関わりは必須となるが、地域との関わりの課題がある。「自由性」が尊重されていく都市部と異なり、地方では「協調性」が求められていく。そこで信仰に関わる課題が生じる。それが地域に根ざした宗教との対立である。

　筆者の所属する教団の話であるが、ある教会に対して神社が主催で行うお祭

りへの協力費を毎年求められているということがあった。「地域のため」と割り切って協力を続けていたが、あるとき意を決して「強制的に集めることはおかしいのではないか」と集まりの中で提案すると、そこから教会に対しての嫌がらせが始まった。自分たちは協力しているのに、なぜ協力することができないのかという圧力が起こった。何度もかかってくる無言電話や、玄関口で騒ぎ立てる等のことが起こった。

　本来、町内の行事と神社やお寺の行事は分けて考えられるべきことであるにもかかわらず、通年そうしてきたという慣習を押しつけられる。ある自治体においては「打ち上げ会費」という名目で集めたお金で、盆踊りやお祭りへの寄付金を支出する。知らず知らずのうちに偶像礼拝に加担してしまうことになる。この課題は地域によって声を上げる人も多く、最近だと 2022 年 8 月 22 日に京都地方裁判所に対して、京都で 10 月に行われる「時代祭行列」（平安神宮主催）に対して、自治会費を支出することは信教の自由に反すると訴えを起こした。地域の伝統行事なのか、それとも宗教行事なのか。線引きは困難であるがゆえに、司法に判断を委ねることとなった。

　教会としてどう受け止めることができるだろうか。個人であればうまくいかないときには転居することもできるが、教会は本来地域に根ざした存在である。そのため、こういった手段を取ることは対立を生み出してしまう。

　かつて戦国時代にルイス・フロイスが記した『日本史』にて、寺社の破壊について記されている。当時の伴天連追放令に記されているところをかいつまんで現代語で訳すならば、「日本は自らの神々によって護られている国であるのに、邪法（仏法と反するもの）を持ち込むことはけしからん」「神社を壊させるなど聞いたことがない」「大名に統治を任せているのは一時的であり、言うとおりにすべきなのに、それをしないことはけしからん」という内容である。偶像礼拝を行わないように、クリスチャンが偶像となる神社仏閣を破壊し尽くしていく姿があった。この結果がすべてではないが、一つの要因となり、伴天連追放令へとつながり、キリスト教禁令へとつながっていった。信仰を堅く保ち、揺るがされることのないようにすべきではあるが、同時にそれは人の信仰を強引に力で変えていくことではない。イエス・キリストはユダヤ人会堂に入って教えることもあれば、遠くゲラサ人の地に行き、福音を伝えたこともあった。パウロも使徒たちも外国に渡り、神殿を破壊して回ったのではない。あくまでも福音を伝えた。地方の教会でも絶えず地域への協力が求められている

が、それは信仰の戦いであると同時に、非常に難しい決断に日々さらされているとも言える。

このことについて、「地方伝道を考える ── 自立と連帯 ──」の第19回シンポジウムで、今市キリスト教会の齋藤哲哉氏は「日光市の祭りと教会」という中でこのように記している。要点だけを記す。

> 神社の祭りは大人だけで無く、子供にもおはやし演奏などの役割が与えられ、子供の楽しみをも取り入れて露天やゲームなども行います。お囃子は伝統継承のために子供たちに教え伝えゆく目的もあり、横笛や太鼓、踊り（学校）は地域文化の伝承のためという大義名分もあります。（中略）教会も幼稚園教育や日曜学校やいろいろなもので地域に奉仕していますが、地域に根ざすような文化の伝承はありません。キリスト教文化の伝承をつくってゆかなければならない段階です。出エジプト 12：26 において、過越の祭において過越の祭の意味を子供が父親に聞いて、父親が主の救いのみわざを答えるようにすべきことが語られています。イスラエルに於いては祭りの意味となぜそれを行うかの意味づけが伝承され、伝えられていったのです。教会においても生活の中で主の救いが語られ、その意味を代々伝えてゆけるようなものがあったらよいと思います。さらに、教会は地域に溶け込んでゆくような働きが必要と思います。（後略）[11]

対立が主眼となるのではない。私たち教会側に神社の行事に勝る、もっとよい地域に溶け込む、もっとよいものが必要ではないか。一例を挙げるなら、幼稚園、保育園、あるいは子育て支援や塾。高齢化地域であるならば、お年寄りをむしろ活用するコミュニティの利用や、教会学校の子どもたちとの訪問。あるいは教会主催での花火会や夏の夕涼み会を教会員から地域に広げていく働きとなれば、対決ではなく対峙することへとつながっていくのではないだろうか。一つの教会でできないことであれば、それこそ教会の協力関係の中で一緒にやっていくことができるかどうかを考えることはできないだろうか。

2023年2月、JCE7に先駆けて行われた東北地区大会においてアンケート調査が実施された。1つめのデータは教会にどんな協力が必要かを示したものである。それによると、半数以上の教会が「人的交流」を求めていることがわかる。そしてもう一つは、自分たちの教会が協力できることもまた、人的交流だというデータである。

アンケートの対象は牧師であるため、信徒が回答したものではないが、経

済的な支援や教育よりも、交流を求めている。高齢化は深刻な問題であるが、裏返すと仕事を辞めた人が増えたということでもあり、時間にゆとりのある人がそこにいるという事実だとも言える。また、教会が地域との関わりの中で取り組んでいる働きや取り組みについて調査を行ったところ、回答 73 件で 53 教会が実際に行っている。記述式であったために全部紹介することはできないが、地域との連携を重視して行っている教会が 20 教会あり、内容は雪かきの手伝い、教会園庭の開放、フードバンクや地域食堂、高齢者サロン、子どもとの関わりなどである。また、英会話教室、塾、保育事業などを行っている教会が 15 教会（重複あり）存在している。これはコロナ禍にあっての数字であるため、「今は」していない教会もあるだろう。

4-6　いま貴教会に地域の教会や団体から宣教協力があるとしたら、以下のどの分野の協力を必要としていますか？

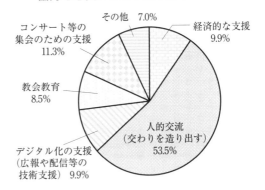

4-7　もし貴教会の側が協力するとしたら、どの分野で協力できますか？

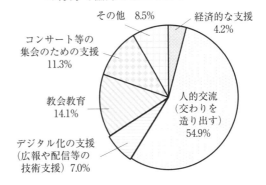

　さらに信徒が中心になっているもの、または関わっているものについても調査をすると、39 教会が「ある」と答えた。内容については

　①教育的なもの（保育、ピアノ教室、学習支援、英語教室、ゴスペルフラなど）

　②社会福祉（施設訪問、カフェ、子ども食堂、フードバンクなど）

　③教会内での催し物（バザー、園芸、絵画、ちぎり絵の展示会など）。

　東北ではこの JCE7 東北大会を経て、「おわり」から考える東北の宣教協力

への提言として、信徒大活躍作戦を打ち出し、超少子高齢化社会の東北だから
こそ、働き人を生み出す協力をと提言された。ここに地域との対立はない。教
会・教団間の対立もない。クリスチャン一人ひとりが協力し合い、もっと良い
ものを地域に指し示し、神の願っておられるすべての人の救いを願っていきた
いものである。信徒の多く（特に青年）は社会貢献を願っていることが、「第6
章　キリスト者青年の社会意識」「5　社会貢献意識」の内容において記されて
いるので、参照いただきたい。

　また、ここで一つの取り組みを紹介したい。葬儀伝道という形である。

恩恵に基づいて未信者のキリスト教葬儀をしよう！

土浦めぐみ教会　顧問牧師　清野勝男子

　地方伝道の最重要課題は、地域葬制文化への対応でしょう。なぜなら葬
儀は地域社会の日常であり、遺骨は幾世代にも継続されるからです。まさ
に葬制への対応は土着化への対応なのです。にもかかわらず日本の教会は
なぜに未信者のキリスト教葬儀を拒み、未信者家族の葬儀にすら消極的な
のでしょう。未信者の葬儀をすると、死後の裁きが曖昧になり、誰でも天
国に行けるという誤解を与え、キリストの唯一性が失われるという危惧や
誤解からでしょうか。

　逆に「もし依頼があれば未信者のキリスト教式葬儀もする」とすれば、
その神学的根拠はあるのでしょうか。それが「一般恩恵の教理」にあるの
です。一般恩恵とは、罪と咎の中に死んでいる人類でも、直ちに滅ぼすこ
となく救いの可能性を残しておいてくださる神の恩恵であり、人類に与え
た賜物を保持し発展させて、人類を祝福しようとされる神様の驚くべき好
意的姿勢と言えるでしょう。

　この一般恩恵の教理に立てば、クリスチャンにならなかった故人でも、
神によって創造され、神に許されて地上に生き、神の恩恵を受けた人とし
て敬意を込めて、躊躇なく未信者のキリスト教式葬式を執り行うことがで
きるのです。未信者のキリスト教式葬儀では、故人の命を創造し、その一
生を祝福された神に感謝し、人類を配慮される慈愛に満ちた神を礼拝する
のです。

　特別恩恵の視点だけで未信者の教会葬儀を拒否するのでなく、一般恩恵

に基づく未信者のキリスト教葬儀に、教会の門を大きく開きましょう。
　（参考文献：一般恩恵に基づく未信者のキリスト教葬儀の理論と実践をまとめた『キリスト教葬制文化を求めて　聖書的通過儀礼の理論と実践』IPC 出版センター）

　教会にしかできないことは何か。教会だからできることは何か。私たちは絶えず考え、対立するのではなく、教会文化を生み出して、定着させていくことができたならば、どんなに素晴らしいことだろうか。

2)　教会の人口減少による経済的不足、牧師の疲弊にどう対応するか？

　成長ということを、単純に金銭的自立や求道者、洗礼者の増減ということで見るならば、地方教会の成長率は低い。例外もあるが、経済的な不足は大きい。

　牧師自身もまた疲弊していく。牧師の住む場所は教会の 2 階であったり、隣接された教職者館であったりする。そこにプライベートという概念はほぼないに等しい。ひっきりなしに信徒が訪ねてくることもあれば、教会を見つけて訪ねてこられることもある。毎日同じ時間に教会にかかってくる電話もあれば、出られない場合には家の電話や携帯電話にまでかかってくる電話対応をすることになる。真面目な牧師にとって、嬉しいことでもあるが、家族にとってみれば負担な時もある。このことは、地方教会というよりも、ほぼ全部の教会が抱えている課題でもあるだろう。

　また、地方教会の多くが専任牧師はおらず、兼任牧会に当たる。その場合、経済的負担はあるいは分散されることにはなるだろう。しかし、そこにまた別の課題が生じる。それが交通網の課題だ。東京都が 2019 年に発表した報道資料によると、自動車の所有について、「所有している」と答えたのは 52%。「所有するつもりはない」と答えたのは 30% に及んだ。[12]

　車を持っていなくても事足りるくらいの交通網が整い、通勤、通学に車両を必要としないのが都市部であるのだが、地方ではそうはいかない。電車が 30 分に 1 本あれば良いほうで、2 時間に 1 本という場合もある。時間に間に合わせるためには前日から会場に入っていなくてはならないこともある。たとえ車を所有していても、高速道路が通っていない。兼任牧会で通うために片道 7 時間かけて通うことすらある。現在は技術の進歩によってインターネットを利用

するツールもあるが、以前から牧会していた先生たちにおいては、まさに死活問題だったため、すでに対応されていた。コロナウイルスの問題が発生することにより、再び脚光を浴びることとなり、Zoom あるいは YouTube を通した兼任牧会の形はもはや、不思議なことや実現不可能なことではなく、「やればできること」へと変わってきている。

福音の恵みを広く届けるために

境港キリスト教会　長谷川忠幸

　コロナ禍において、多くの教会が礼拝のライブ配信を行うようになりました。私がライブ配信の技術に取り組むようになったのは、今から10年以上も前でした。理由は、牧師不在の教会のサポートをするためでした。礼拝の録画データを送るなどの方法があったのですが、「片手間でサポートを受けている」という印象を与えたくなかったのでしょう、ライブ配信によって2つの教会が共に礼拝をささげているという環境を構築したいと考えました。

　離れていても一緒に礼拝をささげているという印象を与えるためには、次の2つの技術的課題をクリアしなければなりません。1つは、簡単なあいさつでもよいのでコミュニケーションをとることができる、すなわち「双方向性」を確保する技術です。もう1つは、臨場感を感じる「クリアな音声と鮮明な映像」を届ける技術です。

　「双方向性」は、最近では zoom が広く普及したことにより、配信する側が簡単に相手の表情や様子をモニターすることができるようになりました。vMix というソフトウェアを用いることで、zoom や Line といった双方向性を確立するツールをライブ配信の中に簡単に取り込み、牧師不在の教会と複雑なミュニケーションをとることができるようになりました。

　「クリアな音声と鮮明な映像」を届けるためには、毎年少しずつ配信用の PA 機材を整えていき、web カメラではなくビデオカメラを用いて配信するようにしました。私は、テレビ番組のような画角ではなく、なるべく礼拝に参加する人と同じ視点になる画角となるよう心がけています。それは、共に礼拝に参加しているという印象を与えるためです。

　ところで、ライブ配信の技術を礼拝に集まることができるようになるま

でのその場しのぎとして考えている方もいるかもしれません。しかし、礼拝に参加したくても参加できない方は非常に多いのです。認知症の家族を介護している人は、一瞬たりとも目を離すことができません。自閉症の方は、集団の中で強い不安を感じます。免疫の病気を抱えている方は、不特定多数の人が集まる場所に留まることは難しいのです。しかし、こういった方々も福音の恵みを必要としているのです。

　双方向性とクリアな音声と鮮明な映像を担保したライブ配信は、教会が今まで十分にサポートできなかった、しかし福音の恵みを必要とする多くの人を牧会することのできる、教会だからこそ取り組むべき技術だと思います。

　イエス・キリストは一人の人を救うためにガリラヤ湖の反対側、ゲラサ人の地に出向いた（マルコ 5：1 〜 20、ルカ 8：22 〜 39）が、この時の交通網は舟か、歩いてガリラヤ湖の周りを回るというものだっただろう。イエス・キリストも疲れを覚えて眠って移動されたことが記されているが、兼任牧会では牧師のみが運転し、説教し、あるいは聖礼典を取り次ぎ、再び運転して帰宅する。まさに疲労困憊の状態が毎週繰り返される。都市部でも電車で 3 時間はかかりますと言っても、地方にかかっている負担とは比べものにはならない。地方の嘆きに対して耳を傾け、成果主義の伝道から一人の人を救うために疲れている中でも赴いた主イエスの姿に目を留めることができたならば、地方教会に対する物の見方が変わってこないだろうか。同労者からの批判が祈りに変わり、温かな眼差しが向けられていくならば、それだけでも牧師の疲労は軽減され、教会においてもよりよい牧会がなされていかないだろうか。

3）地方の無牧教会の増加、および、教会閉鎖の状況にどう対応するか？

　地方の無牧教会の増加、これは教団にとって大きな課題である。牧者のいない羊に対して、どのように向き合っていくのかが問われていく。無牧教会が現時点でどれくらい存在しているのかについては、「第 9 章　教会形成（教団・教派、JEA）」の 6・7 項にて教団・教派の課題と対応が記されているので、参考にしたい。

　実際にアンケートを収集しても、アンケートに答えるのは基本的に「牧師たち」であり、牧師がいない教会はアンケートに答えてくれることもない。そん

4-8 貴教会の牧会の現状を教えてください。

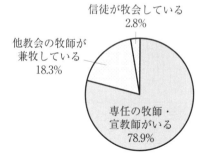

信徒が牧会している 2.8%

他教会の牧師が兼牧している 18.3%

専任の牧師・宣教師がいる 78.9%

な中で、兼牧されている教会の牧師たちに了承を得ながら、JCE7 東北地区大会に際して収集したデータがある。

　無牧とされるところはない。それはほとんどが兼牧でカバーされているためである。そして 20.5% は兼牧、あるいは信徒が牧会していることがわかる。その中で特に東北地方の教会で JCE6 において挙げられた課題に対する提言として、東北で最も大きなものとして捉えているのは信徒伝道者の育成であった。

4-9 第6回日本伝道会議では、地方宣教の課題として提示された5つから、貴教会ではどの課題が最も重要だと考えますか？

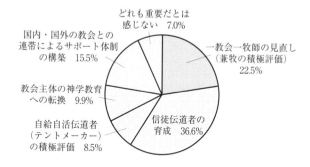

どれも重要だとは感じない 7.0%

国内・国外の教会との連帯によるサポート体制の構築 15.5%

教会主体の神学教育への転換 9.9%

自給自活伝道者（テントメーカー）の積極評価 8.5%

一教会一牧師の見直し（兼牧の積極評価）22.5%

信徒伝道者の育成 36.6%

　信徒伝道者について、JCE7 では一つの参考になるプロジェクトが立ち上げられている。

【プロジェクト紹介】全国「聖徒聖書学校連盟」の創設と推進

　近年信徒レベルの聖書教育の需要が高まり、その地域レベルでの取り組みも多くみられている。しかし、それが必ずしも意図した効果を生み出し

ていない状況も散見される。本プロジェクトは、健康的な信徒・役員の成長と、教会の形成のために、信徒レベルの聖書学校を日本全国に配置し、連携していく必要性を感じて考えられたものであり、今期（2023～2026 年）の目標を、地域教会の働きを促進する。日本の「聖徒聖書学校連盟」の設立とそのカリキュラム内容を標準化し、最終的目標は、全国に「聖徒聖書学校」を設立することである。

　Ⅰサムエル 10：6～7 には「主の霊があなたの上に激しく下り、あなたも彼らと一緒に預言して、新しい人に変えられます。これらのしるしがあなたに起こったら、自分の力でできることをしなさい。神があなたとともにおられるのですから」とある。サムエルによってサウルの油注ぎが行われ、サウルが王になっていくにあたって、神様がサウルの心を変えて新しくされた。そして「手当たりしだいになんでもしなさい」（Ⅰサムエル 10：7、口語訳）とのみことばに従い、サウルはアンモン人を討つ。私たちの敵は強大で、姿が見えない脅威がある。どんな手段を私たちは持っているだろうか。信徒、牧師問わずに、私たちに与えられている力をいま一度確認したい。　　　　　　（佐々木宏光）

〈注〉

1　第 6 回日本伝道会議「日本宣教 170 ▶ 200 プロジェクト」編『データブック 日本宣教のこれからが見えて来る —— キリスト教の 30 年後を読む』（いのちのことば社、2016 年）、p103。

2　『前掲書』pp103-106。

3　国土交通省「用途・圏域等の用語の定義」https://www.mlit.go.jp/totikensangyo/H30kouji05.html（参照 2023-03-31）

4　総務省統計局「令和 2 年国勢調査　調査の結果」https://www.stat.go.jp/data/kokusei/2020/kekka.html（参照 2023-03-31）

5　総務省統計局「住民基本台帳人口移動報告 2021 年（令和 3 年）結果」https://www.stat.go.jp/data/idou/2021np/jissu/youyaku/index.html（参照 2023-03-31）

6　e-Stat 統計で見る日本　https://www.e-stat.go.jp/　より「年齢（5 歳階級），男女別転入超過数 —— 全国，都道府県，3 大都市圏（東京圏，名古屋圏，大阪圏），21 大都市（移動者，日本人移動者，外国人移動者）（2020 年）」と「年齢（5 歳階級），男女別転入超過数 —— 全国，都道府県，3 大都市圏（東京圏，名古屋圏，大阪圏），21 大都

市（移動者，日本人移動者，外国人移動者）（2021 年)」のデータを抽出し作成　（参照 2023-03-31）

7　国土交通省国土計画局　国土のモニタリング　人口・昨日の集中・分散　(2) 三大都市圏及び地方中枢・中核都市圏の人口・機能の拠点性は高まっているかより、「東京圏の人口の転入超過数（年齢別）　https://www.mlit.go.jp/kokudokeikaku/monitoring/system/list01.html　（参照 2023-03-31）

8　国土交通省　国土審議会第 5 回計画部会　配付資料より、【資料 5-2】地方における女性活躍参考資料参照　https://www.mlit.go.jp/policy/shingikai/kokudoseisaku01_sg_000270.html　（参照 2023-03-31）

9　厚生労働省　平成 29 年版　厚生労働白書 ── 社会保障と経済成長 ──　図表 1-1　人口ピラミッドの変化（1990、2015、2025、2065）　https://www.mhlw.go.jp/wp/hakusyo/kousei/17/backdata/02-01-01-01.html　（参照 2023-03-31）

10　まち・ひと・しごと創生「長期ビジョン」「総合戦略」パンフレットより https://www.chisou.go.jp/sousei/info/index.html　（参照 2023-03-31）

11　第 19 回　シンポジウム「地方伝道を考える ── 自立と連帯 ── 」── 源流渡良瀬渓谷伝道から下野伝道への発展 ──　（北関東神学研修センター、2019 年)、p66。

12　「2019 年 03 月 27 日　生活文化局 東京都報道発表資料」https://www.metro.tokyo.lg.jp/tosei/hodohappyo/press/2019/03/27/01_01.html　（参照 2023-03-31）

第5章　次世代育成

1　はじめに

　本章では、キリスト教界における次世代育成の課題を扱う。「次世代」と一口で言っても、「子どもから青年まで」を指す場合もあれば、教職者間では40〜50代がそれに当てはまる場合もある。本稿では、これまでの JEA 宣教委員会の定義を継承し、次世代という用語を「現役世代から次にバトンを引き継ぐ人々」という広義の意味で用いる[1]。

　まず、聖書における「次世代」の扱いを概観したい。信仰継承のテーマは聖書の随所で扱われているが、特に申命記や牧会書簡（テモテ・テトス）などでは世代交代が強く意識されている。モーセからヨシュア、エリヤからエリシャという例[2]においては継承が成功しているように思われる一方、ヒゼキヤからマナセなど、信仰的と思しき人物からバトンを渡された人が、反対の性質を持つ場合も少なくない。また、パウロがテモテやテトスに対してしたように、後継者としてふさわしい人材がいたとしても、適切な育成と指導が不可欠であることが見受けられる。

　紙幅の都合上、「聖書から考える次世代育成」を詳しく扱う余裕はないが、詩篇 78：1 〜 8 で見られるように、次世代育成が神の民の主要な務めであることは確かである。創造から終末までに至る歴史的な視座において、次世代育成は教会の長期的な進展を考える上で欠かせない事柄であろう。これまで JEA と関連団体において、日本のキリスト教界における次世代育成の調査・研究が継続的に行われてきた。本稿では以前の調査[3]を踏まえて、さらにその内容を掘り下げて提言を試みたい。

2　キリスト教界内における次世代育成の現状

　まず、キリスト教界内の次世代育成の現状を考えたい。以下の調査のため、各教団教派の次世代育成担当者・次世代宣教団体スタッフによる座談会を行い、「結婚・信仰継承・転居・伝道」というテーマを切り口に、参加者 13 名か

らヒアリングを行った[4]。最初に参加者の声を挙げ、考察を加えている。

1) 結婚

【次世代育成担当者の声】

・クリスチャンの結婚に関して、二極化している印象がある。大学卒業後、約5年以内に結婚する人々と、結婚を願っていても出会いがなくて婚期が遅くなる人々がいる。

・教団で結婚支援イベントを行う際、前面に婚活を打ち出すとハードルが高くなり、参加をためらう青年がいる。そのため、いきなり結婚前提のお見合いだけでなく、その手前の段階の出会いの場作りも必要だ。

・近年、緩やかに結婚意識の低下が感じられる。かつては恋愛・結婚に前のめりになる青年を制さねばならなかったが、最近では奥手になった青年の背中を押す必要がある。

・KGK卒業生向けのファミリーキャンプは、若い夫婦にとって大きなニーズがある。

まず、結婚に関する課題を取り上げたい。「ふたりは一体となる」（創世2：24）という聖書の結婚観からしても、結婚が各人にもたらす影響は非常に大き

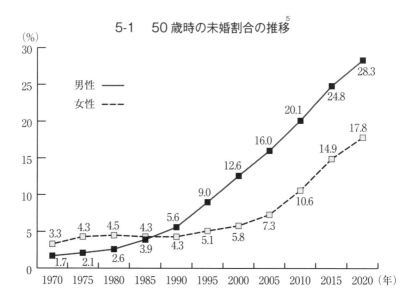

5-1　50歳時の未婚割合の推移[5]

5-2 平均初婚年齢と出生順位別母の平均年齢の年次推移[6]

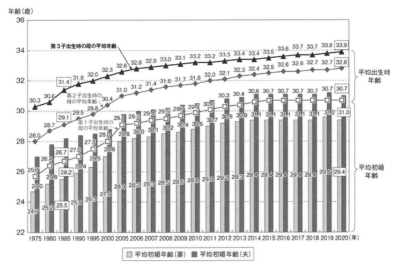

い。誰とどのような結婚をするかが、その後の人生に大きく影響する。独身時代は教会にコミットしていた人が、未信者との結婚によって教会から足が遠のく場合もありえる。そのため、多くの教会でクリスチャン同士の結婚が奨励されてきた。一方、当人や牧師から「クリスチャンとの結婚を願っても出会いの場がない」という声がしばしば見聞きされる。

　キリスト教界の現状は、日本社会の動きと連動しているように思われる。「50歳時の未婚割合の推移」を5-1に示したが、1990年以降は右肩上がりとなっている[7]。また、5-2のグラフは平均初婚年齢と出生時年齢を示しているが、こちらも長期的に見ると晩婚化が進んでいる。女性の社会進出などの影響が大きいのであろうが、その一方で妊娠適齢期は変わらない。加齢に伴って妊娠率が下がるため、出産を希望する場合はそれを考慮する必要がある。かつては一定の年齢で結婚するのが主流であり、そこから出産・育児に至る流れがあった。しかし、昨今ではライフスタイルが多様化し、仕事や趣味など結婚以外に打ち込める事柄が増え、結婚への意欲をあまり持たない青年も増えている。教会に集う次世代の結婚が実現しなければ、家庭は築かれない。この傾向は従来の教会形成に大きな変化をもたらしうるだろう。

　また、我々が以前行ったアンケートによれば、各教会における結婚への取り

組みに関して、「当事者のニーズに合う活動がない、近くに利用できる活動がない」といった回答にまして、「その他・無回答」が非常に多かった[8]。具体的な内容は多岐にわたるが、そもそも結婚適齢期の青年がいない、当事者の意識が薄いといった課題が考察された。この結果一つを取っても、結婚・家庭形成は次世代育成を考える上で避けて通れないテーマだが、なかなか良い手立てがないことも事実であろう。

　クリスチャンの中で結婚願望があっても、出会いが少ない人は結婚が遅くなる傾向が示唆される。これに関して、各教団・教派によっては家庭形成促進に関する部門を設けているほか、超教派の結婚支援団体もいくつか知られている。5-3 にはおもな団体を挙げた。

5-3　超教派の結婚支援団体

名称	特徴
クリスチャン結婚支援ミニストリーリベカ	2017 年設立。成婚者 199 名（2023 年 3 月）。各地にスタッフがおり、相談・お見合い可。カップルカウンセリングや教職者向けセミナーなども行っている。
Lita marriage service	2018 年設立。成婚者約 250 名（2023 年 2 月）。利用者との面談を元に個別紹介を行う他、多種多様な婚活イベントなども行っている。

　また、最近は Pairs 等のマッチングアプリが一般的にも広く利用され、そこに「クリスチャン」という項目もあるほどに間口が広がっている。だが、教界内で成功事例はあまり知られておらず、「クリスチャン」の真偽も定かではない。一方、超教派の結婚支援団体で結ばれたケースは時々見聞きする。オンライン上でも知り合えるため、地域に限定されずに出会える潜在的な可能性のあるアプローチであろう。ただし、利用者数や男女比の偏りに関する課題もある。

　そもそもクリスチャン人口の少なさが課題なら、さらに宣教協力によって家庭形成を促せる可能性はないだろうか。自分の教会内に囲い込むことではなく、教団教派の枠にこだわらずに青年たちの結婚を励ますことで、クリスチャン家庭が築かれていく。結婚を全面に打ち出さずともよい。例えば、各教団で青年大会を行っているが、何度かに一度はそれを超教派で行う可能性もありえる。米国のアーバナ宣教大会のような超教派の宣教大会があれば、さまざまなキャラクターを持つ同世代の信仰者と出会う機会が生まれるのではないか。そ

の中で結婚を意識したプログラムを工夫することや、集会後も継続的な関わりの続くグループ形成が実現すれば、結果的にクリスチャンカップル誕生につながる。全国規模が難しければ地方大会でもかまわない。さまざまな可能性が考えられるが、宣教協力でクリスチャン家庭が生み出されるサポート体制を整えたい。

　そのほか、家庭の事情からも、もし結婚に積極的になれない理由があるならば、結婚の祝福を知らせる努力も求められる。例えば、既婚者のクリスチャンたちが家庭を解放し、未婚者を招き入れることで、主にある幸いな家庭の祝福に触れ、それが結婚への期待につながるのではないか。次世代の家庭形成を考える上で、結婚に関する学びとともに、既にクリスチャン家庭を築いたモデルケースの存在が大きい。失敗しながらも互いに愛し合う夫婦の姿を見るならば、次世代の人々も結婚に憧れを抱くだろう。そのため、親世代に対する家庭形成における教育も求められる。一つの教会、教団教派で取り組みが難しい場合は、安心して分かち合える場を宣教協力で提供できないだろうか。マッチングを促す制度の環境整備とともに、各教会で結婚の祝福を分かち合い、青年たちの自立を励ます地道な努力が求められるだろう。結婚支援に関しては、今後プロジェクト化が推奨される。

【プロジェクト紹介】ファミリー・ミニストリープロジェクト

　本プロジェクトでは、「神のかたちとしての家族、その関係の育成と回復」に関する働きを推進する。結婚・夫婦・子育て・終活・いのちと性のテーマなど、今まであまり触れてこられなかった課題に神学的・倫理的考察を含みながら、痛みに寄り添う視点を持って取り組む。教会では対応に悩む事柄について、共に学び支援するネットワーク作りを促進する。

2)　信仰継承

【次世代育成担当者の声】

・若者への期待が強すぎると、当人は重く感じ、静かに教会を去る場合がある。

・信頼関係と信仰あっての奉仕であり、それを確認した上で委ねることが求められる。単なる奉仕要員として見るのでなく、一人の人格として尊敬す

る姿勢が求められる。

・ しばしば「教会を離れる」という表現を耳にするが、この表現の検討も必要ではないか。「教会に来ない」＝「信仰から離れた」とは限らない。「離れた」と教会側が認識すると、その人は戻ってこない。来なくても諦めずに関わることが大切だ。

・ 中高生時代にいったん教会に行かなくなった人々が、大学生になって教会に戻ってきたケースを調べた。それによれば、「彼らは教会を離れたが信仰は捨てておらず、密かに祈っていた」という場合も少なくない。

　信仰継承の課題に関しては、これまでさまざまな調査がなされてきた。中高時代の部活・大学進学・就職・結婚などのライフイベントに伴い、教会から離れるケースが多い[9]。この人生の節目においては、普段に増して手厚いフォローが求められようが、どのような視座を持ってこの時期の人々に関わればよいだろうか。

　このテーマに関して、クリスチャンホーム出身者や牧師子弟に特有の課題も取り上げておきたい。クリスチャン一世の熱意に対して、二世以降は明確な回心の感覚が薄かったり、信仰的に自立していない場合があり、それがコミットメントの低さにつながっているのかもしれない。また、クリスチャン家庭に育った人は信仰的自立のために、成長過程で信仰の再構築が求められるだろう。

　また、日本でクリスチャンは少数派であり、マイノリティーコンプレックスを持つ場合が多い。同世代の信仰者がいない現実をどう受け止めたらよいか悩むケースも少なくない。一方、同世代の友人が教会や超教派団体にいれば、励まし合うことができる。ほかにも、部活や受験で教会に行かなくなるケースも多いが、その際に親も「受験だから仕方ない」と考えるならば、その優先順位も問われねばならないだろう。

　その上で求められるのが、地に足のついた信仰の教育である。教会の内外の常識が乖離し、福音の魅力と世の闇を言い当てる言葉を教会側が持っていないこともありえるのではないか。そうして教会とその外という二重生活をしている間に、いつの間にか世に絡め取られることが起こるかもしれない。そのため、単に「○○したらダメ」という律法主義的な教育ではなく、「みことばに従った先に真の自由と喜びがあるからこそ、その恵みを受け取り損ねないようにする」という福音を根拠とした教育が必要である。例えば、性や結婚の聖書

的な意味を早くから教えておくことで、結婚の祝福を受け取るためにきよさを保つ意識を育てることができる。これらのテーマを教会で教えられていないために、「知らなかった」という事態を避けるように努めねばならない。これは性的モラルが破綻し、手軽にアダルトサイトにアクセスできる現代において、取り組むべき喫緊の課題であろう。

　教会学校では聖書的な生き方を教えることと並行して、相手との信頼関係を築く努力も必要だろう。何に関心や悩みを抱いているのか、真摯に耳を傾けつつ寄り添うアプローチが求められる。従来の集団授業形式では、悩みが多様化した現代において対応しきれない課題がないだろうか。以前よりも個別的・牧会的な対応が求められるように思われる。

　また、若い世代になかなか奉仕を任せないために、人材育成が進まない現実もあるかもしれない。若さには常に失敗のリスクがつきまとうが、周囲がフォローする温かい関係性のもとで働きを任せる時、その若手は成長していく。奉仕において場数を踏み、成功体験を重ねることで、教会を建て上げる喜びを知る。また、自分に委ねられた責任があるからこそ、キリストのからだの一部としての自分を見いだす。信頼関係を構築した上で、次世代に委ねられる働きがあれば積極的に委ね、現役世代は次世代のフォローも含めた育成に心を傾ける必要があるのではないか。

3)　転居

【次世代育成担当者の声】

・オンライン化が進む昨今、転居先でも母教会のオンライン礼拝に出席し、その地の教会に根付かないケースがある。一方、転居先の教会になかなか馴染めない青年がいたが、以前から関わりのある人がオンラインでケアし続けた例もある。

　引越・進学・就職に伴う「転居」に関する課題もある。母教会がどこまで関わるかは差があろうが、多くの場合は教会紹介までで、その後は行った先の教会のフォローに任せるケースがほとんどだろう。しかし、当人が教会の交わりに定着する前に離れそうになる時、転居先の教会としても関わる糸口を見いだせず、母教会側が気づいた時には、結局離れた後ということもある。

　当人にとっても、慣れ親しんだ教会と転居先の教会のギャップを感じ、うま

くなじめずに、つながらない場合もあろう。母教会側が転居先の教会をよく知っており、適切なフォローができればよいが、そのようなケースは少ない。

　このテーマに関しては、転居の時期までにどれだけ当人の信仰が自立しているかが鍵と思われる。柔軟な信仰を持っていれば、教会文化が異なっていてもそこに加わろうと努力するだろうが、そうでなければ容易に教会を離れる。人とのつながりに依存した信仰生活か、聖書の教える教会観を理解した上での信仰生活かが転居の際に試される。どこでも適応できる信徒を育てているのか、ある教会でしか通用しない偏った成長を促していないか、という吟味も教会側に求められる。

　一方、信仰が未確立の中で、転居せざるをえないケースも多い。その際、何が有効な試みであろうか。しばらくは転居先の教会に通っているか、交わりに溶け込めているかに気を配り、教会に通うことを励ます必要があるだろう。また、送り出した信徒に関して牧師間で丁寧な引き継ぎや情報交換を行うことで、定着率が上がるのではないだろうか。

4)　教会外への次世代宣教

　教会外への次世代宣教の取り組みも再考したい。これまでもさまざまな取り組みがなされてきたが、打ち上げ花火的なイベントが多かったという見方もある。子ども向け集会をするためにチラシを配布すると、一定数の子どもたちが集まるが、ある特定の時期しか集まりにくい活動になっているかもしれない。もちろん種まきとしての意義もあるだろうが、実際にその一人ひとりが教会につながるためには、何をどのように心がければよいだろうか。これを考えるにあたり、5-4に超教派の宣教団体の取り組み・構想を掲載する。強調点はさまざまだが、信頼関係を築いた上での伝道が前提とされる点は共通している。

　そのほか教会の活動としては、複数の教会で日曜午後等に中高生集会を企画している所もある。その際、集まるグループをいかに継続的に形成するかが課題だという。また、ある教会ではボランティア活動を行っており、そこに若者が来て、作業時にみことばを伝えることもある。それらの取り組みは有意義であるが、ただ若者を集める活動以上に、教会に接ぎ木する意識が求められる。他方、関わる人々を伝道対象と見過ぎずに信頼関係を築くことで、結果的に教会につながる面も否めない。いずれにせよ、目の前の一人ひとりの必要を知り、相手にとっての最善を願って関わる姿勢が求められるだろう。

5-4　次世代宣教団体のアウトリーチに関する取り組み

団体	基本的な活動	最近の活動（構想も含む）
hi-b.a.	定期集会・イベント、キャンプ、オンライン宣教	SNS を通じたオンライン宣教、ごみ拾いボランティア等を未信者と共に実施
KGK	聖書研究会などの集会、キャンプ、全生活を通しての証し	既に築かれた人間関係で、クリスチャンが未信者の友人と一緒に聖書を読めるようにする
CCC	関係作りによる伝道、小冊子を用いた伝道	SNS を通じたオンライン活動、一緒に登山に行く等の関係作り、証しを行う訓練
YWAM	コミュニティとしての生活、弟子訓練学校、関係作りによる伝道、賛美集会など	キッチンカー運営、炊き出し、子ども食堂、英会話など
国際ナビゲーター	関係作りによる伝道、「聖書・英会話・スポーツ・旅行」の活動	――

3　次世代育成のために教会が取り組むべきこと

　上記の課題を踏まえた上で、教会が次世代育成のために取り組むべきことは何だろうか。具体的な方法論は数多くあるだろうが、ここでは教会の基本的な4つの営み（礼拝・交わり・教育・祈り）を取り上げ、次世代育成に必要な視点を考えたい。

1)　次世代とともに喜んでささげる礼拝

　第一に考えたいのは「礼拝」である。次世代の人々がいきいきと礼拝をささげられるためには、何が必要だろうか。それは単にコンテンポラリーな形式にすればよい、という単純な話ではないだろう。形式を子ども・若者中心にしたとして、例えば賛美のスタイルに高齢者がついていけないケースもある。その意味で、次世代が喜んで参加できる礼拝という時に、同時に他の世代も考慮する必要があろう。

　その上で、諸教会の礼拝で子どもや若者にどのような眼差しが向けられているのだろうか。そこに彼らの居場所があるのか。例えば、赤ん坊や子どもが騒ぐ時に、一定の配慮と対策をせず、ただ自分たちの心地よさだけを追求するな

らば、結果的にその世代の居場所が排除される。また、次世代と目される人々が「自分には関係がない」と思わせない礼拝の工夫が求められる。

　一方、若者がいない教会であっても、今後その人々を迎えるために必要な対策をしておくことはできる。「カタい」と思わせる礼拝は、何がそうさせているのだろうか。古い言葉が多用されて意味がわからないことや、説教黙想に子ども・若者たちが含まれていないことがありえる。説教者には、子どもにもわかる言葉で説教する努力が求められるだろう。価値観が多様化した現代だからこそ、十戒をはじめとする聖書的倫理観は、分かる言葉で伝わりさえすればそれだけで大きなインパクトを与える。人間の頑張りや方法論、安直なヒューマニズムではなく、十字架の福音がまっすぐ語られ、それが良い知らせとして届けられるならば、この世が提供できない喜びとなろう。

　また、その現役世代が喜んで礼拝をささげているならば、次世代もそれを見て、「ここに何かある」と思うのではないか。逆に、形骸化した信仰を見る時、若い世代は特有の嗅覚によって、「礼拝は、所詮おつとめのようなものに過ぎない」と理解し、信仰継承に悪影響を及ぼす。その意味で、次世代育成には現世代の礼拝の姿勢、さらには生き方そのものが問われているだろう。

　これまでは「次世代向けの礼拝」といえば、青年の好みそうな礼拝形式を求めるだけだったかもしれない。しかし、これからは従来の形式から柔軟な発想を求めつつも、何よりも全世代の一人ひとりの魂に触れ、真に神を恐れる礼拝を求めるべきではないだろうか。

2）　次世代が集まる交わり

　「交わり」も礼拝と不可分のテーマだが、悩みや疑問を分かち合える信頼関係を築けるかが課題となる。また、一定の年齢層が集まるようにするだけでは、他の世代を排除することとなり、教会内の世代循環が阻害される。そのため、他の世代が混在する交わりにおいても、神の家族として互いの存在を喜び合う関わりを築き上げられるかどうかが鍵となる。特に、異なる世代の人々が交わりを持つ時に、若い世代が経験豊かな信仰者の証しから教えられる契機となる。一方、「昔はこうだったから、今のあなたがたもこうあるべきだ」という価値観の押しつけも起こりうる。そうして現状にそぐわない意見を押し付けられた場合、交わりにおいて世代間ギャップによるハレーションが生じる。これを乗り越えるために、「自分の世代特有の課題があったが、今は違うかもし

れない」という謙虚さを持ちつつ、相手の声に耳を傾け学び合う姿勢が必要だろう。「教える」よりも「付き合う」関係性が成熟すれば、他の世代の人々が信仰における祖父母・親となり、教会全体を通しての信仰継承がなされる。違う世代だからと関わりを絶たず、開かれた態度で向き合う時に、「神の家族」の実質を伴う交わりが形成されていく。ただし、一緒にいれば自然と交流が生まれるわけでもない。何かを一緒に取り組んだり、互いの証しを分かち合ったりすることを通して、関係を築く工夫が必要だろう。他方、似た課題を抱える同世代において、信仰生活を励まし合える友人の存在も重要である。「青年による青年伝道」のことが言われる背景には、同世代だからこそ共有している課題・関心・感性があるため、分かち合いが深まりやすいことがある。若者が多く集う教会は、若者が若者を呼ぶ現象が見られる一方、逆のケースはそこから抜け出しにくい。

　しかし、自分の属する教会に同世代がいなかったとしても、超教派の活動に加わることで信仰の友を見いだせる可能性も十分ある。これらの集会に初めて参加すると、「こんなに自分と同じ年代の人がいたなんて……」と驚きを抱く感想を見聞きする。各教会における若年層の減少傾向が見られる中で、超教派団体の役割はますます大きくなろう。ただし、それらの拠点が都市部にはあっても、地方では十分な展開がされていない場合もある。5-5 には各宣教団体の活動拠点を載せた。例えば hi-b.a. では、2050 年までに全都道府県で定期集会を拡大する計画があり、最近も室蘭などの地方でも活動が始まっている。これらの活動拠点が広がれば、地方の教会にとっても次世代の交わり形成の場が備えられよう。

　また、教会が特定の世代のみに居心地の良い場となっていないかという吟味は、常に必要とされる。前述のように、同世代でいることの心地良さゆえに、他の世代を排除する力学が教会の中で働く可能性は常にある。あるいは、十分

5-5　各宣教団体の活動拠点[10]

団体	活動拠点
hi-b.a.	四国以外の各地区（未展開の県あり）
KGK	全国（大学・短大・専門学校のある所）
CCC	東京、横浜、名古屋、京都、大阪、神戸、福岡
国際ナビゲーター	仙台、宇都宮、つくば、東京、静岡、関西、福岡
YWAM	北海道、仙台、東京、横浜、静岡、長野、関西、広島、九州、沖縄

な説明もないまま、トップダウンで若者向けの方針に舵を切ることで、他の世代の居場所が失われるケースもある。このような改革は教会の将来を見据えた上で、おのおのが次世代育成への意識を共有した上で実現していくものであろう。

　若者が教会に根付くためには、「居場所」が形成される必要がある。若者が集まる所には相乗的に集まる傾向が見られるが、そうでなかったとしても深い話ができ、悩みを分かち合える場があれば、若者の居場所になるのではないだろうか。

　これまでは「次世代の交わり」といえば、同年代の交わりが意識され、若者向けのイベントを打ち出したかもしれない。しかし、2030 年問題を目前に控えた今、これからは若者と高齢者の共生を含んだ、真の居場所となる交わりを求める必要がないだろうか。[11]

3)　次世代をはぐくむ教育

　各教会で、教会教育の営みが行われているが、中学から大学にかけてさまざまな理由で教会を離れていく人々が跡を絶たない。もちろん個々のケースによって理由は異なるが、ライフステージの変化においても神と教会につながる信仰が養われなければ、やがて教会を「卒業」してしまう。だからこそ教会学校のあり方を再検討したい。多くの教会では教案誌に基づいて、その週の聖書箇所を教える「詰め込み教育」が行われてきた。それ自体悪いことではないが、さらに教えられた信仰に基づいた人格形成が求められるのではないだろうか。そこで必要なのは、教師自身がみことばを自らに当てはめ、子どもたちの現実に落とし込む適用力である。聖書知識を提供して満足する所から、各自の生活にみことばが生きて働く体験を目指した教育が求められる。

　また、日本の教会の約 30% が CS 休止中という統計がある[12]。ただ、これらの教会は次世代育成を諦めなければならないのかというと、もちろんそうではない。もしそうならば少子化の流れは止まらず、教会に将来はない。また、若い世代は悩みや真面目な話ができる深い信頼関係を潜在的に求めているように思われる。このニーズがありながら、教会側が次世代への関わりを諦めてしまってはいないだろうか。

　まずは、求道者を送られる主に祈ることから始めたい。その上で、たとえ子どもが今いなくても、何かの折に子どもが来た時に迎えられる備えもできる。

また、世代循環の観点から考える時に、子どもが今いなくても、青年層に子どもが生まれ、それが糸口となって子どもたちが集まる可能性も考えられる。

　また、「教会学校かくあるべし」という固定観念を取り払うことで、教会外の子どもと接点を持てるきっかけが見つからないだろうか。平日に公園伝道を行った際に、地域の親子が参加するケースもある[13]。もちろん教会外の人々なので、親の理解などによって離れがちかもしれないが、少なくとも種まきの働きを果たし、今後教会に集う子どもたちが起こされるかもしれない。さらに、在日外国人が増加している昨今、その家庭を招くアプローチもありえる。言葉や文化の壁はあるにせよ、子どもの言語習得力は高く、仲間同士の結束も高い傾向があるため、一度そこを自分の居場所と認めれば仲間を誘ってくるのではないだろうか。

　「0から始める教会学校」というテーマに特効薬はないが、焦らず諦めず、取り組めることは堅実に行う努力が求められるだろう。その先にCS再開の緒が見えてくるのではないか。ある教会では子どもの人数が0だった所、子どもを集めることを慌てずに20〜30代をターゲットに宣教し、数年後にクリスチャンホームが数組生まれ、結果的に10名以上の子どもが集まるようになった例もある[14]。

　また、教会教育を考える時に、子どもから若者までの限られた世代のみならず、高齢者も含めた異なるライフステージで向き合うべき課題がある。だからこそ、「ゆりかごから天国まで」という広い視野を持って世代循環を機能させる教育を提言したい。前回の調査でも、「次世代育成は、単に次世代という狭い対象に向き合う問題ではない。というのは、次世代育成が機能している教会では、そのようになる前段階を大事にしている」と分析されている[15]。つまり、子どもや青年を生み出す親への働きかけが継続的になされ、その親たちが生んだ子どもたちが、時間をかけて教会の中心勢力となっていった経緯がある。次世代という狭い対象に取り組んで次世代が起こされているのではなくて、次世代を生み出す親から始めて、乳児、児童、青年へと関わり続けていく教会全体の教育戦略が、やがて次世代の勢いを生み出すことになるのだ。

　多くの教会で、「教会学校」といえば子どもを中心に考えられてきたかもしれない。しかし、例えば成人科の学びを行うことや、結婚・家庭形成の学びを行う際には、若い夫婦同士の交わり・学びがあっても良いし、高齢者向けには死や葬儀に備える学びも考えられる。ただし、これらの多岐にわたる学びは一

牧師だけでは限界もあるため、各教団教派単位での取り組みや外部団体の協力が求められる。特に、幼い頃から信仰教育を受けていない場合、救われる前の古い価値観に引きずられ、数年で教会に来なくなる人々も一定数いる。そのため各教会として、全世代に対する教会教育を機能させる必要があろう。

また、次世代育成は単に教育担当者だけの責任ではなく、教会の総力戦である。現役世代の霊性が、良くも悪くも次世代に大きく影響する。喜んで主を信じる大人を見る時、次世代の人々はそこに何かがあると感じ取るだろうし、中途半端な信仰生活を肯定している人を見れば、「所詮、信仰はその程度のものか」と思うだろう。

なお、以前の調査によれば、日本人クリスチャンが回心に導かれた年齢は18歳以下が51%を占める。また、そのきっかけは、①クリスチャンの親の影響、②教会学校・イベント、③礼拝・特伝、④友人の誘い、⑤キャンプ、の順であった[16]。申命記6章などの記述を見ると、家庭がおもな信仰教育の場となっている。子どもの主体性に任せ過ぎたり、教会学校に送るだけではなく、家庭で堅実に教育することが着実な信仰継承につながる。また、教会内で親以外に信頼できる大人の関わりがあれば、その信仰継承を助けるだろう。

また、若者への期待が表に現れ過ぎると、しばしば当人は重く感じる。例えば、かつて牧師になると言った子どもたちに対していつまでも期待したり、「そろそろ奉仕しなさい」と言われたりするのは、勉強を強要された子がやる気をなくすのと同じ原理が働きうる。次世代育成において重要なのは、大人が教えたがることではなく、その若者のために祈り、いきいきとした信仰者としてのモデルを見せること、共に成長することであろう。

これまでの聖書知識の詰め込みや形式重視の教育を終わらせ、牧会的・教理的な教会教育を始めたい。生徒に伝わる言葉で聖書の教理を教え、信仰が自分のものとなるように促す必要がある。また、子どもの疑問を放置せず、また問うことを許す懐の広さを持っておきたい。また、特に中高生から青年にかけての時期には、弁証論的な学びも有効である。親やCS教師の説教力・牧会力を磨き、子どもたちにとっての生きた知識、届く言葉にして語る必要がある。そのために教育に携わる人々に対する教育もますます求められるだろう。

4)　次世代と共に祈る祈り

「祈禱会は教会の発電所だ」と言われてきたが、若者の祈禱会離れは多くの

「宗教2世」問題考

　昨今、「宗教2世」という言葉が散見され、多数の関連本も出版されている。その一冊に『「神様」のいる家で育ちました～宗教二世な私たち～[17]』が知られている。この本では「宗教2世」7名の生き様がマンガで描かれる。さまざまな新宗教の親子関係が描かれる中、第4話では福音派の教会に通っていたと思しき例が扱われている。そこには他の悲惨な例に比べて前向きに扱われているが、さまざまな疑問を抱えて教会に通わなくなった女性が描かれている。

　ただし、本書では「カルト2世」と「宗教2世」の扱いが混同されている点をまず注意する必要がある。その実態は質的に大きく異なる（第7章参照）。それを踏まえた上で、クリスチャンの親の熱心な指導に対して、子どもの思いが無視され、納得の伴わない向き合い方が続くならば、やがてクリスチャン子弟は日本社会と異なる価値観に戸惑い、離れていくことが示唆されている。ある年齢まで教え込まれたことを当然として育っても、どこかで教会外の世界とのギャップに気づき、1世の熱心さについていけず、腑に落ちない疑問を抱えたままドロップアウトする例が少なくないのではないか。そこには親や教会から押し付けられたものの、自分のものになっていない信仰が見いだせる。

　「宗教2世」の人権が叫ばれる昨今、「外からの押し付けはいけない。子どもに全面的な自由を！」という雰囲気もある。日本社会は「無宗教」の気楽さに傾斜しやすいが、次世代育成はキリストから教会に委ねられた使命である（マタイ28：20）。聖書は世の楽しみを「はかない罪の楽しみ」（ヘブル11：25）と呼ぶ。確かにそこに「楽しみ」があるのは事実だが、それは「はかない」もので、根源的な心の渇きを満たすものではない。それを理解し、この世が提供できない神の恵みを伝える必要がある。福音を本当に理解する時に実を結ぶ（コロサイ1：6）ように、本当に喜びを体験するならば、たとえ親からの押し付けと一時は感じても、「信じて良かった」と思える日が来るのではないか。また、教える側の姿勢も問われている。何を信じているのか、本当に信じて良いのか、教える側の理解がなければ、単に同質化を迫るだけになってしまう。宣教は単なる信者獲得のためでなく愛のわざであろうが、それは信仰継承にも当てはまる。

教会で広く見られる現象と思われる。このままでは将来、祈禱会が縮小せざるをえない事態は避けられまい。若者の祈りが貧弱であるのは、現世代の祈りが貧しい現実があるからかもしれない。いずれにせよ、次世代の人々も互いに祈る習慣を身につける心がけを励まし、祈りの奉仕の尊さを教える必要があるだろう。また、今回のJCE7で宣言文とされる祈り（第10章）を自分たちの現実に落とし込み、祈るように教えてもよいかもしれない。

これまでは、ただ祈り会に来るように若者に呼びかけ、あるいは来ないことを嘆くだけだったかもしれない。しかし、これからは自らが神の前に心を注ぎ出す祈りをし、祈りの本質をみことばから教え、また祈りの力と豊かさを体現することで、結果として祈りが教会全体に伝播していくあり方を求めるべきではないか。

【プロジェクト紹介】次世代育成検討プロジェクト

本プロジェクトでは、次世代育成についての現状と課題を踏まえて、クリスチャンの世代間の課題に関わる研究調査を行う。「母の胎」から「父の懐」までライフステージを共にする「神の家族」である教会・家庭の関わりを検討し、教会の「世代間循環」を有効に機能させるために、全世代に対する教会教育の見直しを提言したい。その他、次世代育成諸団体との連携の可能性を探る。

4　各教団教派の次世代育成

1）　次世代育成の循環形成

ここでは各地域教会より大きな区分として、教団教派レベルの次世代育成について扱う。まず、次世代育成の世代循環を視野に入れた教団レベルの取り組みを考えたい。一例として日本同盟基督教団を挙げるが、同教団では教会教育局を設置し、松原湖バイブルキャンプ場における教育もなされている。また、結婚を願う青年たちのために結婚登録制度を設け、子育てから高齢者対応まで家庭教育の学びも提供している。献身を願う人々には、東京基督教大学などでの学びの場も提供され、その意味で一つの循環形成がなされていると言えよう。

　一方、教団化していないグループでは、緩やかな教会協力の中でそれぞれの自主的な活動に任される場合が多い。そのため世代循環形成は各教会の取り組みに委ねられ、中長期的な目標・計画を掲げにくい課題が見受けられる。

2)　次世代育成のための投資

　次に、各教団教派において、次世代育成の働きを組織的にどの程度サポートしているかを考えたい。各教団教派における次世代育成予算の内容を調査した。5-6 に、2022 年 3 月に行ったアンケート結果を記す。

5-6　各教団教派における次世代育成予算の金額・用途・結実

No.	教団教派	年間予算 （万円）	用途	結実
1	日本ホーリネス教団	544	① 40% ⑤ 20% ④ 12% ⑥ 7% ③ 2% ⑦ 19%	B, C, D, E
2	イムマヌエル綜合伝道団	300	① 100%	A, D
3	日本同盟基督教団	190	① 60% ② 25% ④ 15%	B
4	日本福音キリスト教会連合	126+ α	① 85% ④ 15%	B
5	基督聖協団	120	① 15% ⑤ 10% ③	——
6	日本バプテスト教会連合	100	②③ 60% ⑥ 20% ① 20%	C
7	日本神の教会連盟	60 ～ 100	①	D
8	同盟福音基督教会	106.5+ α	①③⑥	B, C, E
9	東京福音センター	72	③ 100%	C
10	東京フリー・メソジスト教団	68	① 100%	B, D
11	福音伝道教団	58	① 86.2% ④ 13.8%	A, D
12	キリスト兄弟団	40	① 75% ② 25%	C, D
13	日本イエス・キリスト教団	35	⑦	B
14	世界福音伝道会	30	④⑦	F
15	日本ルーテル同胞教団	30	⑥ 100%	——
16	活けるキリスト一麦の群	20	① 100%	B, C
17	日本聖泉基督教会連合	20	① 50% ⑦ 50%	B, D
18	福音交友会	——		
19	単立教会 A	30	③ 80% ⑥ 20%	——
20	単立教会 B	——		

　用途…①キャンプ行事等の補助、②牧師子弟へのケア、③神学生育成、④子供～青年部費、⑤次世代伝道費、⑥研修費・教材費、⑦その他・不明

　結実…A 信仰決心者・受洗者の増加、B 活動の活性化、C 献身者の増加・教職育成、D 信仰の成長・スタッフ育成、E 機材の充実、F その他

　教団教派によって次世代育成への力の入れ具合はさまざまである。最も予算が大きい日本ホーリネス教団では500万円以上（23年度予算は1157万円）の予算計上がある一方、全く予算化していないケースもある。また、予算の用途で最も多かったのは「①キャンプ等行事費用」であり、各教団教派で次世代育成にキャンプ等の行事が有効と考えられている。確かに、キャンプを通じて信仰決心者・献身者が起こされ、教団内の次世代のスタッフ育成に貢献しているのであろう。「③神学生育成」も教団によってそれなりに注力され、団体によっては牧師子弟へのケアや交わり形成が行われている点は興味深い。また、キャンプ費に含まれている可能性もあるが、「⑤次世代伝道」はほとんど回答に表れなかった。これは次世代育成が、おもに教会内に向けられた傾向の表れかもしれない。

5　次世代育成に関するネットワーク

1)　キリスト教学校と教会

　ここでは次世代育成を考える上で、特に重要なネットワークを2つ取り上げる。まずは、毎年約34万人の在学生がおり[18]、日本宣教における大きな可能性を秘めているキリスト教学校である。キリスト教学校と教会の連携を探るためには、今後プロジェクト化が求められている。

キリスト教学校を生かすために

玉川聖学院理事　水口洋

1　日本プロテスタント宣教史とキリスト教学校

　①戦前のキリスト教学校 —— 幕末から明治初期に来日して、居留地にキリスト教学校を創設した宣教師たちの人格的影響力は大きかった。さらにフロンティアスピリットに満ちた彼らは、キリスト教解禁とともに閉鎖性の強い地域へと出ていった。彼らの人格が青少年たちの心を動かし、日本全国にキリスト教学校が作られていった。

　卒業生たちは彼らの生き方に倣い、社会的に排除されていた人々に働きかけ、医療・福祉・障害児教育・人権平和・女性解放などの領域に光を届け、キリスト教学校は社会的に認知されていった。その後、学校運営は

日本人牧師でもある教育者たちに引き継がれた。彼らは国家統制が強まる中、連帯して社会と関わり、建学の精神を貫いた。戦前のキリスト教学校には、信仰共同体としての矜持があった。マイノリティであるゆえに見えていたものも多く、信仰も継承されていった。

　②戦後のキリスト教学校 —— 戦後民主主義の広がりと共に、キリスト教学校はメジャーな存在になった。教育基本法で謳われた教育観はキリスト教教育と方向性が一致していたため、戦後教育の中核を担うことになった。しかし、それは同時に特色の希薄化を招く。高等教育機関としてもいち早く認知されたが、社会的ニーズに応えるため変質していく。

　高度経済成長期に高学歴化が進んだが、キリスト教学校は規模の拡大とブランド化を招く。大学紛争期には平等と民主化を求め「キリスト教主義学校」に方向転換していく。教員採用や教育方針が世俗化され、建学の精神を失う危機に直面する。学校は教会とのつながりを弱め、教会は学校への派遣と祈りを失い、関係に断絶が見られた。学校は競争主義に翻弄され、エリート意識を醸成する経営が行われ、連帯が困難になっていった。幼児教育の分野では自由保育の伝統が継承されていたが、経営を含む担い手育成は十分ではなかった。

　③今日的な課題の中で —— 今日の課題は少子化問題だ。人口減少と経済の停滞により、生徒募集の困難は地方から全国に広がっている。生き残るために経営の効率化や外部人材の登用が進み、建学の理念は失われるリスクを抱えている。担い手であるキリスト者教師の確保も難しい状況だ。管理職のクリスチャンコードを外す学校も現れた。キリスト教学校の使命を果たす難しさがある。

　教育基本法の改訂以後、国の教育も変質している。道徳が教科化され、公共の福祉を重視する社会国家優先の思想を醸成する動きも強まっている。幼児教育無償化は教育内容への干渉を強めつつある。

2　教会との関係回復のために

　①危機は好機 —— キリスト教学校の存立意義が問われる現在、主を「戸口の外に立って叩かせる」（黙示録３：20）愚かさに気づいた学校は、教会との連携を取り戻すための見直しを始めている。生きたキリスト者の採用は切実な課題となり、養成プログラムも開始した。教団教派を超えた地

域教会との連携が模索されている。

　幼児教育や高等教育を含めて、教会は青少年の育成に関してキリスト教学校との祈りの連帯を再構築する時となっている。ここで連帯できなければ、日本の青少年伝道は崩壊するほどの危機と認識すべきだ。幼児教育を含めてキリスト教学校には潜在的可能性がある。それを引き出すための知恵と祈りが必要だ。

　②共に学ぶ姿勢 —— 青少年の信仰継承に関して、発達段階や課題などを教会は捉えきれない現状がある。彼らの抱える病理や課題、家族関係がもたらす闇や思春期の戸惑いといった課題を学び合うことは、今日の青少年伝道を考える際の必須の課題だ。キリスト教学校には経験が蓄積されている。

　同時に、本来の使命であるキリスト教人格教育を推進していくためには、日々自分を吟味し直す場としての学校礼拝を柱とする宗教教育を実践することは不可欠であり、そのためにキリスト者教師が教会から派遣され、地域教会と連携を強めることがどうしても必要だ。聖書科教師の育成も、キリスト教会全体の課題だ。

　③必要とされる働き人 —— 教育への関心が高い日本社会でキリスト教理解が浸透していくために、家庭の信頼を得られるキリスト教学校の存在は有効だ。必要なのはパッションとミッションを持つ教師の存在だ。かつての宣教師と同様の人格的影響力を持つ人材育成が教会の課題だ。超教派的な運動体として、キリスト教学校が用いられることを期待したい。

2)　神学校の卒業生数

　最後に、教職者に関する次世代育成を考えたいが、その一つの指標として、各神学校の卒業生数の推移を概観する。今回、福音主義神学校協議会の加盟校・オブザーバー校を対象にアンケート調査を行った。5-7 には、2013 ～ 2022 年における各神学校の累計卒業生数（教職養成課程のみ）を載せた（有効回答数[19] 21/27 校）。過去 10 年の全体の年間平均卒業生数は86.4 名であった。年によって多少の変動があるが、80 ～ 100 名の間を推移しており、この 10 年で大きな減少傾向は見られない。献身者不足が叫ばれつつも、毎年約 100 名弱の教職者が輩出されている。一方、各教派神学校においては少人数制教育が継続されており、存続の危機が示唆される場合もある。

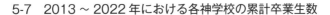

5-7　2013 〜 2022 年における各神学校の累計卒業生数

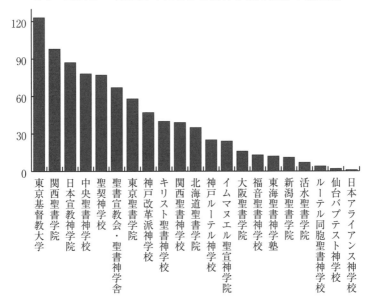

5-8 には、過去 40 年における 10 年毎の累計卒業生数を示す（有効回答数 12/27 校）。その結果、2003 〜 2022 年は横ばいであるものの、それ以前は 10 年毎に卒業生数の減少が見られる。中には人数が増加した神学校もあるが、40 年前と近年 10 年の累積卒業生数を比べると約 3 割減少している。今後、引退教職者に対して、新卒の教職者がどの程度埋め合わせられるだろうか。詳しく

5-8　1983 〜 2022 年における 10 年毎の各神学校の累計卒業生数[20]

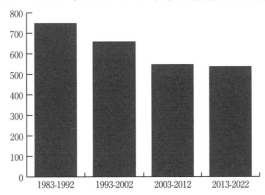

は追加調査が求められるが、今後、引退教職者に対して献身者の絶対数が少なくなることが予測される。

　ほかにも、コロナ禍を契機にオンライン授業、継続教育などの広がりが見られる。これまでは都市部でしか受けられなかった学びも、オンライン化によって学習環境が整えられているのは、地方の教会に朗報ではないだろうか。教職者数減少によって信徒の動員が求められるならば、今後その方面の信徒教育にシフトしていく可能性も考えられる。　　　　　　　　　　　　　　　（中西健彦）

〈注〉

1　「次世代」という言葉を掲げつつ、子どもから青年層以外の世代を考えるのは必ずしも自明ではない。特定の世代をターゲットに宣教している教会もある。逆に、子どもや若者が少ないため、若年層への宣教に困難を覚え、高齢者に対するケアに力を入れる場合もあり得る。各教会の現状・賜物・使命を認めながらも、時とともに現世代も年を重ねる現実を考慮し、ここでは全世代を視野に入れた教会形成を前提にしている。

2　この２例においても、異なる継承のパターンが見られる。ヨシュアはモーセの従者として働きの初期から仕えた一方（出エジプト 17：9 以下）、エリシャはエリヤの働きの途中で主によって後継者として備えられた（Ⅰ列王 19：16）。後継者との出会い方はさまざまである。

3　第 6 回日本伝道会議 日本宣教 170 ➤ 200 プロジェクト編『データブック：日本宣教のこれからが見えて来る ── キリスト教の 30 年後を読む』（いのちのことば社、2016）、JEA宣教委員会・宣教研究部門編『次世代を育てる宣教インフラの整備調査報告書』（2020,以下「次世代宣教インフラ調査」と記載）など。各教団教派で独自の調査がなされている場合もある。

4　2022 年 6 月 14 日に、7 つの教団教派（日本イエス・キリスト教団、日本福音キリスト教会連合、日本同盟基督教団、ルーテル同胞教団、日本ホーリネス教団、インマヌエル綜合伝道団、日本バプテスト連合）の次世代育成に関わる担当者、3 つの宣教団体（KGK, CCC, hi-b.a.）のスタッフが本座談会に参加した。

5　国立社会保障・人口問題研究所「人口統計資料集」, 2020. https://www8.cao.go.jp/shoushi/shoushika/whitepaper/measures/w-2022/r04webhonpen/html/b1_s1-1-3.html#zh1-1-09 （2023-03-29 アクセス）

6　厚生労働省「人口動態統計」, 2020. (URL は同上)

7　晩婚化・未婚化が進んだ背景には、女性の価値観の変化（高学歴化や生活スタイルの

ホームページアドレス　https://www.wlpm.or.jp/

お名前	フリガナ		性別	年齢	ご職業

ご住所	〒	Tel.　　（　　　　）			

所属（教団）教会名	牧師　伝道師　役員 神学生　CS教師　信徒　求道中 その他 　該当の欄を○で囲んで下さい。

WEBで簡単「愛読者フォーム」はこちらから！
https://www.wlpm.or.jp/pub/rd

簡単な入力で書籍へのご感想を投稿いただけます。
新刊・イベント情報を受け取れる、メールマガジンのご登録もしていただけます！

いのちのことば社 ＊ 愛読者カード

本書をお買い上げいただき、ありがとうございました。
今後の出版企画の参考にさせていただきますので、
お手数ですが、ご記入の上、ご投函をお願いいたします。

書名

お買い上げの書店名

町
市   書店

この本を何でお知りになりましたか。

1. 広告　いのちのことば、百万人の福音、クリスチャン新聞、成長、マナ、
   信徒の友、キリスト新聞、その他（   ）
2. 書店で見て　3. 小社ホームページを見て　4. SNS（   ）
5. 図書目録、パンフレットを見て　　6. 人にすすめられて
7. 書評を見て（   ）　　8. プレゼントされた
9. その他（   ）

この本についてのご感想。今後の小社出版物についてのご希望。

◆小社ホームページ、各種広告媒体などでご意見を匿名にて掲載させていただく場合がございます。

◆愛読者カードをお送り下さったことは（　ある　初めて　）
ご協力を感謝いたします。

出版情報誌　月刊「いのちのことば」定価88円（本体80円 +10%）

キリスト教会のホットな話題を提供!（特集）
いち早く書籍の情報をお届けします!（新刊案内・書評など）

☐ 見本誌希望　　　☐ 購読希望

変化）、若者層の所得の伸び悩みなどがあると言われる。公益財団 法人矢野恒太記念会
『日本国勢図会 2022/23』（公益財団 法人矢野恒太記念会, 2022）, p. 45, 444.

8　「次世代宣教インフラ調査」, p. 28-29.

9　第 6 回日本伝道会議実行委員会編『再生へのリ・ビジョン』（いのちのことば社,
2017）, p. 140. 例えば上記の報告では、クリスチャンホーム出身の子どもたちが、中高
生の時期に約 7 割が離れるという指摘がある。

10　各団体のホームページ、または聞き取りによって調査（2023 年 3 月）。

11　2030 年に日本社会で起こると予測される問題群の総称。日本の人口の約 1/3 が 65 歳以
上となり、それがさまざまな分野で影響を与えると予測されている。

12　「次世代宣教インフラ調査」, p. 5.

13　「次世代宣教インフラ調査」, p. 54.

14　「日本同盟基督教団の教会教育 現状と提言」（2019）, p. 33.

15　「次世代宣教インフラ調査」, p. 66.

16　「JCE6 子供プロジェクト Databook」, p. 34.

17　菊池真理子『「神様」のいる家で育ちました～宗教 2 世な私たち～』（文藝春秋, 2022）

18　キリスト教学校教育同盟『キリスト教学校教育』第 756 号, 2022 年 9 月, p. 3.

19　東京基督教大学に関しては、卒業後に教職となった人数を記載した。また、信徒や役員
育成をおもな目的とする神学校に関しては、人数を記載していない。

20　聖書宣教会・聖書神学舎、北海道聖書学院、ルーテル同胞聖書神学校、関西聖書学院、
東海聖書神学塾、キリスト聖書神学校、東京聖書学院、活水聖書学院、神戸改革派神学
校、中央聖書神学校、福音聖書神学校、聖契神学校の 12 校の合計。

第6章　キリスト者青年の社会意識

1　はじめに

　本調査は、主として福音派のキリスト者青年を対象とし、社会問題に関する
さまざまな意識について、その現状を尋ねたものである。それらは、社会問題
についての関心度の高さ、国や社会との関りについての姿勢、戦争や安全保障
に対する考え方、義務教育期間に受けた道徳教育とその影響についての受け止
め方、またジェンダーについての意識と姿勢など、さまざまなものがある。実
際の調査は、以下の要領で実施した。

- ●期間：2023年1月10日〜2月10日まで1か月間
- ●対象：10代から40代までのキリスト者青年
- ●方法：KGK、CCC、ナビゲータ、HiBAなどの青年宣教団体を通して
  Googleフォームでの無記名回答
- ●回答件数：181件

　今、青年たちは、どのように考え、判断し、行動しているのだろうか。本調
査は、福音派キリスト者青年たちの判断の根拠となる価値の広がりを示してい
る。また、社会の接点としての関心の傾向を示している。大切なのは、これら
の結果を通して、自身のスタンスを理解し、改めてその方向性を考えることな
のだろう。そして福音派のキリスト者ならば、聖書の考え方に照らして、自分
の生き方を整えていくことである。それは、必ずしも一つの神学の立場に自分
の考えを寄せていくことではない。むしろウィリアム・スティルが指摘するよ
うに、「16世紀ではなく、17世紀でもなく、今日的な適用」を考えること[1]、つ
まりはじっくり時間をかけて聖書を学び、生きておられる神のみこころを、こ
の時代において探る作業でもある。その出発点として、今、キリスト者青年た
ちの意識がどのようなものであるかを概観していくこととしよう。

2　社会問題への関心の程度

　まず福音派キリスト者青年の意識は、どれほど社会問題に向けられているの

だろうか。俗に「意識高い系」と言われる若者たちの割合がどれほどあるのか調査してみた。

一般の民間調査では、イノベーター理論に基づいてその割合を論じるものがある。イノベーター理論は、新しい製品への食いつきの速さを基準に、5つ

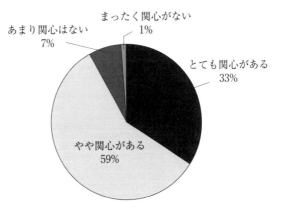

6-1　社会問題にどれほど関心があるか

まったく関心がない 1%
あまり関心はない 7%
とても関心がある 33%
やや関心がある 59%

のタイプを想定している。イノベーター（革新者）、アーリーアダプター（初期最小者）、アーリーマジョリティ（前期追随者）、レイトマジョリティ（後期追随者）、ラガード（遅滞者）で、いわゆる情報感度が高く、新しい製品に積極的に好奇心をもって飛びつくイノベーターと呼ばれる人々はわずかで、イノベーターに準じ、新商品が市場に普及するきっかけを作るアーリーアダプターの層も合わせて、意識高い系の人々は、通常20％以下とされる。

今回の調査では、社会問題にとても関心があると答えた者は、32.8％であった。そして、関心があるなしで言えば、関心がないと答えたものは、わずか8％である。

本アンケートに応じる人はそもそも「意識高い系」の青年であると思われるが、若干「意識高い系」と呼ばれる人々の多いサンプル数の分析となる。

3　関心度の高い社会問題

そこで福音派のキリスト者青年は、どのような社会問題に関心を向けているのかを調査した。選択率の高い順にあげると、①教育・不登校、②貧困・格差、③労働（長時間、低賃金など）、④戦争、紛争、テロ、⑤少子化（人口減少、未婚）という順になっている。

一般青年を対象とした同じような民間調査による結果では、①気候変動（地球温暖化・異常気象等）、②高齢化（介護・財政難等）、③環境汚染（海洋ゴミ・

6-2 あなたが関心のある社会問題は次のどれになりますか
（その他を選択の場合は、具体的にお書きください）177 件の回答

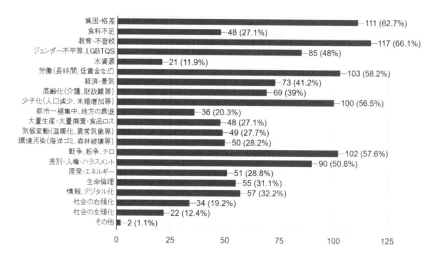

森林破壊等）といった順になっており、選択の指向性に違いがある。一般に
SDGs 教育が当たりまえの SDGs ネイティブと呼ばれる世代が、気候変動や環
境汚染を第一の関心事としてあげるのは、自然な結果である。しかし、この点
におけるキリスト者青年の関心の弱さは、一考に値する。というのも、今や時
代は、環境への負荷を下げながら、開発、成長していく取り組みが求められて
いる、いわばサステナビリティを考えながらデジタル化（DX）に取り組まな
ければならないと言われているが、そもそもキリスト者にとって、このテーマ
は、被造物のすべてを含む贖いの問題として、古くから語られ、実践が促され
てきたはずのものである（ローマ 8：21）。だから、この点におけるキリスト者
青年の関心の弱さがあるとすれば、それは、信仰を内面的、個人的に捉える偏
向的傾向が、新しい世代においてもなお続いていることを意味している。そう
であれば、この問題は、強く意識し、取り組まれる必要がある。JCE7 のプロ
ジェクトでは、「環境プロジェクト～被造物ケアの使命に生きる～」が、その
取り組みを促進することが期待される。

【プロジェクト紹介】環境プロジェクト～被造物ケアの使命に生きる～

日本同盟基督教団国立キリスト教会牧師　小川真

　JCE7 環境プロジェクトは、まだ環境問題を福音の課題と位置付けることができていないと言わざるをえない福音派諸教会に対して、啓発的な取り組みを提案し、実践していくものである。「包括的宣教」（ホーリスティックな宣教）には環境問題が含まれている。神が造られた世界を破壊することなく健全な姿に保とうという姿勢は、キリスト者でない人々に対しても良き証しであり、福音を伝える機会となると考えている。

　本プロジェクトは、環境に関わるさまざまな働きをしている方々が集まり、互いの問題意識を共有し、そこから生まれてくる新しい活動を大事にしている。また学び会を実施し、カトリック教皇フランシスコが出している『ラウダート・シ』の読書会を隔月で実施し、聖書的・神学的な研鑽を積んでいく。

　また毎年１回聖書的環境シンポジウムを開催し、環境問題について聖書的な知見を持って取り組んでおられる方から学ぶ。地球環境問題は福音の課題であるということを、参加者の方々とともに学んでいく。このほか、不定期のイベントを実施する。環境プロジェクトは開かれた交わりで、その時その時に、重荷を持ったメンバーが参加をし、問題意識を共有する。

　なお、こうした意識調査は、実際の取り組みまで評価しているわけではない。実際に、一般の青年で、環境問題に関心を示しながらも、ペットボトルの水を購入するよりもマイボトルを持ち歩いて MUJI などの給水スポットで水を給水しながら日常を過ごす青年、最新の流行を取り入れながらも価格を抑えて大量生産されるファストファッションの服を５着買うよりも環境を考えて作られた服を１着買うように心がけている青年などは、マイノリティである。つまりこうした調査の結果は、テーマに対する若者の変化しうる注目度を示すにすぎないこともある。

　かつても、SDGs という流行り言葉こそなかったものの、モノを節約したり、大切にしたりすることを教えられながら、実際に物を節約したり大切にする子と、そうではない子がいたのと同じであろう。求められているのは、言葉

巧みな SDGs 論者や、カーボンニュートラル論者ではない。実質の伴う SDGs ネイティブである。

4　愛国心に対する意識

　一般の 18 歳以上を対象とした内閣府の調査に、国を愛する気持ちの程度について調査したものがある。それによれば、「強い」が 51.6％、「どちらともいえない」が 38.8％、「弱い」が 8.8％であった。[3]年齢別に見ると「強い」は 70 歳以上で、「どちらともいえない」が 18 ～ 29 歳、そして 40 歳代で、それぞれ高くなっている。

　同じ質問を、福音派のキリスト者青年にしてみたところ、「強い」は 5.6％、「どちらかと言えば強い」は 26.6％である。両者合わせても約 32％で、選択率は明らかに高くない。また「どちらかと言えばそう思わない」、つまり「弱い」は 22.6％であった。これは、「愛国心」の低さを思わせる部分もあるが、福音派キリスト者青年の場合は、「愛国心」という言葉の意味に、歴史修正主義や天皇制養護への警戒心があり、選択率が低くなっているとも考えられ、さらに調査課題の残るところである。

6-3　他の人と比べて国を愛する気持ちは　　　強いほうか？

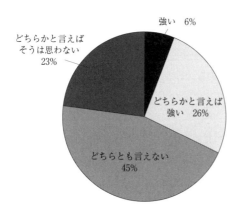

強い　6%

どちらかと言えば
そうは思わない
23%

どちらかと言えば
強い　26%

どちらとも言えない
45%

　実際、2 月 11 日を「信教の自由を守る日」として、国家、政治、平和などをテーマに持つ福音派の諸教派団体はないわけではない。しかしすべてがそうであるとは言えない。政教分離を基本原理とする団体に所属しているとしても、それは決して政治に無関心であることをよしとはしないはずで、キリスト者は、キリストを愛し、国を愛することの意味を正しく理解し、また実践することが必要である。

健全な愛国心を養う

広島女学院中学高等学校聖書科教師、日本基督教団牧師　刀祢館美也子

キリスト教はその成立の時期から、国家との緊張関係の中で歩んできたと言えるでしょう。そもそも十字架刑は、当時、ローマ帝国の秩序を乱す存在への見せしめ的制裁としての性格を持っていました。「剣を取るものは剣によって滅びる」と言われたイエス様自身がローマへの反逆の意志を持っていたとは思われませんが、「メシア」を名乗ること自体が既成の権力への脅威とみなされたのです。初代教会への迫害も、皇帝礼拝拒否と兵役拒否が、国家への反逆とされたためでした。やがて教会は国家権力による承認と引き換えに、兵役の義務も積極的に負い、迫害される側から、他宗教や異端とされるキリスト教を迫害する側へと転じていったのです。その後の「十字軍」「異端審問」「宗教戦争」より、教会が国家や権力との距離を誤ると、イエス様が示された道から離れ、大きな罪を犯してしまうという歴史の教訓に学ぶべきでしょう。

戦時中のキリスト教学校も、敵国と通じた「スパイ学校」、天皇を神と崇める国体に反する「非国民」などの汚名を着せられ、迫害されました。『軍都廣島』にあった広島女学院はとりわけ厳しい迫害を受け、礼拝・聖書の授業は監視され、信仰熱心な先生が憲兵隊の尋問を受け、退職を余儀なくされました。非国民の汚名を晴らそうと他校にもまして動員作業に励んで戦争に協力し、原爆により350余名もの犠牲を出しました。この時期、多くの教会やキリスト教学校が生き残るために政府の圧力に屈し妥協しただけでなく、時に積極的に戦争に加担した歴史も忘れてはなりません。朝鮮における神社参拝奨励、戦闘機献納のための献金、女学院でも国策に迎合した校歌が作られました。一方、「非国民」として厳しい迫害を受け、投獄・拷問・殉教の犠牲さえ出しながら、信仰に基づき、天皇の神格化と戦争協力に抵抗し続けた教会・信徒もいました。

広島女学院は、ヒロシマの地にあるキリスト教学校としての使命を、「平和をつくりだす者」となることと受け止めています。戦時中の女学院の歴史と被爆体験を継承し、修学旅行生や外国からの来訪者への平和公園案内ボランティア、被爆証言の記録と発信、核廃絶署名など、生徒たちによる平和活動も盛んです。原爆に至った戦時中の日本の歩みを反省するこ

とを「反日」と呼んで攻撃する人々は、果たして本当の愛国者なのでしょうか？　自国の過ちを認めず、歴史や現状をただ賛美することは、国を亡ぼすことにつながると、旧約の預言者たちも警告しています。

公民権運動を取り上げた映画『ロング・ウォーク・ホーム』は、歴史を動かしたのはキング牧師だけではなく、その背後に何万という無名の人々の忍耐と勇気があったこと、それを支えた「イエスが共にいてくださる」という信仰の力を伝えてくれる秀作です。主人公の黒人女性を演じるウーピー・ゴールドバーグは次のように述べています。「私たちは決して、自分たちの国の歴史の中の恥ずべき時代を見つめることをやめるべきではないと思う。真実から目をそむけることはできないもの」。今、私たちの国では在日外国人に対するヘイトスピーチなど、あからさまな差別が横行しています。戦争責任から目を背け、正しい歴史認識のないまま、格差社会の広がりへの不満を、身近な隣人への排外主義に転嫁する時、日本はまた誤った歴史を繰り返すことになるのではないでしょうか？　罪から目を背けない勇気こそが、本当の意味で自分の国を愛するということ、より良い現在と未来、隣人との関係を築いていく、困難で長い、しかし確かな希望へと続く道であることを、この映画から学ばされます。

5　社会貢献意識

内閣府の調査では、日頃、社会の一員として、何か社会のために役立ちたいと「思っている」と答えた者（1,144 人）に、どのようなことで役立ちたいと思っているかを聞いたところ、「自分の職業を通して」を挙げた者の割合が 41.3％、「環境美化、リサイクル活動、牛乳パックの回収など自然・環境保護に関する活動」を挙げた者の割合が 38.2％などの順となっている。

同じ質問を福音派キリスト者青年にしてみたところ、「仕事や学業をしっかりやることを通して社会のために役立ちたい」が 66.9％ときわめて高い選択率であった。その他の選択率は、その半数以下に下がるものの、社会的起業、ボランティアを通して社会のために役に立ちたいが 27.3％、寄付やチャリティ等を通してが 20.9％という結果であった。

選択の 1 位とその他の選択のギャップが気になるところであるが、ボランティア意識の低さは、キリスト者青年に限らず、従来、日本人青年の特徴として

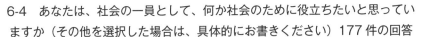

6-4　あなたは、社会の一員として、何か社会のために役立ちたいと思っていますか（その他を選択した場合は、具体的にお書きください）177件の回答

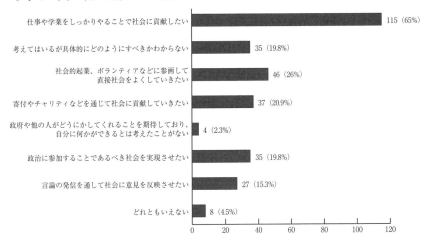

指摘され続けてきたことである。

　実際、内閣府が、平成30年に、7か国の13〜29歳の若者の男女を対象に実施した調査でも、日本の若者は、諸外国の若者と比べて、ボランティア活動に興味がある者の割合は低く、ボランティア活動に興味がない者の割合は、平成25年度の調査時よりもさらに上昇していたと指摘されている。内閣府の調査で興味深い指摘は、ボランティア活動をしているか経験したことがある若者ほど社会参加への意識が高いとされている点である。そのような意味で、諸宣教団体が主催する種々のミッションツアーもしくはスタディツアーなどは、青年の意識を豊かにする活動として、ミッションスクールなどとの連携を一考する必要のある社会リソースである。

　なお、ボランティア活動を通して社会に貢献したいと考える理由についても調査した。それによれば、「困っている人の手助けをしたい」67.5％、「地域や社会をよりよくしたい」58.8％、「いろいろな人と出会いたい」が52.5％である。同様の内閣府の調査では、「困っている人の手助けをしたい」（65.6％）が最も高い。次いで、「地域や社会をよりよくしたい」（46.8％）、「新しい技術や能力を身につけたり経験を積んだりしたい」（29.5％）が続く。差があるとすれば、キリスト者青年は、「いろいろな人と出会いたい」という動機が強い、人への関心が強い、ということだろう。

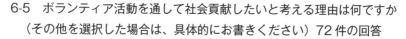

6-5　ボランティア活動を通して社会貢献したいと考える理由は何ですか
（その他を選択した場合は、具体的にお書きください）72件の回答

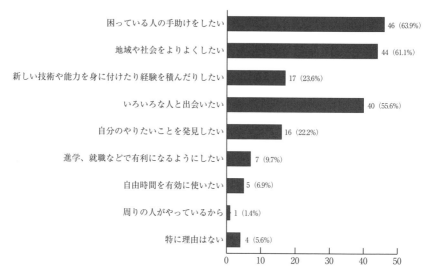

6　戦争や安全保障に対する考え方

1）　憲法改正＆集団的自衛権

　昨今のウクライナ戦争、スーダン内紛、北朝鮮のミサイル問題、日本の防衛費の大幅増額と反撃能力の保有など、国内外の昨今の情勢を鑑み、憲法改正や集団安全保障についての意識をキリスト者青年に尋ねてみた。もちろん、憲法改正については、9条の「国際平和の希求と戦争の放棄」、そして「戦力の不保持と交戦権の否定」の議論だけではない内容があり、それらは本稿では取り上げていない。

　さて、現行憲法においては国家緊急事態が想定されておらず、朝鮮戦争以降存立し、必要最小限の「実力」として運用されるに至った自衛隊についての明文化もされていない。しかしながら、今のところ自分の身を守る個別的自衛権までは否定されておらず、集団的自衛権をどう考えるかが争点となっている。ことに、2015年に策定された、「日本国の存立危機事態においては、武力行使を可能とする」安保法制は、集団的自衛権を限定的に容認するもので、「存立危機事態」の定義も曖昧とされる。

　今回の設問の立て方は非常に大雑把ではあるが、これら憲法改正、および集団的自衛権についての受け止め方を問うため、以下の選択肢を設定している。
　①憲法 9 条を改正し、国防軍をもつべきである。
　②憲法 9 条を改正する必要はないが、防衛費は増額し、集団的自衛権、特に日米同盟は堅持すべきである。
　③憲法 9 条を改正する必要はなく、防衛費も増額すべきではないが、自衛隊・在日米軍は維持すべきであり、集団的自衛権を行使すべきである。
　④憲法 9 条を改正する必要はなく、防衛費も増額すべきではなく、自衛隊・在日米軍は維持すべきであるが、集団的自衛権は放棄し、在沖縄米軍は県外移転すべきである。
　⑤自衛隊・在日米軍含め、あらゆる軍事力を放棄すべきである。
　⑥その他（あなたの考えを説明してください）

　憲法改正を容認する立場にある者は約 12％。そして、回答の約 67％は、改正の必要性を認めず、自衛隊の存在とその必要性を是認する。ただし、自衛隊の存立の必要性については、明確な聞き方はしていないものの、災害支援という観点からその必要性を認めている者の声も多い。あらゆる軍事力を放棄すべきと主張する者は 10％であった。また、その他の回答として「わからない」「考えたことがない」と答えた者は 0.4％であった。なお、集団的自衛権を容認

6-6　安全保障政策について、あなたの考えは次のどれになりますか
（その他を選択した場合は、具体的にお書きください）173 件の回答

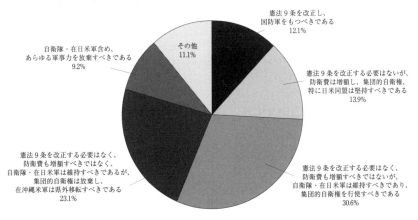

する意識を持つ青年は約55％という結果である。また別記してその他に答えた内容は、護憲的あるいは改憲的と思われる本来の設問の選択肢の中に入れて良いものもあるが、キリスト者固有と思われる考え方も出ており、以下のとおりであった。

①軍事力は放棄すべきだが、自然災害救援の観点からすれば自衛隊は必要である。

②軍事力は放棄すべきで、国の防衛については、神に信頼し、祈り、守りを期待すべき。

③非暴力を大切にし、他国との対話の中で憲法改正、軍事力放棄を考えるべき。

④日米同盟以外の多様な国との連携を強化することで、侵略の可能性を低くする。

⑤とりあえず、駐留アメリカ軍を撤退させて、その結果どうなるかを見てから考える。

⑥現場や現状を正しく把握できている専門家に判断を任せるべきである。

⑦国家防衛については、最新兵器をアメリカから購入するのみならず、IT技術を発展させ防衛政策を再構築するべきである。

2） 改正手続き

2023年5月3日付で発表された朝日新聞全国世論調査では、憲法9条を変えるほうがよいと考えている者は37％、昨年調査33％より増加しているとされている。単純な比較はできないが、今回の調査で、憲法改正を是としている福音的なキリスト者青年は12％であった。日本の憲法は、硬性憲法として改正の手続きを進めにくい性質を持っている。しかし、2022年7月の参院選以降、衆参両院の改憲勢力は、憲法審査会で改憲発議に必要な2/3ラインを越えている。世界で最も長期に改正がなされてこなかったと言われる日本の憲法も、世界情勢の動きと合わせて、その改正についての議論が現実的になってきている。今や、戦後最も厳しく複雑な安保環境と言われているこの時代における憲法改正については、憲法が目指していたものを再考すると同時に、現状において起こっている不都合な問題と、それが改正によって達成できるものなのかを、十分検討する必要があるだろう。最終的に国民投票によって結果が出るという段階を考えた場合、キリスト者もこの問題に無知・無関心であってはならない。

3)　国家安全保障と人間の安全保障

　ところで、安全保障は従来、軍事力を用いて、外部の脅威から国家の領土や政治的独立を守る、いわゆる「国家安全保障」を考えることが中心であった。しかし、米ソ冷戦終結以降、より小規模な民族紛争、内乱が多発する時代になり、貧困や飢餓、自然災害、環境破壊、組織的犯罪、人身取引、感染症、流行病、そして急激な経済・金融危機などによって、個人の生存、生活、尊厳がさまざまに脅かされる事態が生じるようになると、この複雑かつ多元的な課題を考えるにあたり、国家よりも、その最小構成単位である個々人に注目した「人間の安全保障」という考え方が重視されるようになった。

　このための取り組みとして、2000年の国連サミットではMDGs（2015年までに達成すべきミレニアム開発目標）が提唱されたが、現在はこれに代わるSDGs（2015年から2030年までに達成すべき目標）が新しい共通目標とされている。大切なのは、MDGsでは途上国の開発問題が中心で、先進国は途上国を援助する図式で考えられてきたものであるが、SDGsの時代になると、開発のみならず、経済、社会、環境の3側面も含めたすべてに先進国も共に対応する構図で考えられるようになったことである。

　このように、一人ひとりの人間の生存、生活、尊厳に注目したSDGs目標の達成には、国家の枠組みを超えたキリスト者の連帯が最も有効と思われ、そこにこそ国家安全保障に対する新たな議論の展開も期待される。実際、北朝鮮の拉致問題ならず、さまざまな諸問題が、国家的に対峙する解決では先に進まない現状があるだろう。

北朝鮮拉致問題とキリスト者の関わり

　　　　　　　　　日本福音キリスト教会連合中野島教会牧師　國分広士

　1977年11月15日、当時13歳（中学1年）の横田めぐみさんが行方不明になりました。20年後の1997年、日本政府はめぐみさんを含む「10人が北朝鮮の工作員によって拉致された疑いが濃厚」と発表しました。また、2002年1月、ブッシュ米大統領がイラン・イラク・北朝鮮を「悪の枢軸国」と表現しました。このような事柄を背景に、2002年9月に小泉首相が訪朝した際、金正日総書記が拉致を認め、「5人生存8人死亡」と発表したのです。同年10月に5人は帰国しました。2004年、

日本政府はめぐみさんの遺骨を北朝鮮から持ち帰りましたが、偽物という DNA 鑑定が出ました。死亡とされた人たちは生存している可能性が高いのです。それだけでなく「特定失踪者」という拉致が濃厚な人も多くいます。北朝鮮は、拉致問題は解決済みと言い続けていますが、日本側は生存者全員の帰国を求め続けています。

　横田めぐみさんの母親の横田早紀江さんは、事件後にクリスチャンになり、信仰の友は彼女を祈り支えてきました。2000 年からは、いのちのことば社チャペルを会場に、毎月祈り会を開催しています。どう祈れば良いのかというお尋ねも多いので、祈り会では祈禱文を作成しました。それが「ブルーリボンの祈り」です。ともに祈っていただければ幸いです。

「ブルーリボンの祈り」

　主よ。あなたの御名をたたえます。横田早紀江さんを救いに導き、「恐れるな。わたしがあなたと共にいる。」とのみことばを示して、今日まで守り支えてくださったことを感謝します。また、私たちを共に祈る者にさせてくださり、奇しいみわざを見る機会を与えてくださるとともに、人の為す力の限界を知り、「神様の時」を待つことを学ばせてくださったことを感謝します。

　主よ。私たちは必ずめぐみさんが助け出され、家族が笑顔で再会を果たし、北朝鮮による拉致事件が完全に解決し、すべての被害者が喜びの帰還をすることを信じます。そのうえで、日本と北朝鮮の間に真の平和が訪れるように望みます。

　主よ。私たちは、その日がくるまで、希望をもって、あきらめずに祈り続けますから、主のご栄光を見させてください。アーメン

4)　平和問題への取り組みについて

　そこで具体的に、キリスト者が戦争や安全保障の問題について、どのように連帯的に取り組むことができると考えているかを尋ねてみた。最も多いのは、超教派的なアプローチを模索するスタンスである。教会単位はわずか7％にすぎない。「個人の確信の問題として」と考える者は約31％、残りは何らかの形で連帯して、というアプローチを指向する。

　なお、一般の平和活動団体と一緒にという意識を持つ者は約25％である。

　大切なのは、どのように取り組むのか、ということと同時に、取り組むべき

6-7　キリスト者が戦争や安全保障の問題について、どのように連帯的に
　　　取り組むことができると考えていますか

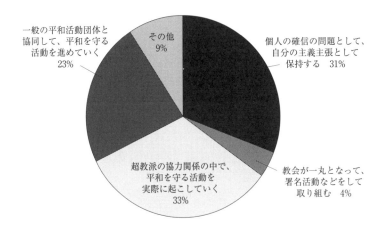

問題をどのように理解しているかということだろう。

　そのような意味では、理性的で中身のある憲法論議、集団安全保障論議を進
める知的前提が重要である。これまで、福音派においてこうした議論を扱った
刊行物がなかったわけではないが、今後は、「国家安全保障」という視点より
も、「人間の安全保障」という視点からの議論が深められる必要性があるだろ
う。JCE8 に向けた平和研究会の JCE7 プロジェクトは、こうした種々の刊行
物を整理し、WEB 上に公開していくもので、論議を進めるためのものとして
期待されている。

【プロジェクト紹介】平和問題研究会情報開示プロジェクト

　　　　　　　　　　　　　　　　JEA 社会委員会委員長　　児玉智継
　JCE6 では、「教会と『国家』」というプロジェクトとして、「この国に
あって、どのようにキリストによる平和を実践していけばよいのか、歴史
を振り返り、み言葉に基づくキリスト教平和論を模索し、各地に社会委員
会が立ち上がるための一助となり、将来の福音宣教の土台を築く」という
ことに取り組んできた。また毎年、JEA 社会委員会の主催として「信教
の自由セミナー」を開催し、その「報告書」を発行することで「み言葉に

基づくキリスト教平和論を模索し」つつ、啓発活動を行ってきた。各地に社会委員会が立ち上がったかどうかは把握することができていないが、その報告書はさまざまなグループの読書会や勉強会などで用いられてきた。

　今回は、そのプロジェクトの働きを継承する形ではあるが、プロジェクト母体を「平和研究会」とし、平和研究会の蓄積してきた情報を開示、および発展させるプロジェクトを実施する。

　具体的にはホームページを作成し、できるだけ幅広く論文の寄稿依頼をし（さまざまな教団教派から、また教職だけではなく、信徒の方々にも）、「キリスト教平和論」のさらなる広がりと深まりの可能性を探っていく。なお、内容は、基本的に信教の自由と平和に関する問題に限定するものとする。

5)　核問題

　核兵器の保有については、原子力方針（昭和51年法律第86号新原子力法）に基づいて原子力技術を和平のために活用していくことが定められており、日本が核兵器の保有を行うことなど考えにくいことではあるが、核兵器保有に関する意識を尋ねてみた。

　今回の調査では、約8％の青年が核保有について肯定している。山本昭宏著『核と日本人 ヒロシマ・ゴジラ・フクシマ』は、1945年から2014年までの核エネルギーの戦後史をたどりながら、それを題材とする映画、漫画などのポピュラー文化の変遷をも辿っている。そしてポピュラー文化は核エネルギーの危険性を描きながら、それ以外の受け止め方の影響を青年たちに与えてきた現実を指摘している。こうした解答の背景には、そのようなポピュラー文化の影響があるのか、あるいは、核抑止力を実際に信じている青年がいるのか、そこは、次回の調査の課題となる。

6-8　日本は核兵器を持つべきだと思いますか？　　　154件の回答

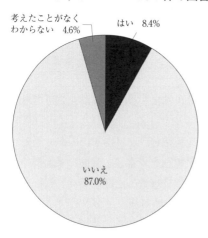

考えたことがなく
わからない　4.6%

はい　8.4%

いいえ
87.0%

6)　戦争への参加

　今回の調査では、「自衛官」ではなく「兵士」という設定で設問を作成した。

　実際問題からすれば、キリスト者で自衛官になっている者は少なくなく、コルネリオ会という防衛関係キリスト教徒の会も存在する。自衛官であると同時にキリスト教徒でもある当事者にとっては、さまざまな困難があったと推測されるが、その現実は決して他人事ではない。実際、昨今の世界情勢を見るにつけ、戦争や軍事に関する一切を否定し主張しさえすれば、「平和主義者」でいられるわけではないことは明らかである。自衛官となること、あるいは外国の傭兵となることをどう考えるか、議論は真っ二つに分かれたところを出発点とせざるをえない。

　約 20％のキリスト者青年は、兵士を殺すことは罪ではないとしている。確かに自衛戦争で敵兵を殺す状況は、実際に起こりうるもので、現在の日本の法令に照らすなら、それは殺人罪の適用にはならない（刑法 35 条）。しかし、第 6 戒の「汝殺すなかれ」を信条とするキリスト者にとってこれをどう考えるかという問題は残りうる。戦争において結果犠牲となりやすいのは、全体の指揮命令系統によって前線に送り出される若者である。戦争に送り出されて、戦場の惨事の記憶に後々苦しむのも若者である。そのような事態を生み出さない平和的国家関係のみならず、社会のありようを構築する

6-9　キリスト者は兵士となることができると思いますか？　169 件の回答

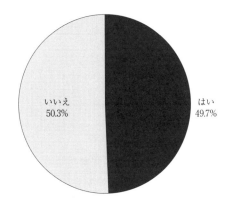

6-10　戦争において相手の兵士を殺すことは罪ではないと思いますか？　171 件の回答

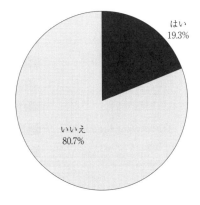

努力が大切なのだろう。実際第6戒は、基本的に殺人のみならず、命を尊重しないすべての行為、つまり自ら、そして他者の健康管理も含めて、これを顧みない状況を戒めている。

7　道徳教育について

　道徳教育は、児童生徒の道徳性の育成を目指し、道徳的な心情、判断力、実践意欲と態度などを養うものである。八千代市教育委員会による、道徳教育に関する意識と実態の調査研究報告書[5]によると、道徳の時間に何を学んだのかとの問いに「将来の夢や目標に向かって，努力するということ」「友達と仲良くし，助け合うこと」「だれにでも差別や仲間はずれをしないで接すること」「命はかけがえのないものだということ」になる。しかし、働くことや地域のこと、異文化については、学年が上がるにつれて学ぶ機会が少なくなっているとされる。

　今回のキリスト者青年に問いかけた調査結果では、「人として、してはなら

6-11　あなたが義務教育期間に「道徳教育」で学んだことは何でしたか？
（その他を選択した場合は、具体的にお書きください）47件の回答

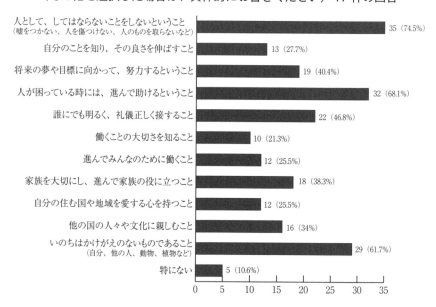

ないこと」「人が困っている時には、進んで助けること」「いのちはかけがえの
ないもの」の順になっている。つまり基本的に人間尊重の精神と命に対する畏
敬の念を培う、という部分で影響を受けたと考えている者が多く、キリスト
者、非キリスト者においてあまり大きな変化はないと考えてよい。

　こうした道徳教育の課題は、教える側にどのような人間像、社会像がある
か、ということである。2002年文部科学省は「道徳の時間」の補助教材「心
のノート」を作成し、全国の小学校、中学校に配布した。15年度からは、そ
れは「私たちの道徳」と全面改訂され、準教科書として使用されている。その
内容は、学習指導要領の「道徳の内容」に沿ったもので、価値の押し付けと批
判されもした。

　プロテスタントのキリスト教学校同盟には小学校から大学まで286校あり、
学んでいる児童、生徒、学生数は約34万人を超えている。カトリックでは小
学校から大学まで約300校あり、15万人の児童・生徒・学生が学んでいる。
これらミッションスクールでは、「道徳の時間」の代替として「道徳4領域24
項目」の教育内容の確認はあるものの、「聖書」の授業が認められてきてお
り、日本社会の中でキリスト教的価値観を伝える重要な場になっている。ただ
現場では、キリスト教的価値を伝えることが、一方的な押し付けにならないよ
うにという配慮があるのも事実である。確かに大切なのは、聖書を通して、ま
た聖書に生きる教師の人格教育を通して、生徒が自然な形で、自らの人生の指
針を見いだすかどうか、そして自分自身の価値観を形成していく人と機会に巡
り合えるかであろう。

8　性の多様性

1)　同性愛に対するスタンス

　J.B. ネルソン[6]によれば、今日の同性愛についての神学的なスタンスとして、
4つのものがあると言う。それらは、直訳すると、拒絶的・処罰的な立場（リ
ジェクティング・ピュニティブ）から、中間的な拒絶的・非処罰的な立場（リジ
ェクティブ・ノンピュニティブ）と限定的・受容的な立場（クォリファイド・アク
セプタンス）、そして全面的に受容的な立場（フル・アクセプタンス）である 。
今回の調査では、同性愛に対するスタンスについて、次のような定義づけをし
て福音派キリスト者青年に、自身がどのような立ち位置にあると思うかを尋ね

てみた。

　①フル・アクセプタンス（全面的に受け入れる）

　②クォリファイド・アクセプタンス（一定の条件下で、同性のパートナーシッ
　　プも認める）

　③リジェクティング・ノンピュニティブ（違和感はあるものの人間として尊重
　　する）

　④リジェクティング・ピュニティブ（全面的に受け入れられない）

　⑤その他（あなたの考えを説明してください）

　結果は以下のとおりであるが、福音派内においても、クォリファイド・アク
セプタンスやフル・アクセプタンスの立場にあると自認する者が約23％いる
ことに注目される。つまり、福音派も一枚岩ではないし、その状況も思ったほ
どには、保守一辺倒ではないということである。またその他の選択の多さも気
になるところである。その他を選択した者の回答を読むと、考えようによって
は、4つの立場のどれかに分類できるのではないか、と思えるものも少なくな
い。つまり、表現上の問題というべきか、用語の使い方によっては、自分の立
場とは違うと受け止めている状況もあるように思われる。また、こうした設
問を設けて尋ねること自体が、人を評価・判断するものであるという指摘もあ
る。ただ本調査の狙いは、福音派のキリスト者の立場にも多様性があることを

6-12　同性愛に対して、自身がどのような立ち位置にあると思いますか？

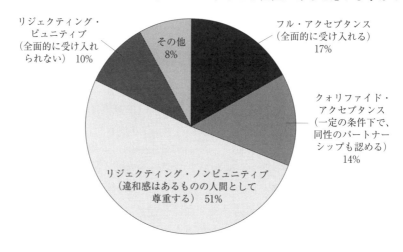

確認することにある。

　米国福音派の指導者らによって、2017年ナッシュビル宣言が発表された。2022年、このナッシュビル宣言を採択し、日本語訳を公表することを決定したNBUS（性の聖書的理解ネットワーク）が日本で設立されている。そして現在SNS上では、NBUSの動きに危機感を募らせたキリスト者有志連合「NBUSを憂慮するキリスト者連絡会」、そしてこの双方の対立に対して日本の福音派における第三極としての役割を果たしたいと名乗りを上げた「ドリームパーティ」と呼ばれる人たちの議論に青年たちの注目は集まっているようである。しかしながら、まずはいろいろな立ち位置があり、一つの括られた立ち位置の論客の間にも微妙な相違があることは理解しておく必要があるだろう。

2)　用語の認知

　大切なのは、感覚的な単純化した議論にならないようにすることなのだろう。そのような意味では、まず関連用語をよく理解していくことも大切である。「電通」が行った調査[7]によれば、性的少数者（LGBTQ）という言葉の認知度については、2015年調査の37.6％から、2018年調査の68.5％と大幅に上昇したとされる。そして2020年調査では80.1％とさらに11.6ポイント上昇したという。他方、LGBTQ以外の性の多様性については、約8割の人が言葉自体も聞いたことがないと回答している。LGBTQのほかにも多様なセクシュアリティの存在についての認知はまだ進んでいないことがわかっている。これは以下の結果でもわかるように、福音派のキリスト者青年も同様である。さまざまな立場がある中で、よく理解を深めるということが重要である。

6-13　性の多様性について、以下の項目についてどれほど知っていますか？

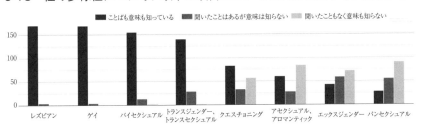

9 おわりに

　一般にオピニオンリーダーと呼ばれる人々の発言には影響力がある。キリスト者の意識形成もまた、キリスト教メディアが取り上げる人次第であるという部分も大きい。つまり、メディアそれ自体にも偏向性がある、その危険性を理解すべきだろう。時代の流れ、社会的な事件、編集者の意図、さまざまな要素に引っ張られながらメディアは動いている。国家安全保障の問題にしろ、性の多様性の問題にしろ、青年たちにとっては判断が難しいと思われるものは多い。正直なところ、老いて、さまざまに見聞きしてきている世代に属する著者自身ですら迷うところは多々ある。

　しかしそうであっても、自ら、幅広い情報を確認し、語られている事柄が、どれほどの広がりのある立場の中に位置づけられているものなのかをよく理解し、その上で自分の考え、判断をしっかり持つ、自立的な信仰者であることは重要である。

　使徒パウロは、テトスへの手紙の中で、世代ごとに信仰生活の目標を提示しているが、テトスに指示した青年に対する養育目標はただ一つ、「あらゆる点で思慮深くあるように」（テトス2：6）ということであった。若い世代が、その時代に幅広い交流と情報の中で、キリストの思慮深さに与り、新しい時代を築いていくことが期待されている。

（福井誠）

〈注〉

1　ウィリアム・スティル「牧師の仕事」（いのちのことば社・2003年8月31日）再刷

2　株式会社コル「社会問題・ソーシャルグッドに関する意識・行動調査結果」（2021年8月6日）https://socialgood.earth/social-issue_survey/（参照 2023-03-18）

3　内閣府「世論調査・社会意識に関する世論調査、国を愛する気持ちの程度」令和3年、https://survey.gov-online.go.jp/r03/r03-shakai/2-1.html（参照 2023-03-18）

4　内閣府「子供・若者白書・特集1日本の若者意識の現状〜国際比較からみえてくるもの〜」（平成30年）https://www8.cao.go.jp/youth/whitepaper/r01honpen/s0_1.html（参照 2023-04-28）

5　八千代市教育センター教育活動調査研究委員会「調査研究報告書第41集・道徳教育に関する意識と実態」（平成27年度）https://www.yachiyo.ed.jp/yachiyo/wp-content/uploads/library/kyouikukatudou/kyouikukatudou41.pdf（参照 2023-03-18）

6　J.B.Nelson(1996) Homosexuality An Issue for the Church In David K.Clark & Robert
V. Rakestraw (Ed.),Readings in Christian Ethics(pp183-193)Baker Books, Grand Rapids,
MI

7　電通。調査レポート「LGBTQ ＋調査 2020」(2021 年 4 月 8 日) https://www.dentsu.
co.jp/news/release/2021/0408-010364.html（参照 2023-03-18）

第7章　現代の異端・カルト問題 その動向と宣教的課題

　日本のキリスト教界で「異端問題」といえば、1980年代までは統一協会（世界基督教統一神霊協会）、エホバの証人（ものみの塔聖書冊子協会）、モルモン教（末日聖徒イエス・キリスト教会）が御三家だった。それが1990年代から次々と、隣国の韓国から新しい異端・カルトが日本に入ってくるようになった。統一協会の活動には警戒していたキリスト教会も、そうした新興異端については実態をよく知らず、地域の牧師会に受け入れてしまったり、牧師が韓国のセミナーに招待されて影響を受け、賛否が分かれて教会が分裂したり、教団内が混乱したりするといった事象が起こるようになった。

　2000年代以降、その混乱はさらに深刻の度合いを増し、韓国の主要教団総会で「異端（擁護）言論」と決議され警戒されているメディアの日本での関係法人の役職に日本福音同盟の理事経験者などの著名牧師らが就任して支援するなど、看過できない事態も発生した。近年、韓国や中国で危険視されているカルト宗団が日本に侵出してくる事例は、さらに多くなってきている。

　その背景には、中国で暴力行為による死亡事件を起こすなど「邪教」として規制を受け海外に活路を求めた全能神（東方閃電）や、教祖が信者女性らへの強姦罪で服役したことが話題となった摂理（キリスト教福音宣教会／CGM／JMS）、コロナ禍で大規模集会を続けたため韓国での感染爆発の原因となり、社会的に批判を浴びた新天地（新天地イエス教証拠＝証しの＝幕屋聖殿）のように、本国での活動が行き詰まり、突破口を日本など海外に求めてやってくる例も増えている。

　本稿では、そうした韓国・中国系の新興異端の実態を取り上げ、それらの教えの特徴とともに、教会や信徒・牧師を取り込む手口を明らかにし、そこから問われる宣教の課題に焦点を当てる。日本伝道会議が、単に効果的な伝道方法を探るハウトゥー論や宣教方策の議論にとどまることなく、教会が実際に直面している事態を見据えた宣教現場の課題に向き合うための一助となれば幸いである。

2　現代異端の諸相

1)　韓国主要教団による異端決議（決議一覧表は 164 頁以降に掲載）

　新興異端・カルトが次々日本に入ってくると、判断に迷うことも多い。そのようなときに役立つのが、韓国主要教団総会決議の異端規定である。韓国の主要プロテスタント教団は規模が大きく、異端・カルト問題の被害相談にあたったり研究機関を主宰したりする専門家の人材が豊富だ。このため小規模で専門家がいない教団も、主要教団が毎年総会で発表する異端規定を参考にしているという。秋の総会シーズンには毎年各教団の異端規定が発表され、専門メディアやキリスト教メディアがそれを報道する。その結果は、韓国・中国系異端の専門ウェブサイト「異端・カルト 110 番」が提携メディアの発表を翻訳して掲載するので、最新の情報を確認することができる。

　教団総会で異端規定を決議するまでの過程は厳密である。異端あるいはカルトではないかと疑われる情報や被害の通報が入ると、それぞれの教団の機構に従って情報を収集し、報告をその教団の異端似非調査委員会に提出する（「似非」とは反社会性など日本語の「カルト」に相当する概念）。調査委員会はその内容を審議し、当該団体の聖書観、神観、キリスト論、救済論、教会論など神学的な要素や被害実態を調査する。調査委員会が問題ありと判断すれば、総会に報告書を提出する。

　総会で調査委員会が報告書に基づいて団体Ａ（あるいは人物Ｂ）を「異端」あるいは「カルト」と規定すべきだと提起した場合、それを受けて総会はその案件を審議するかを諮り、承認されたらさらに 1 年かけて詳しい調査をする。翌年の総会で決議にかけ、ようやく「異端規定」されるという慎重なプロセスを踏む。

　「異端」「カルト」と断定はできないが要注意であると判断して「鋭意注意」「注視」「警戒」「不健全運動」「参加禁止」などと規定される場合もある。発表には総会で規定された年度が記されているが、総会で判断を変更する決議がされない限り、その異端規定は有効だ。「〇〇年以後は規定されていないので異端疑惑は過去のことだ」と言い逃れようとするケースもあるが、それは通用しないという（「異端・カルト 110 番」調べ）。なお、「異端・カルト 110 番」では「異端・カルト情報リスト」を開くと、「日本で活動が確認され、被害や問題が実際に起きているグループ」を確認することができる（https://cult110.info/

cult-info/)。

　日本では、教団教派が総会で「異端」や「カルト」を規定するという習慣がないが、そうした中で、日本福音同盟（JEA）が不健全なグループを認定してほしいという要望は以前から寄せられていた。しかし JEA は、加盟しようとする教団・教会・団体が JEA の信仰基準と適合しているかどうか申請の段階で審査はするが、JEA 外の教団・教会・団体について規定する立場にはないと判断し、異端について入ってきた情報を加盟団体に紹介して注意を促す対応に留めてきた。そうした中で JEA は、「異端・カルト 110 番」や「日本異端・カルト対策キリスト教協議会（JECAC）」などに関わる専門家らと情報を交換し、連携協力している。それらの専門機関によって提供される、韓国や中国の新興異端・カルトに関する最新ニュースや、韓国主要教団の「異端規定」総会決議などの情報を活用することが、被害防止や対策に役立つだろう。

2)　韓国・中国系新興異端・カルトの系統と特色

　近年、次々と日本に入ってきて被害や混乱を与えている韓国・中国系の異端・カルトはいくつかの系統があり、それぞれに特色がある。キリスト教会がそこから問われる宣教の課題は何かということに焦点を合わせて概説する。

⑴　教祖が再臨のメシア

　教祖を「再臨のメシア」と信じさせるタイプの異端では、ディスペンセーション主義的な救済史理解を極端にゆがめてこじつけ、この時代の韓国に（あるいは中国に）現れた偉大な先生がメシアであると思い込ませるマインドコントロールの手法が多用される。教祖・文鮮明を再臨のメシア／キリストと信じさせる統一協会（世界基督教統一神霊協会：現・真の父母様聖会／世界平和統一家庭連合）がこの典型だ。韓国のキリスト教系新興異端の多くが、多かれ少なかれ統一協会の教典である『原理講論』か、そのルーツの教義から影響を受けており、現在韓国には自称「再臨のキリスト」が 40 人から 50 人いると言われる。訓練されたスパイ「収穫の働き人」を既成教会に潜入させ、教会員らを自分たちの聖書勉強に誘い込んで最後は乗っ取ってしまうことで韓国教会に多大な被害を与えている新天地イエス教証拠（証しの）幕屋聖殿（李萬熙＝イ・マンヒ＝総裁）や、Facebook など SNS を盛んに活用する中国発祥の全能神教会（楊向彬、趙維山）もこの系統だ。また、摂理（キリスト教福音宣教会：CGM）の鄭

明　析や、クリスチャントゥデイの張在亨など、元統一協会幹部だった経歴の持ち主もいる。

　この系統の特色は、イエス・キリストの十字架の贖いを「失敗」あるいは「未達成」とみなす点である。イエスは神からメシアとしての使命を与えられ遣わされたが、神の国（統一協会では「地上天国」）を完成させる前に十字架で殺されたため、その使命は達成できずに残された。だから再臨のメシアが現れて神の国を完成させなければならない、という理屈だ。このタイプのメシアは、死んでも代わりの新しいメシアが立てられて組織は存続する。統一協会は文鮮明氏の死後、総裁に就任した妻の韓鶴子氏が「真の父母様」と呼ばれメシアとされているが、ほかに２人の息子たちもそれぞれ自分が後継のメシアだと主張し、分派と紛争が起きている。神様の教会も「再臨のキリスト」安商洪の死後、愛人だった張吉子を「母なる神様」と信じさせている。

　この構造のゆえに、組織のメンバーは「メシアの残された使命」が自分たちに課せられていると信じ、「神の国の実現」という壮大な使命感に駆られて活動に没頭する。この信仰（信念）の特徴をよく表しているのが、統一原理の「5％の責任分担」という言葉である。神様は救いを95％成し遂げてくださったが、イエスがメシアの使命半ばで十字架につけられ殺されたため、5％が達成されずに残されてしまった。統一協会員は「かわいそうな神様を救ってあげなければいけない」という倒錯した信仰を植え付けられ、この5％の責任分担を引き受けて地上天国を完成させるのが自分たちの使命だ、という強烈な使命感に突き動かされているのだ。学業や仕事を放棄して活動に専念したり、自己破産するほどの無謀な献金をし続けて家庭崩壊が起きたりするのは、こうしたマインドコントロールによるものだ。

　そのような使命を至上命題とする発想の根底には、自分たちの教会（組織）のみを善、それ以外の世界を悪とみなす「善悪二元論」が支配している。そのため、組織への忠誠を優先して家族と連絡を絶ったり、心配して子どもを取り戻そうとする親を「サタン」呼ばわりしたりする問題が多発している。善悪二元論は「サタン側」である外部世界（社会）を欺くことを「神のため」と正当化するため、偽装勧誘や詐欺的な反社会的活動の温床となる。統一協会で問題視された霊感商法や、借金してまでも多額の献金をして家庭が貧困に陥り自殺者まで出ていることが報じられた問題の背景には、この善悪二元論の罠がある。

　このタイプの異端に取り込まれてしまう人は、概して真剣に人生の真理を求めていた真面目なタイプが多い。もし、教会が語ることが個人的・内面的な魂の救いのみにとどまり、世（社会）に対して真正な「神の国の福音」を証ししていくビジョンを提供しないなら、神のために人生をささげたいと願う若者たちをみすみす異端の手に渡してしまうことになりかねない。善悪二元論の罠に取り込まれる前に、聖書的な包括的福音理解を広く積極的に宣証することが急がれる。

　また、この種の異端の教義には聖書のことばが多用されているが、そこには文脈を無視して断片的な教えを寄せ集めた論理の飛躍やアレゴリカルな解釈によるこじつけが横行している。しかし、そのようなまやかしを「聖書の教え」だと信じるように誘導され、心が捕らえられてしまう人たちが少なくない状況は、「聖書信仰」を標榜する私たちの宣教が異端の活発な宣教に凌駕されてしまうという深刻な現実を問いかけてくる。このことは「聖書信仰」を教会内での正しさの議論にとどめるのでなく、聖書をどう提示すれば福音の本質が正しく人々に伝わるのか、どのようにして世（社会）に対して本物の真理を証ししていけるか、という宣教の課題なのである。

《勧誘の手口》　街頭アンケート、スポーツや語学・文化交流などのサークル活動、社会奉仕活動などを装った偽装勧誘が横行している。最初は宗教団体であることや団体名を隠すケースも多い。途中から「聖書の学び」にすり替わり、上記のような独自の解釈による聖書勉強が進んでいくと、教祖が特別な存在であるという教えに誘導されていく。通常、教祖がメシアであることは最終段階になるまで明かさない奥義とされる。

(2)　救援派（クオンパ）

　韓国異端の見過ごせないもう一つのタイプは救援派（クオンパ）である。救援派と言われる団体には３つの流れがあるが、いずれも当事者は自分たちを「救援派」とは認識していない。救援派という呼称は、彼らの伝道の特色に対して外部（正統教会の側）から付けられたレッテルである。彼らの伝道のターゲットはクリスチャンであり、「あなたは救われていますか」と言って近づいてくるところから「救援（救い）派」と呼ばれるようになった。

　「あなたは救われていますか」という質問とセットになっているのが、「あなたには罪がありますか」あるいは「あなたは罪を悔い改めていますか」という

質問だ。救援派の考えによると、人は罪を悔い改めてイエス・キリストを信じたならば過去の罪も現在の罪も将来の罪も赦された、ならばクリスチャンは罪を悔い改める必要はない、イエスを信じた後も罪を犯し悔い改めるということは救われていないのだ、という論法だ。救いの確信があやふやだったり、聖書的な救いの理解が曖昧だったりするクリスチャンは、この救援派のクリスチャン伝道のトークで不安になる。そこで「私たちの教会には本当の救いがあるから来なさい」と言われると引き抜かれてしまう。

　このタイプの韓国異端は日本ではあまり知られていなかったが、2014 年 4 月 16 日に韓国の大型旅客船世越号が全羅南道の沖合で転覆沈没し、修学旅行の高校生らが犠牲になった事故で有名になった。世越号の運行会社である清海鎮海運の実質的なオーナーが、救援派のひとつ「キリスト教福音浸礼会」の兪炳彦代表であったことから、清海鎮海運の法を軽視した無責任な運行や、乗客を救助せず真っ先に避難した船長らに非難が集まった。この船長をはじめ、アルバイトを除く船員のほとんどがキリスト教福音浸礼会の信者だったことから、韓国の異端・カルト問題の専門家らは、罪を悔い改める必要がないという救援派の信仰がこうした無責任の温床になったと指摘した。

　救援派の活動からキリスト教会が宣教の課題として問われることは、「救い」の理解がクリスチャンにしっかりと浸透しているか、ということである。罪や悔い改めの理解、イエス・キリストを信じる信仰による救いの理解が、聖書からきちんと整理され、個人個人の信仰生活の経験と整合性を持って納得できるかたちで身についているか。このことは、求道者をいわゆる救いの経験に導き、洗礼を授けて完了したかのような勘違いに安住することから教会を目覚めさせる、教会教育への警鐘とも言える。

《勧誘の手口》　クリスマスやイースターのコンサート、教祖による指導者セミナーを開催し、電話や訪問により牧師に参加を勧誘する。「私たちはクオンパではない」「日本伝道のために共に協力しましょう」などと言うのが典型的な牧師勧誘の手口。コンサートやセミナーは、公会堂などで開催することもオンラインの場合もあり、自治体や教育委員会など公共機関の後援を取り付けて信用させることも多いので要注意。イベントに来たクリスチャンに教祖の本を贈呈したり、接点を持ったクリスチャンを誘う手口も確認されている。

(3)　鬼神派（キシンパ）

　「鬼神」とは、韓国語で「悪霊」のことである。問題や悪いことはすべて悪霊のせいだと考えるグループを、韓国では鬼神派（キシンパ）と呼ぶ。彼らの「伝道」の中心は悪霊と戦い追い出すことにある。日本でも聖霊派の一部に「悪霊追い出し」や「地域を縛る霊」「悪霊の要塞」などを強調するグループがあるが、それらを一律に異端視することには慎重であるべきだろう。福音派においては悪霊・サタンが実際に存在し活動している霊的な存在と捉えてきた伝統があり、「霊の戦い」あるいは「霊的な戦い」という考え自体は広く共有されてきたからだ。問題は、悪霊を強調しすぎることに反比例して、自分の罪の認識や悔い改めの求めが薄れてしまうことにある。キリストへの信仰よりも悪霊との戦いに熱中すると、福音理解の根本が揺らぎかねない。

　救援派系や鬼神派系では、教祖を「再臨のメシア」とするような異端と違い、イエス・キリストが救い主であることも教えるので、「異端」と言われることには強く反発する。しかし、聖書は悪霊を実在として扱うものの、イエスを主と信じる信仰による救いの意義が相対的に薄れてしまうほどに悪霊の働きを強調していないかという点には注意を要する。

《勧誘の手口》　悪霊について過度に強調するベレヤ運動やタラッパン運動では、牧師がそのセミナーに招待され、参加して感化された結果、教会が混乱して分裂するケースが相次いでいる。「霊の戦い」や「悪霊追い出し」など聖霊派系のムーブメントと似ているため、内容をよく知らずに鬼神派の神学校や宣教活動にキリスト教牧師が名誉職として名前を連ねていることで惑わされることもある。

3　現代異端の戦略

1）　クリスチャンが伝道のターゲットに ── 教会乗っ取り、分裂の危機

　韓国また中国から近年流入してくる新興異端・カルトは、その特徴の一つにクリスチャンを伝道のターゲットにすることが挙げられる。キリスト教書店で声をかけられ集会やイベントを案内されたとか、SNSで聖書のことを発信していたら「私もクリスチャンです。一緒に聖書の勉強をしましょう」と誘われた、というような事例が報告されている。その中には、教会名をはっきり名乗らずに「○○市のほうにある単立教会です」とか、「長老系」「バプテスト系」

などと曖昧な言い方で言葉を濁すケースも少なくない。彼らは、実名を名乗れば異端だと警戒されることを知りながら、クリスチャンを勧誘しているのだ。これは自らの素性を明かさずに欺く偽装勧誘である。そのような虚偽を判別できず、安易に受容してしまうところから被害や混乱が生じる。

　そもそも、なぜクリスチャンを「伝道」するのか。そこには自分たちだけが真理や奥義を知っており、一般の教会のクリスチャンは真理を知らないから教えてあげなければならない、という驕りがある。これはそのような活動をする人の倫理観や個人の資質の問題ではなく、組織的にそう教え込まれているのだ。自分たちの先生（多くは教祖）だけが聖書の奥義を解き明かした、というような独善はカルト性のシグナルだ。この独善的な刷り込みはまた、彼らの熱心で強引なまでの活発な活動の原動力でもある。

　そのようなグループにクリスチャンが引き込まれると、自分の所属教会や牧師を批判するようになったり、教会員をそのグループの聖書勉強会に密かに誘ったりするようになり、教会内に混乱や分裂が起こって異変に気づくということがある。多くの場合、その変化は短期間のうちに起こる。そして、人が変わったように親や母教会を批判するようになる。そうなってからでは、冷静さを取り戻して引き返すのは困難だ。このような心理状態を作り出すマインドコントロールの実態については後述する。

　ここではまず、そうした新興異端・カルトに引き込まれる「クリスチャン」が信徒だけにとどまらず、牧師が影響を受けてしまうケースも少なくないという問題を指摘しておきたい。群れの羊を守る立場にある牧者が、群れを惑わせ危険にさらしてしまうという危機である。具体的には、牧師が引き込まれる事例には大きく分けて２つある。

　一つは、牧師を含めクリスチャン自身の福音理解の脆弱性である。伝道の行き詰まりや教会の閉塞感が言われるなか、それらを突破する「霊的な方策」であることをうたうムーブメントが次々に海外から紹介される。それらの中には、従来の教会のあり方や信仰の停滞を打ち破る画期的な秘訣があるかのように魅力を感じさせるものもある。しかしそこには、悪霊の働きと罪や悔い改めの理解、霊的な権威の所在などについて、福音信仰の中核をずらす惑わしが潜んでいる場合がある。

　もう一つは、異端・カルトの偽装を見抜くことができずに正統的なグループであると誤認して加担してしまうケースである。その背景には、その種の異

端・カルトの詐欺的な騙しの手口に対する無知や警戒の欠如、情報の裏を取ることをせずに印象だけで信用してしまうメディアリテラシーの脆弱性という課題がある。疑うことに疎いお人好しで面倒見がよいベテランの牧師が騙され利用されてしまうという、いわば特殊詐欺のような一面もある。

いずれにしても、信徒や教会を異端の危険にさらしてしまうことの責任は重大である。ことに教派を超えた教会協力の働きの役職を務める牧師が巻き込まれ、協力関係にも影響が波及し、キリスト教界に広く混乱をもたらす事例は深刻だ。隠された異端・カルトの目的は、後述する新天地イエス教に代表されるように、教会の乗っ取りや利用である。中には「再臨のメシア」「神の国の王」としてキリスト教界全体を支配下に置く野望を抱いているグループさえある。

2)　偽装勧誘の手口 —— 文化・青少年活動、社会奉仕、SNS、聖書セミナー

現在、韓国で最も猛威を奮っていると言われる異端が「新天地イエス教証拠＝証しの＝幕屋聖殿）」（略称「新天地」）である。教祖の李萬熙総裁は 2022 年 10 月現在 91 歳だが、永生の（死なない）再臨のメシアであると信じられている。そのようにマインドコントロールするための道具になっているのがヨハネの黙示録（新天地では「啓示」）だ。新天地の聖書勉強では、黙示録の奥義を解き明かしたすばらしい先生の講義があると、李萬熙総裁やその教えを説く講師のビデオ講座に誘う。その講座では「比喩の意味を解き明かすこと」が真理を知る鍵であると教えられ、黙示録の隠喩に使われている象徴表現に、一つ一つ具体的な意味づけを与えていくアレゴリカルな解釈をする。黙示録を読んでも、礼拝などの説教で聞いても分かりにくいと感じていたクリスチャンの中には、新天地の聖書講座で「黙示録がすっきり分かった」と勘違いする人が出てくる。アレゴリカルな聖書解釈による恣意的な意味づけを「黙示録の本当の意味が解き明かされた」と思い込まされるのだ。その結果、最後には「再臨のキリストはすでに世に来ている。李萬熙先生がそのお方だ」という教えを「普通の教会では知らない特別な奥義」と信じ込んでしまう。

これまでは、新天地のプログラムによって徹底的な厳しい訓練によって養成された「収穫の働き人」と呼ばれるスパイが既成教会に潜入する、というのが典型的な手口だった。「収穫の働き人」は潜入する教会の教理や特色を完璧に身につけてやってくる。「今度、近くに引っ越して来ました」あるいは「韓国

から来た留学生です」「インターネットで先生の説教を聞いて感動しました」
などのトークで近づき、礼拝や諸集会に参加し始めると、「模範的なクリスチ
ャン」を演じるので信徒たちや牧師から信頼され、グループのリーダーや役員
になっていく。その間に、牧師には内密で信徒たちを一人ひとり、黙示録の聖
書勉強に誘い出す。そうして何年もかけてマインドコントロールされた信徒・
役員が多数派になると突然、牧師解任動議を総会にかけて牧師を追い出し、新
天地の牧師を招聘するというのが典型的な手口で、韓国では実際に乗っ取られ
る教会もあり、大きな問題になっている。

　ところがコロナ禍では教会に潜入する機会が減ったためか、最近はインター
ネット上でヨハネの黙示録の公開講座を大々的に宣伝し勧誘する手口に切り替
えたようだ。2021 年にネット上で大掛かりな連続公開聖書講座を宣伝したた
め、クリスチャン以外に一般からも参加者があり、「異端・カルト 110 番」に
は「聖書講座に参加したがカルトではないか」といった問い合わせが相次い
だ。その中には、最初は「日韓交流サークル」や「自信回復」をうたうカウン
セリングを装ったグループに勧誘され、参加するうちに聖書の学びになった、
という偽装サークルの通報もあった。

　同時期には、YouTube で礼拝をオンライン中継している教会の牧師に、相
次いで「韓国から来た宣教師が、ビザが切れて帰国する。これまで聖書講座に
参加していた求道者が 100 人ほどいるが、ネットで聞いた先生の説教がすばら
しいので託していきたい」というような電話がかかってきた事例も多数報告さ
れた。また、終末についての 3 人の韓国人牧師の説教を聞き比べて（うち 1 人
は李萬熙）アンケートに答えてほしい」とか、新天地であることを隠さずに牧
師を黙示録の連続公開講座に誘ったりするケースもあった。異端・カルトの偽
装勧誘は、1960 〜 70 年代の統一協会から続いているが、その手口はネット社
会に適応して多彩になっている。

　特に今どきらしい偽装勧誘は、インターネットを駆使することが特徴だ。教
団のホームページで、トップページに目立つように楽しげな文化活動・青少年
活動をアピールするものもあれば、環境保護や SDGs など時流に合わせた社会
貢献活動をしていることを強調するものもある。中には教団とは別の団体名を
使い、NPO 法人であることをうたって信用を得ようとするページもある。そ
れらの情報を、若者がよく見る SNS で拡散する。見ただけでは、それが危険
なカルトのものなのか見分けるのが難しい場合が少なくない。被害を防ぐため

には何が必要なのか？

3）　今どきのマインドコントロール新潮流 —— ネット社会の落とし穴

　キリスト教異端によるマインドコントロールといえば、統一協会が典型例として有名である。街頭アンケートなどで大学生をビデオセンターに誘導し、人生や世界の思想・科学などの問題から入って聖書の話に誘導するというのがかつての手口だった。スポーツや語学などのサークル活動や「聖書研究会」が入口の場合もある。いずれにせよ、思い切り歓迎するラブシャワーで親しい人間関係を築くと、2日間や7日間の修練会に誘う。修練会では外界の情報から遮断した環境の中で、ゆっくり考えたり誰かに相談したりする余裕を与えず、朝から晩まで『原理講論』の講義を聞かせて「原理漬け」にする。そうして40日間の修練会に参加すれば、一人前の統一原理信者（伝道者）に仕立て上げられてしまう、というのが常道だった。

　現代の異端も、正体を隠しての偽装勧誘、最初にラブシャワーで心を捕らえる手法、教えを徹底的に吹き込むプログラムなどの基本は同様だが、今は7日間、40日間といった缶詰状態の長期隔離の環境によらなくても、インターネット上でマインドコントロールがかかってしまうことが明らかになってきた。そこにはネット社会特有の落とし穴がある。

　例えば、前述のコロナ禍での新天地イエス教のオンラインセミナーなどは、毎週2回、「黙示録」の預言と成就の証しについて連続して3か月ほどの集中講義を受けさせる。その中で巧妙に仕組まれたカリキュラムを動画で見ていくうちに、預言が実際に成就していると信じさせられ、その奥義を解き明かした新天地の李萬熙牧師はいかに特別な存在かと思い込む。昔の統一協会では黒板にチョークで図を描いて講師が熱弁をふるい、自分はすごい思想や歴史を学んでいると誤認させられた大学生が取り込まれていったが、今は動画を通して格段に「リアル」な感覚で、視聴覚から情報が押し寄せてくる。ちょうどテレビで都市伝説的な番組を見続けていると、それが本当ではないかと思い込んでいくように、否、それよりもっと「本当」らしく作られた情報で思考が占拠されていくのだ。

　しかも、傍観者として眺めていればすむテレビと違い、オンラインセミナーの受講生になると、インストラクター役の宣教師や受講生仲間とZoomでの親しい交わりが演出されたりもするので、コースの終盤に「登録」を求められて

個人情報を渡してしまうと、途中で断るのは親身になって教えてくれた宣教師さんに悪いという気持ちから、心情的に離れにくくなる受講生も少なくない。また、オンラインセミナーでは「聖書」や「神」「預言」「終末」など興味を持ったキーワードで検索しているうちに「黙示録」のセミナーの情報にたどり着く。特にクリスチャンでない場合、「初めて聖書の話を聞いたので、それが聖書の教えだと思い込んでしまった」というケースがよくある。

4)　終末の恐怖をあおり、陰謀論で不安に陥れ、印象操作で取り込む

　終末が近いという危機感をあおって人心を掌握しようとする手口は、昔からエホバの証人や統一協会に代表される異端の常套手段である。今日も、終末的な恐怖を感じさせる道具立てには事欠かない。地球温暖化などの環境問題、それに伴う自然災害の激甚化、新型コロナで現実化したパンデミック、東日本大震災の原発事故、ウクライナ戦争での核兵器使用の恐れ、等々。だが、それに加えて今日、大きく世界の人心を惑わしているものとして「陰謀論」を指摘しておきたい。これはキリスト教異端に限らず、米国の大統領がメディアの報道を「フェイクニュース！」と決めつけ、大統領選挙で票が盗まれたと言い張るとか、新型コロナは中国のウィルス研究所が発生源だとか、新型コロナのワクチンにはマイクロチップが埋め込まれているとか、パンデミックの背後にユダヤの秘密結社の存在があるとか……ネット上には、そんな根拠の曖昧なYouTube 動画があふれている。中には、地球は球体ではなく平面で宇宙はないと主張する「フラットアース論」や、森や山があるように見るのは錯視で実際には存在しない、などという荒唐無稽なものもある。そして、その多くの背後に「異端」や「カルト」の影がちらつく。

　動画なので、そうした荒唐無稽あるいは根拠の曖昧な情報でも目と耳から感覚を通してそれらしい装いで入ってくる。ネットサーフィンをしているうちに陰謀論にハマって夢中になってしまう人たちが、クリスチャンの中にもいる。再生回数が数十万回に及ぶチャンネルもあり、侮れない。「異端・カルト110番」の報告記事「You Tube で陰謀論にハマる人たち〜なぜ、荒唐無稽な奇説に夢中になるのか？」によると、ネット上でこの種の不安をあおる情報が視聴回数を稼ぐ理由があるという。「インターネットの世界は真偽の定かでない情報がいくらでも発信できてしまうが、ある種の番組を見続けることによって、ちょうどカルトのマインドコントロールと同じように夢中になってのめり込ん

でしまう」と指摘、次のように警鐘を鳴らしている。

　　　自分の意思で情報を検索して調べたと思い込んでいるが、危機感をあお
　　るような番組で不安をかき立てられると、それに関連するキーワード検索
　　をするようになる。すると似たような情報が次々表示されるようになるの
　　で、それがあたかも今、世界中で大問題になっている重大事であるかのご
　　とくに思い込んでしまう……インターネットは検索によって自分の知りた
　　い情報を簡単に集められる便利さがあるが、そこには陰謀論にはまりやす
　　いという落とし穴があるのだ。

5）　スラップ訴訟による「信教の自由」偽装

　統一協会に入ってしまった人の家族から被害を訴える声が上がったり、キリ
スト教会の牧師が救出に協力したりすると、統一協会側は「信教の自由が侵害
されている」と対抗し、名誉毀損で訴えたりすることがある。この論法は多く
の異端・カルトで踏襲されている「スラップ訴訟」という、相手の批判を封じ
るための対抗手段だ。キリスト教会の信徒・牧師の中にも、「どんな宗教でも
信教の自由があるのだから、異端だ、カルトだと批判するべきではない」と、
異端・カルトに警鐘を鳴らすことに否定的な意見の人々がいる。「信教の自
由」は、キリスト教がマイノリティのこの国でキリスト教会が大事にしてきた
テーマである。信教の自由の擁護と、異端・カルトに警鐘を鳴らすこととは、
どのような関係にあるのかを整理しておく必要がある。

　日本国憲法が保障する「信教の自由」には、何を信じるかを誰にも干渉され
ない自由、布教（宣教）する内容について公権力に干渉されない自由が含まれ
る。だが同時にそこには、信じない自由、信じることをやめる自由も保障され
なければならない。異端・カルト宗教の多くで、脱会しようとする信者を強引
に引き止めたり、「先生を裏切れば地獄へ落ちる」などと脅しをかけて脱会を
思いとどまるよう心理的な縛りをかけたりすることが横行しているが、そのよ
うな行為は信教の自由を侵害するものである。

　また、どのような教えを説く宗教であっても、信教の自由の根底にある基本
的人権が侵害されてはならないことは論を俟たない。勧誘や教化のプロセスで
正体を隠したり、虚偽の説明をしたり、外部の批判的な情報を遮断して組織内
で教えることだけが真理であるかのように思い込ませるなどのマインドコント
ロール下に置くことは、本人が自分の意志で信仰を選択する自由を奪う行為で

ある。さらにマインドコントロールにより、信者にゆがんだ使命感を植え付け
て違法な活動に駆り立てたり、借金までさせて生活苦を強いるような無理な献
金を誘導（事実上の強要）したりするとなると、「信教の自由」ですまされるこ
とではない。

　そのような「信教の自由」という名目の詭弁に惑わされ、危険な異端・カル
トを擁護することは、人権侵害に加担する愚行であることを認識すべきであ
る。異端とは何か、カルトとは何か、信教の自由とはいかなるものであるかを
学び、また情報を精査して、表向きを嘘で粉飾するカルト団体の実態を見極め
る責任が、教会指導者にはある。

4　現代異端の対策

1)　異端・カルト被害者の救出とケア —— 最近の傾向変化から見えること

(1)　「被害者」の分かりづらさ

　「被害者」とは、異端やカルトの入信者ということになる。例えば、明らか
に三位一体を否定すれば「異端」、社会問題を起こし有罪判決があれば「カル
ト」と言えるだろう。しかし、このような状態にまではなっていないが、極端
な教理を主張する集団や権威主義的傾向や人権侵害が行われているような集団
を、異端・カルトと「断定」することは容易ではない。グレーゾーンの濃淡差
がある中で、どこからが異端・カルトとするのかの判断基準は、意見が分かれ
て難しい面がある。人や集団に、異端・カルトとレッテルを貼ればすむ問題で
はなく、その実態を慎重に見極め、解決方法を見いだしていくことが重要であ
る。

　そもそも、「被害者」は無自覚である。異端・カルト信者は、既成キリスト
教会のほうが間違っていて堕落しており、自分たちのほうが正統的な信仰を持
っていると確信している。既成キリスト教会から「異端・カルト」と誹謗・中
傷されていると信じているのだ。

　最近の傾向では、自分たちは、既成キリスト教会の範疇に入っていて、福音
派の教会と同じであることを強調するようになってきている。彼らの公式ホー
ムページを閲覧しても、自分たちの「独自性、極端性、異端性」などを外部に
は隠していることが分かる。彼らの教理解説書、布教方法などのテキストは外
部に非公開で、秘密性が強くなってきた。

　内部では、指導者が、唯一絶対の牧師・預言者、再臨のキリストであることが強調されている。それも露骨に主張するのではなく、本人に「気づかせる」ような巧妙な誘導をする。外部では既成キリスト教会に対して友好的なように振る舞うが、内部では厳しい批判をしている。異端・カルト集団の外部向けの情報を見ても、異端・カルト性を見抜くのは難しくなっている。異端・カルト集団が分かりづらくなってきているので、その信者である「被害者」も、分かりづらくなってきている。

(2) 「被害者」の拡大

　『宗教年鑑』（令和2年版）で宗教団体の信者数を知ることができる。世界平和統一家庭連合（旧統一協会、通称家庭連合）：56万人。末日聖徒イエス・キリスト教会（通称モルモン教）：128,132人、ものみの塔聖書冊子協会：（通称エホバの証人）211,494人。合計は約90万人である。キリスト教系の宗教人口は1,909,757人。また『宗教年鑑』に掲載されていない異端・カルト集団のほうが多いはずだ。日本に入っている新興異端のほとんどが宗教法人を取得していないので、信者数は推測するしかない。また『宗教年鑑』の数が実数なのか、疑問がある。

　正確な人数を把握することは不可能だが、これらのことから推測できることは、間違いなく、日本では現在、異端・カルトの信者数のほうが正統なキリスト教会の信者数よりもはるかに多いという実態である。そして、将来も拡大し続けていくことが予測される。それも、正体を隠しながら、巧妙に布教し続けていくのだ。キリスト教会にとっても、社会にとっても深刻な問題である。

(3)　被害者相談の実態

　被害相談の結果、異端・カルト集団から脱会した元信者の証言から、異端・カルトの実態が見えてくる。その証言が多数あることが、異端・カルト問題の解決につながる。

① 　被害者家族の相談　異端・カルトに接触した被害者が、自分だけで気づくことはほとんどない。気づくのは、身近にいる友人、家族だ。被害者の関係者が、キリスト教会に問い合わせてくる。その際に、まず第一にすることは、被害者家族に落ち着いて冷静になってもらうことである。そして、適切な情報を提供し、家族自身が被害者と穏やかに対話できるように助言するこ

とである。異端・カルト問題を把握し、解決方法を見いだすまでには時間がかかる。

　異端・カルト信者は、最初から批判や反対をすると聞く耳を持たない。被害者には、心を開いて異端・カルト問題に向き合ってもらえるように、誠意をもって対話を続けていくことだ。

② 　被害者自身の相談　異端・カルトの現役信者がキリスト教会に相談に来られることはほとんどない。黙って侵入・潜伏することはある。しかし、何らかの理由で、自分から異端・カルトから離脱した方が相談に来る場合がある。その時に、異端・カルトの知識が必要なので、異端・カルトのカウンセラーから助言を得ながら、被害者相談に応じる必要がある。

⑷　救出とケア

　救出とは、被害者の方に、この問題に真正面から向き合う心になってもらうことである。そして、いろいろな情報を冷静に吟味してもらうことである。やめさせるのではなく、比較検討して、冷静に考えてもらうことである。

　そのために必要なことは、

① 　「マインドコントロール」の理解　自分たちだけが正しく外部が間違いであるという構図である。マインドコントロールされると「なぜ、と考えること」を否定する思考停止になる。入信過程がマインドコントロールの影響下にあったことに気づいてもらうことが必要だ。

② 　「社会生活からの逸脱」の理解　かつての異端・カルトは、学業放棄、違法献金、集団結婚、輸血拒否、反社会的布教などが顕著だった。現在は、それほど目立たなくなったが、被害者は「崇高な目的」を与えられ、「指導者」のために全生涯を献げる決心をしている。指導者やその集団の命令一つで、自分の社会生活を変えなければならない。家族との関係悪化が起こる。対策は、社会生活の不健全さに気づいてもらうことだ。

③ 　「神学的問題」の理解　異端・カルトは「自分たちこそ、聖書に忠実」と主張する。しかしそれは、聖書全体と聖句の前後関係を理解しての解釈ではない。その指導者や集団独自の解釈が出てくる。その部分が異端とまで言わなくても、極端な解釈をしている指導者がいる。異端や、極端な解釈の修正が必要である。

④ 　「ケア」　異端・カルトから脱会するだけではなく、健全な信仰生活と教会

生活を送ることが、この問題の解決の鍵である。異端・カルトから離れた人で、誰にも理解されずに孤独になり、「宗教嫌い」になってしまう人もいる。キリスト教会がこの異端・カルトの被害者を理解し、受け皿となることが必要である。

2）　新興異端・カルトの挑戦から問われる宣教の課題

　この原稿を準備していた最中の 2022 年 7 月 8 日、安倍晋三元首相が参議院選挙の応援に訪れていた遊説先の奈良市内で銃撃され死亡する事件が起きた。犯行の動機は、統一協会に母親が入り多額の献金をし続けたことによって家庭を崩壊させられたことへの恨みだったことが報じられ、報道の焦点はにわかに、「祝福家庭」と称される合同結婚をした統一協会信者が搾取され続ける実態や、その結果の貧困と、恋愛や結婚も自由にならないなか親の信仰との間で葛藤する 2 世信者たちの苦悩、合同結婚で韓国へ渡り教祖によるマッチングで初めて会った夫からの DV や支配に苦しむ日本人妻たち、選挙協力など政界と統一協会との癒着や、統一協会の主張が与党の政策にまで影響を及ぼしていたこと、そして宗教法人法の規定による解散請求の申請や、カルトを規制する法整備の課題などにも発展した。

　メディアは「失われた 30 年」という表現で、統一協会をめぐる問題は過去のことであったかのように思われていたことを報じた。統一協会側は記者会見で、「友好団体のことは分からない」と言い逃れ、2009 年にコンプライアンス宣言をした後は霊感商法や高額献金の被害はない（後日「減っている」と修正）と広報した。だが、統一協会をはじめとするカルト被害の問題に取り組んできた全国霊感商法対策弁護士連絡会（全国弁連）は、コンプライアンス宣言前と後の被害額を発表し、被害は変わらずに続いていることを証拠づけた。実際、全国弁連は毎年、統一協会による被害実態を発表してきた。しかし、1970 年代〜 90 年代に原理運動に身を投じた大学生らが学業を放棄して統一協会や関連の活動に没頭したことが問題視された「親泣かせ原理運動」や、芸能人やスポーツ選手が合同結婚式に参加して話題を呼んだ後は、主要メディアが統一協会の被害を報じることは激減していた。

　そしてその間に、韓国では統一協会の元幹部や文鮮明教祖の息子たちによって類似の新興勢力が増え、韓国内での批判の高まりに伴い、活路を求めて続々と日本へ進出してきたのである。その中には、統一協会と直系のつながり

はないものの、教理の構造やカルト的体質が共通する宗教団体もある。それは、統一原理自体が統一協会（文鮮明）のオリジナルではなく、以前から韓国にあった、聖書と東洋思想をないまぜにして教祖を「再臨主」に仕立て上げ、絶対服従を強いる異端・カルトの系譜が存在していたことによる。それが、前述した「再臨のメシア」系の団体である。

　安倍元首相銃撃事件に端を発し露呈してきた統一協会をめぐる諸問題は、今日の新興異端・カルト諸団体によって引き起こされている問題にも通底している。決して過去の問題ではないのだ。新興異端・カルトの挑戦から問われる、私たちの宣教の課題を整理してみよう。

⑴　被害者の救済 ── 福音宣教の責務

　統一協会に惑わされ入信した人々は、自分たちが「聖書」を学んでいると思い込んでいるうちに「統一原理」が真理だと信じるに至ったと証言する。聖書の福音が何であるかを宣べ伝える責務は、教会が主から託されたミッションである。多くの元統一協会信者が「それまで聖書を読んだことがなかったので、そこ（統一協会）で教えられたことが聖書の教えだと思ってしまった」と述懐している。このことは、キリスト教会の宣教の使命を思い起こさせる。日本社会にはまだまだ、キリスト教とは何なのか、聖書は何を教えているのかについて、基本的な知識さえない人々がたくさん残されているのだ。

　異端の被害者たちが、聖書について間違った教えに惑わされているならば、聖書が本当は何を教えているのかを伝える責任は教会にあるし、それができるのはクリスチャンだ。実際に 1980 年代後半以降、全国霊感商法対策弁護士連絡会が経済的被害や法的な権利侵害の解決に懸命に取り組んできたが、偽物でない本物の聖書の真理は何なのかといった信仰的・霊的な疑問に答えられるのは、正統教会の牧師であり信徒である。全国弁連は、カルト問題に取り組む牧師たちと連携して被害者救済にあたってきたのだ。現代の新興異端・カルトにおいても、聖書の教えだと誤認して異端の教義に染まってしまうとか、巧妙なマインドコントロールで騙されて入信するといった手口は、統一協会と共通する。次々と新しい異端・カルト団体が流入してくるので、それらの信仰の内容や実態をすべて把握するのは簡単ではないが、幸い今はインターネットで検索すれば、それらの団体が異端・カルトなのかに詳しい専門家・専門機関が発信する情報を見つけることができる。

　よく分からない宗教のようなものに入ってから言動がおかしくなったと気づいた家族や友人が、その言動の中に「聖書」や「神」や「キリスト」が出てくることから、キリスト教会に助けを求める例は昔も今もある。もし自分がその団体についてあまり知らなくても、相談できる専門家の窓口にアクセスできれば、適切な対応をすることは可能だ。

　また、安倍元首相銃撃事件で明るみに出た2世問題はとりわけ深刻だ。統一原理では「祝福家庭（文鮮明夫妻による祝福結婚をした信者家庭）に生まれた子には原罪がない」と言われ、生まれたときから原理の価値観の中で育った子どもたちが、アルバイトの収入や奨学金まで親に没収され献金されてしまうとか、恋愛や結婚の自由も規制されるといった体験を続けるうちに精神的な安定を崩し、「サタンに主管されている」と教えられてきた社会に適応できずに苦悩する。統一協会のおかしさに気づいて脱出しようとすることは、親と縁を切ることを意味する。「2世問題」では、信者2世の子どもが自分の意思に反して養子に出されることも問題になった。これは、教祖による「祝福」の儀式で合同結婚式をした祝福家庭の子どもには原罪がない、という教義が原因だ。子どもが生まれない家庭の救済のために、複数の子どものいる祝福家庭から養子縁組することが奨励される。親の愛によってではなく教義のために自分の存在意義が規定される。そのことに傷つき、アイデンティティ危機に陥る2世信者は少なくない。そのような悲惨な経験をしてきた被害者たちを、教会のネットワークを生かして支援することは私たちの宣教の責務であり、社会的な責任でもあるといえよう。

(2)　被害の予防：聖書教育

　かつてあれほど統一協会問題がメディアで騒がれたにもかかわらず、異端・カルトに取り込まれてしまう大学生は後を絶たない。今の大学生の世代は1980年代〜90年代の報道を知らないのだ。親の世代は知っているはずだが、自分の子どもが被害当事者になるまでは関心がなかったという声が多い。カルト団体は戦略的に、一流大学の優秀な学生をターゲットに、SNSや動画サイトを駆使して今の若い世代が魅力を感じるようなアプローチで勧誘するノウハウを活用している。

　大変な労力と時間を費やして救出しても、後から、後から、新しい入信者が加わる。その悪循環になんとか歯止めをかけようと、各大学では新入生に

サークルの勧誘に見せかけたカルトに気をつけるよう注意を促している。知らずに入ってしまって被害を受ける前に、予防に力を入れようという問題意識が大学では浸透してきた。日本基督教団やカトリック教会など主流諸教派が協力するカルト問題キリスト教連絡会は、パンフレット「カルトって知っていますか？」を製作してキリスト教主義学校などで活用を呼びかけている（https://uccj-c.org）。日本基督教団カルト問題連絡会SNS対策室は、若者に届くように、カルトの勧誘手口に注意を促す動画を製作した（https://www.youtube.com/channel/UCn9l3L7Ix2nJyGI72PWI8HA）。

　しかし教会では、異端・カルトへの予防対策が立ち遅れている。実際に、新興異端・カルトグループの中には、クリスチャンホーム出身者や、一般の教会の信者で「クリスチャン同士で聖書を学ぼう」などと誘われて取り込まれてしまった人たちがいる。彼らの存在は、教会における聖書教育の不備を示している。異端特有の聖書解釈の不健全さを判別できるよう、聖書が教える罪とは、悔い改めとは、救いとは、福音とは何かを身につけた信徒の育成が急務である。

⑶　「カルト2世」と「宗教2世」の問題

　被害の予防と信徒教育に関連して「1　被害者の救済 —— 福音宣教の責務」の項でも触れた「2世問題」について付記しておきたい。

　「2世問題」のうち、教団の教義や指導者の強制によって、明らかな人権侵害が家庭に起こっているのが「カルト2世」問題である。宗教的な抑圧だけではなく、家庭生活の破綻や学業や就労も困難になってしまっているという問題だ。その実態は慎重な聞き取りによって判明する。児童相談所や警察の案件にもなってくる。教団の教義や指導者による独善的な教理も問題だが、被害者の社会的、心理的なケアが必要になる。

　「宗教2世」とは、生まれた時から親の宗教教育の中で育った2世のことである。この環境が悪いわけではない。一般的家庭では、墓や仏壇に手を合わせる、初詣に行くなどの宗教行為を子どもに促している。ただし、どの宗教であったとしても、その宗教行為が子どもの人格を否定するような強制的な宗教教育が行われているとすれば、それは問題だ。

　もし、キリスト教会や指導者が「カルト2世」に近いような状況を生み出しているとすれば、キリスト教会は「カルト化」していると言わざるをえない。

現代、このような問題が表面化している。キリスト教会は、対岸の火事と見ないで、自戒の意味も含めて、健全な信徒教育が行われるように注意を払う必要がある。

5　健康な教会の形成をめぐって

1)　カルト性の根底にある「支配の構造」

月刊誌「百万人の福音」2021年10月号が特集した「気づかない"支配"からの解放」で、社会心理学者の碓井真史氏（新潟青陵大学大学院教授）は次のように述べている。

> マインドコントロールされている人々は、自分が支配されていると感じることができません。……巨大な組織は、心理学も悪用し、信者やメンバーを支配する方法を編み出しています。……彼らは、親切で有能で魅力的でコミュニケーション能力に長けています。しかし同時に、人を利用し傷つけ操ることに良心の呵責（かしゃく）を感じません……

人間関係が不器用になっている現代人は、陰謀論やフェイクニュースが蔓延する社会で迷っており、「人を支配する名人が現れれば、私たちはあっさりワナにかかります」。現代はカルト化が進みやすい環境ができている、と碓井氏は警告している。

「異端・カルト問題」には、正統的教理からの逸脱という異端性だけではなく、その根底に人を支配しコントロールするカルト性が横たわっている。それは聖書によれば、自由に神に応答して従う本来の人間性を毀損し、不当な支配の下に隷属させるという罪の本質にほかならない。カルトに支配されたメンバーは、その支配の構造の中へと他者をも誘い込む手先になってしまう。被害者が同時に加害者にもなるというのが、異端・カルト問題の悲惨である。

ここで付記しなければならないのは、近年、福音を説いているはずの正統的な教会の一部で、まるで異端・カルト団体で起きているのと変わらないような支配、抑圧、強要、搾取、自由の侵害が起こっているということである。そのような実例が現実にあることは、1990年代から、精神科医の工藤信夫が『信仰による人間疎外』で、カルト問題カウンセラーのパスカル・ズィーヴィが『「信仰」という名の虐待』で、同じくウィリアム・ウッドが『教会のカルト

化』（いずれも、いのちのことば社）で指摘してきた。初めの頃は、キリスト教会や牧師を貶める非難だと強い反発も受けたが、教会やキリスト教機関を舞台にしたハラスメント事件が頻発し、一般のメディアでも批判報道がなされる事態になり、もはや否定し得ない重大な課題であることが露呈した。

　教会が「支配の構造」に陥り、カルト化する現象に伴い、パワーハラスメントやセクシュアルハラスメント、モラルハラスメント、DVなどの事例の報告が増えている。カルトやカルト化した組織においては、そのメンバーは自分が支配されていることに気づかない。指導者への絶対服従や、家庭生活が破壊されるほどの常軌を逸した多額の献金、健康を害するほどの過度の奉仕などを、本人は自分の意思でしていると思っているが、実際は心理的に操作されて気づかずに組織の考え方や行動様式に従うようにマインドコントロールされている。生活の細部まで牧師に報告させる、自分で決めることを「不信仰」だとして上からの指示に従うように仕向ける、牧師を特別な存在であるかのように教え込み疑問を抱いたり逆らったりできない状態にする、などは聖書の教える信仰ではない。カルト性の高い不当な支配である。

　「異端・カルト問題」は、外部の侵食から教会を護るという問題であると同時に、教会の内側を侵食する罪の影響から自らをきよく保つという、自らの課題でもあることを覚えたい。罪の世からの影響は、外からも内からも教会に挑戦を突きつけているのである。私たちの内に潜む「支配すること」への誘惑、「支配されること」のワナに警戒する必要がある。　　　（根田祥一・小岩裕一）

2022年異端決議表

代表者（名称）及び団体名	教団	年度/会期	決議	決議内容
故・権信燦（クォン・シンチャン）／故・兪炳彦（ユ・ビョンオン）：キリスト福音浸礼会 朴玉洙（パク・オクス）：喜びのニュース宣教会 李（イ）ヨハン：大韓キリスト教浸礼会	基聖	1985/79	異端カルト集団	悟りによる救い、悔い改め、罪人問題
	高神	1991/41	異端	
	統合	1992/77	異端	
	合同	2008/93	異端	
	合神	1995/80	異端	
		2014/99	異端再確認	
	基監	2014/31	異端	
故・権信燦／故・兪炳彦：キリスト福音浸礼会	基神聖	2014	異端	
故・金箕東（キム・ギドン）：鬼神論ベレヤアカデミー：キリストベレヤ教会連合	基浸	1987/77	異端	神論、キリスト論、啓示論、創造論、人間論、サタン論
	高神	1991/41	異端	
	合同	1991/76	異端	
	統合	1992/77	異端	
	基監	2014/31	注視	
	合神、基聖			
柳光洙（リュ・グァンス）：タラッパン伝道運動、長老会伝道総会	高麗	1995/45	非聖書的	類似キリスト運動、似非キリスト運動
	高神	1995/45	関連者に適切な勧善懲悪	
		1997/47	不健全運動	
		2013/63	異端維持	間違いを直すと言ったので見守ることにする
	統合	1996/81	カルト性	異端的性格を持つ不健全な運動、魔鬼論、既成教会を批判、タラッパン式信仰受容
	合同	1996/81	異端	
		2014/99	異端再確認関連者戒め	異端再確認、関連者公職制限
	基聖	1997/91	カルト運動	
	基浸	1997/87	異端性	
	基監	1998/23	異端	
	基神聖		異端	
	合神、改革			
故・文鮮明（ムン・ソンミョン）〔現在・韓鶴子（ハン・ハクジャ）〕：統一教、世界平和統一家庭連合	統合	1971/56	カルト宗教	伝統的な神学思想とは極端に違う
		1975/60	不認定集団	加入禁止、関連新聞雑誌に投稿禁止
		1976/61	厳重処罰	教団和合・教会の使命に障害を起こし厳重警告
		1979/64	非キリスト	キリスト教を偽装したカルト宗教集団
		1988/73	不買運動	文鮮明集団関連製品を調査し不買運動展開
		1989/74	調査処罰	統一教との関連者を徹底的に調査、探し出して処理
	大神	2008/93	異端	
	高神	2009/59	異端	
	基監	2014/31	異端	解釈の誤り
	基神聖		異端	解釈
	基聖、基長、合神、合同		キリストを偽装したカルト集団	聖書観、教会観、キリスト論、復活論等全分野にわたり反キリスト的

代表者（名称）及び団体名	教団	年度／会期	決議	決議内容
故・朴潤植（パク・ユンシク）：大声教会、現・平康第一教会	統合	1991/76	異端	キリスト論、堕落観、啓示観、創造論
		2015/100	異端維持	
	合同	1996/81	異端	
		2005/90	異端再確認	
		2019/104	救済史セミナー参加禁止	
	基監	2014/31	注視	
故・朴泰善（パク・テソン）：伝道館、現・天父教	統合	1956/41	異端	非聖書的（本長老会教理と信条に反する）
新使徒運動：故・ピーター・ワグナー	高神	2009/59	参加禁止	直接啓示、（使徒の）賜物中断論 拒否
		2011/61	不健全運動再確認	
	合神	2009/94	参加及び交流禁止	現代に使徒と預言者存在、聖書以外の啓示主張、直接啓示等
	基長	2014/99	導入参加交流禁止	聖書解釈の誤り、福音の本質歪曲、使徒の支配権など
	基神聖 汝矢島	2018	注視	この時代にも使徒の存在を主張、極端な神秘主義的感性主義標榜、インパテーション（分与）主張
故・安商洪（アン・サンホン）／張吉子（チャン・ギルチャ）：アンサンホン証人会、神様の教会：神様の教会世界福音宣教協会	統合	2002/87	反キリスト的異端	教理的脱線、聖書解釈の誤り、歪曲された救済観
		2011/96	異端	反キリスト的
	合神	2003/88	異端	
	合同	2008/93	異端	
	高神	2009/59	異端	
	基監	2014/31	異端	
	基神聖	2000	異端	
李萬熙（イ・マンヒまたはイ・マニ）：新天地イエス教会	統合	1995/80	異端	啓示論、神論、キリスト論、救済論、終末論
	合同	1995/80	神学的批判価値なし	
		2007/93	異端	教主神格化、聖書解釈の誤り等
	基聖	1999/93	異端	啓示論、神論、キリスト論、救済論、終末論
	合神	2003/88	異端	
	高神	2005/55	異端	代表イ・マンヒが直接啓示者、保恵師（助け主）と主張
	大神	2008/43	異端	
	基監	2014/31	異端	
	基神聖		異端	
李載禄（イ・ジェロク）：万民中央教会	イエス聖潔	1990/69	異端	
	統合	1999/84	異端	神論、救済論、人間論、聖霊論、教会論、終末（来世）論
	合神	2000/85	参加禁止	
	高神	2009/59	異端	
	基監	2014/31	注視	
	基神聖	1999	異端	

代表者（名称）及び団体名	教団	年度／会期	決議	決議内容
李礎石（イ・チョソク）： イエス中心教会、旧・韓 国エルサレム教会	高神	1991/41	異端	本人の神格化、極端な神秘主義追従
		2009/59		
	統合	1991/76	異端	聖書論、神論、創造論、人間論、キリスト論、救済論、鬼神論
	基聖	1994/88	異端	
	合神、合同			
崔（チェ）パウロ：イン ターコープ	統合	2011/96	注視、参加自制	教理的に非妥当、危険
		2013/98	注視、参加自制 維持	解明と反省の真正性を見守る時間が必要
		2015/100	注視、参加自制 維持	
		2022/107	参加自制、鋭意 注視	
	合同	2013/98	交流断絶	フリーメイソンの陰謀論受け入れ、極端なディスペンセーション主義的終末論、二元論的二分法
		2019/104	交流断絶維持	
		2020/105	参加禁止及び交 流断絶維持	
		2022/107	参加禁止及び交 流断絶維持	
	合神	2013/98	参加禁止及び交 流禁止	二元論的思想、非聖書的バック・トゥー・エルサレムと福音の西進運動、歪曲した終末論と反キリスト論
		2022/107	異端	ベレア、新使徒運動関連、様態論、地域教会・宣教地での衝突
	高神	2014/64	招待禁止	教会論、書籍宣教の神学的次元の問題
		2015/65	参加禁止	
		2016/66	参加禁止	不健全団体
		2021/71	深刻な異端性を 持った不健全団 体	
	基聖	2021/115	警戒対象	反キリスト的行為で教会と個人の信仰に否定的影響
	基浸	2021	不健全団体	交流及び参加禁止
	基神聖	2021	注視及び参加禁 止	
張在亨（ジャン・ジェヒ ョン／ダビデ・ジャン）	統合	2009/94	注視警戒	張在亨を再臨主として信じたメンバーの証言が多く彼の言葉を信頼できないため注視しながら警戒
	合神	2009/94	参加及び交流禁 止	統一教前歴問題、再臨主疑惑事件、聖書の恣意的な解釈など
		2013/98	警戒・交流禁止 維持	張在亨に真実性がないと判断
	高神	2012/62	関係禁止	異端性疑惑

代表者（名称）及び団体名	教団	年度／会期	決議	決議内容
全能神教会（東方閃電）	高神	2013/63	異端	三位一体論、キリスト論、救済観
	統合	2013/98	異端カルト	楊向彬（ヤン・シャンビン）再臨主、三位一体否定
	基監	2014/31	異端	
	白石大神	2018/103	異端	聖書の完全性否定、充足性否定、聖書では救われないと主張
	合神	2018/103	異端カルト	啓示の連続性主張、歪曲された聖書解釈と組み合わせ、趙維山（チョウ・ウェイシャン）神格化及び楊向彬再臨イエス主張
	基神聖		異端	
鄭明析（チョン・ミョンソク）：JMS、キリスト福音宣教会	高神	1991/41	異端規定	
	統合	2002/87	反キリスト的異端	聖書解釈、教会、三位一体、復活、キリストの在臨
	合同	2008/93	異端	聖書観、復活／再臨観、救済観など全分野で反キリスト的
	基監	2014/31	異端	
	基神聖		異端	
	合神、基聖			
申玉洙（シン・オクチュ）：恩恵路（ウネロ）教会：パウロ士官：霊的軍事訓練院	合神	2014/99	異端	聖書論、聖書解釈、キリスト論、三位一体論、終末論が異端性大
	高神	2015/65	参加禁止	
	統合	2016/101	異端性	恣意的聖書観、キリスト論的深刻な誤り、独特な威厳解釈、牧師貶し
	合同	2016/101	集会参加禁止	異言解釈問題、牧師貶し、異常なキリスト論
	白石大神	2018/103	異端	聖書観、解釈方法、キリスト論、三位一体論、救済論、教会論、終末論
	基神聖		異端	
韓国基督教総連合会	高神	2020/70	異端擁護団体	
クリスチャントゥデイ	統合	2009/94	異端（擁護）言論	
		2018/103	異端（擁護）言論再確認	
	合神	2010/95	異端（擁護）言論	

＊韓国の異端・カルト問題専門 Web サイト「現代宗教」に掲載された 2022 年異端決議表から日本に関係ある人物・団体を抽出した。

第8章　IT と教会

1　はじめに

　近年、人工知能（AI）は興味深いテーマとなっていて、AI とその影響や将来については、学術的のみならず、映画などのポピュラー文化においても頻繁に取り上げられるようになった。1990 年に登場した World Wide Web は世界をネットワーク化し、2007 年に登場した iPhone はデジタル化を加速させた。そして、今や AI が注目されている。

　スマートフォンなどの情報端末の進化やソーシャルメディアなどのサービスの普及に伴って生み出された全世界のデータ数は、IDC Japan によると、2012 年で 2.8 ゼタ（ゼタは 1 兆の 10 億倍）バイトであった。この数値は、既に現在 20 倍の量に加速的に増加、2025 年には 200 ゼタバイトという驚異的な規模に達すると予測されている。つまり既に私たちは AI の時代に生きており、あと数年のうちに AI の普及がいっそう飛躍的に高まる事態に遭遇する。

　そこで問題になるのは、これによって、企業が、顧客のニーズ、好み、欲求に関する膨大なデータを収集し、それを商業的に活用しようとする試みである。つまり、AI が私たちよりも賢くなるかどうかというよりも、この AI を利用しようとする人々のありようが問題になるだろう。AI は、人が与えたデータと、人が開発したアルゴリズムによって作動している。結局のところ、AI の役割を決めるのは人間であり、AI を手にした人間がますます問われるようになる、ということだ。それは、火を手にし、核を手にした人間がその使い方を問われているに等しい。

　そして 2022 年からインターネット業界にとっては、特に、革命的な動きが起こっている。それが「生成 AI」（Generative AI）の飛躍的進歩である。

　いくつかの指示（プロンプト）を与えることにより画像・動画の生成を容易に行える AI サービスや、まるで人と対話しているような錯覚を覚えさせる対話型 AI の登場、プログラミングコードや、音楽まで生成できてしまう技術は、従来の工程を大幅に変化させようとしている。

　米新興オープン AI が開発した「Chat GPT（チャット GPT）」は質問に巧み

に回答する高度な対話能力を備え、世界ならず日本国内でも連日話題となり、
衝撃を与えた。

　ダラス神学校の助教授で、自身もエンジニアとして、米国アップルやマイク
ロソフトなどといった著名な会社が利用するツールの開発にも関わったジョ
ン・ダイアー氏はあるイベントで、「神は、人が堕落による影響を回復し、神
の救いに導かれるための手段として、テクノロジーを使う権限を与えているの
だ」と、現在世界に進歩した IT をはじめとするさまざまなテクノロジーに対
して、私たちが使用する権限が神から与えられており、管理することの大切さ
を語った。

　私たちキリスト者が IT テクノロジーを用いようとするときに、どのような
活用方法や注意点があるのだろうか。本章では、日本のキリスト教界内でのこ
とを特に取り上げ、IT テクノロジーを活用することの懸念点も挙げつつ、特
に可能性を提示していきたいと思う。

2　用語の定義

なお、本章では、IT 関連の用語について、次のような定義で、論を進める。
（1）　IT

　　IT（情報技術）は、情報を処理、保存、送信、および取得するためのコ
　ンピュータ、ソフトウェア、ネットワーク、および関連する技術の総称で
　ある。

（2）　ICT

　　ICT（情報通信技術）は、情報技術と通信技術を組み合わせた総称。情
　報技術は、上記の内容であるが、通信技術は、電話、インターネット、無
　線通信、衛星通信などに関連する技術を言う。

（3）　AI

　　AI（人工知能）は、コンピューターシステムが人間の知的能力を模倣
　するために使用する技術。AI 技術は、機械学習、深層学習、自然言語処
　理、コンピュータービジョン、知識表現、推論、意思決定などの分野にわ
　たる。

3　教会のデジタル化

　さてほとんどのキリスト教会にとって、コロナ禍の経験は、既に起こり始めている変化を加速させる機会になった。つまり、コロナと共存する時代を迎えて、キリスト教会はオンラインの世界に否応なしに適応させられている。特に礼拝と諸集会において、この新しい技術に適応する試行錯誤を促されることになった。

　例えば、動画視聴に耐えうるインターネット接続状況と機器の用意、それに伴う静かな環境の準備、カメラの有無などによるコミュニケーションの伝達のしにくさ等である。

　こうしたオンライン技術の活用は、コロナ禍までは、スタッフが充実している大教会での冒険的な活動、もしくは試験的なものであった。つまりそれはメインの活動にはなりえず、多くの教会は、その技術がキリスト者の霊的活動にはミスマッチなものと受け入れに逡巡すらしていた。しかしコロナ禍以降、キリスト教会にとってこれらの活動は、真の意味で、補助的、必需的な活動となっていかざるをえない。

1）　オンライン礼拝の台頭

　これまでは、設備投資の問題でデジタル化に踏み込めなかった多くの教会で、教会活動のインターネット配信、礼拝・集会・各種イベントなど、さまざまな事柄が配信されるようになり、特に双方向配信サービス「ZOOM」や配信サービス「YouTube」といったサービスを利用し、伝道や諸集会、信徒教育に用いられた。コロナ禍以前は、日本のキリスト教会のそのほとんどが礼拝全体の映像公開をするという文化はほとんどなく、技術的に進んでいると思われる教会でも、独自のウェブサイト上に礼拝説教の説教原稿の公開や音声録画を公開するにとどまる教会がほとんどであった。しかし、コロナ禍の影響により、礼拝のプログラム全体の映像・音声配信を行う教会が圧倒的に増え、筆者の団体が開設したウェブサイト「クリスチャンCOVID-19対策サイト」にも立ち上げ当初から、数千のユーザーがアクセスし、連日さまざまな教団教派からオンライン礼拝導入の問い合わせが相次いだ。これにより、従来参加することの難しかった遠隔地にいる信徒や、障害を持つ方々、また高齢者がプログラムに参加することができるようになった。しかし、一方で、双方向性のないツ

ールを利用した場合、一方通行の単「視聴」になる場合も多く、共同体・コミュニティへの所属意識の低下へとつながり、一つの課題となった。

2)　オンラインコンテンツの拡充
　ネガティブな声も聞かれる一方で、さまざまなキリスト教団体がオンライン上にコンテンツを発信し、コロナ禍以前にはない動きもあった。

(1)　子ども向けのプログラム
　子ども伝道に力を入れる団体、One Hope Japan によるスマートフォン向けアプリや、動画配信サービスを活用した動画コンテンツは、教会にとって大きな助けとなった。YouTube では 3000 名を超える登録があり、独自に子どものプログラムをオンラインで配信できない多くの教会で利用された。

(2)　動画配信者の増加
　クリスチャンの動画配信者の台頭や、ワーシップソングや讃美歌をアレンジし配信するユーザーが増加した。
　特に、教団教派を超える視聴者を獲得し、さまざまな情報にアクセスするようになった。動画配信サービスを利用することにより、地域を問わずユーザーがコンテンツにアクセスできるようになった。人気の動画では、それぞれの配信サイトのアルゴリズムにより、アクセスが集中し、海外からのコメントや、海外の日系人教会など国を超えた視聴者が増加した。

4　生成系 AI（Generative AI）ツールと教会

1)　対話型 AI の登場
　生成系 AI が一般ユーザーに衝撃的な影響を与えるようになったのは、特に2022 年末にリリースされた、対話型 AI チャットボット「Chat GPT」（非営利法人 Open AI）の登場からだろう。グーグル社が開発した Google Bard やほかにもいくつか著名なサービスはあるが、それらのサービスの特徴は高度な AI技術によって、人間のように自然な会話ができることである。
　無料で利用できる（2023 年、現在は有料版も公開）こともあり、革新的なサービスとして注目を集め、生成した文章の見事さや人間味のある回答が SNS

などで大きな話題となる。その後、勢いを増したサービスは、リリース後わずか2か月でユーザー数1億人を突破し、2023年に入ると米 Microsoft 社が開発元の OpenAI に対して 100 億ドルを投資することが報じられるなど、機能面だけでなく、成長性でも注目されている。

　その精度は、非常に高い精度で「問いに対する答え」を生成することができる。例えば、医師免許試験や、経営学修士課程（MBA）の試験に合格するなどの実力があり、教育現場での使用を禁止するべきという声もある一方で、禁止せずに正しく使えるよう教えるべきという声もあるなど、対話型 AI に関してはさまざまな意見があふれているのが実情である。教育の現場で対話型 AI を使うことの意義を問う調査により、アメリカのスタンフォード大学の学生のうち、およそ 17％が「課題または試験に ChatGPT を使用している」と回答したことが分かった。日本の教育現場でも、さまざまな教育機関が注意喚起を促している現状がある。

　キリスト教会内でも実験的な動きが多く見られ、検証がなされている。

　2023 年 6 月にドイツの複数の地域で開催された「Deutscher Evangelischer Kirchentag（ドイツ福音主義教会大会）」では、プログラムの一環として行われた礼拝の中で AI を用いた実験的な礼拝が行われた。それは、動画生成 AI により生成された人物動画（アバター）が、対話型 AI である ChatGPT を用いて作成された司会原稿や説教原稿を読み上げるというものであった。多くの聴衆が詰めかけた会堂の中で、司会者（AI で生成されたアバター）が、説教、祈り、賛美をリードし、約 40 分間の礼拝が行われた。この礼拝のプログラムを計画し、Chat GPT と共に作成した、ウィーン大学の神学者で哲学者のヨナス・シンマーラインは「最終的には、かなり堅実な教会の礼拝が行えた」と語った。聴衆の中にはこの実験を懐疑的に思い違和感を覚えたと語る者もいたが、若い世代は受け入れる可能性があるとも語った。しかし、一方で霊性の欠落や、感情表現といった人間にしかできない領域が不可欠であると感じたとプログラム参加者の牧師は語り、ツールを使用するための境界線が必要であると感じさせられた。

　また、別の興味深い実験も行われた。生成系ツールにて生成された原稿文章を生身の人で行った場合の実験である。ニューヨークのユダヤ教の指導者である、ジョシュ・フランクリン氏が説教の原稿を生成系 AI である Chat GPT により生成させた原稿を、著者が自身ではないことを会衆に告げた上でそのま

ま数分間読み上げ、後に、この説教は誰のものか会衆に質問をした。そうした
ところ、さまざまな著名な指導者の名前が上がった。最終的に生成系 AI であ
るということを告げられると、会衆は驚きと共に拍手が起こったという。

2)　検証の重要性

　生成系 AI は、高い精度で「問いに対する答え」を生成することができる。
ここでいう高い精度とは、十分に見識のある人間であれば解答しうる内容を、
AI が生成することを意味する。一例ではあるが、知名度の高い文学作品のあ
らすじやその感想文などについては、高い精度で生成されることが報告されて
いる。

　他方で、次のような懸念も指摘されている。

(1)　生成系 AI からの情報は、ウェブサイト等から広く収集されていること
　　から、正確さを欠く情報も集積されている恐れがある。

(2)　生成系 AI が情報を収集する過程で、著作権を侵害している恐れがある。

(3)　生成系 AI の運営組織やこれを利用したサービスを提供する組織が、特
　　定の思想や偏見を意図的に拡散する情報操作が行われる恐れを現状では排
　　除できない。

　上記のことから、生成系 AI が生成する文章は、「発信元が特定可能な、信
頼できる情報ではない」と言える。生成系 AI を使用する場合には、生成され
た内容の正確性を文献等によって確認する手順（ファクトチェック）が必須で
あると言える。

3)　生成 AI ツールを用いた際の課題と可能性

(1)　説教について

　一番多くの使用が懸念され、使用されている分野が、説教原稿の生成であ
る。プロンプト（指示）次第では、きわめて高い精度で一定の歴史や、釈義な
どの情報を整理しながら、文章が生成され、これまで時間と手間がかかりアク
セスできなかったリソースへも容易に入手することが可能になった。また、対
話をすることにより精度を高めることも可能で、口調や文章量の調整、また一
定のキャラクター（性質）も指定することができる。また、C. H. スポルジョ
ンや、ジョン・パイパーなど偉大な説教者と呼べる人物の説教者の原稿のスタ
イルを模倣できる可能性がある。これらのことは、多くの点で参考にできる可

能性があるが、「AI 生成系ツールは所詮、演算処理であり、最も確率の高い言葉が選択されたにすぎず、そこに感情はない」と、米国大手 IT 企業で働くエンジニアで、IT クリスチャンネットワーク CALM のメンバー、フアン氏は懸念点を語った。また、説教を受け取る会衆に対しても、米国大手キリスト教ニュースサイト「クリスチャニティ・トゥディ」の編集長であるラッセル氏は次のように語る。「大使が大使館からの通信内容を独断で書き換えることはできるか？ 可能だ。職務怠慢な外交官が通信内容を独断で書き換えることができるだろうか？ それは常にあることだ。だからこそ、会衆は聖書的な根拠と御霊の知恵をもって、メッセージを吟味する必要があるのだ。」つまり生成系 AIは、確率的に高い数値で常に計算され、人受けするメッセージを作成することは可能であるが、それが必ずしも聖書的メッセージにはなりえないという状況も生じうる。

　詳細なプロンプト（指示）と、生成系 AI ツールの開発が進むほど、近い将来、文字の上ではほとんど人の手が必要ないと感じられる説教原稿が生成される可能はある。そして、それを受け取る聴衆に伝えなければ、わからないほどの出来になることも懸念される。だからこそ、説教者と会衆の霊性と知性が必要であると感じる。

⑵　画像生成 AI の活用

　画像生成 AI とは、人工知能技術の一つで、与えられたデータから新しい画像を生成することが可能であり。学習によって大量の画像データを入力し、そのパターンを学習してから、新しい画像を自動生成することが可能である。例えば、顔写真を入力すると、そのパターンに基づいて、似たような顔写真を自動生成することができる。また、風景や建物、芸術作品など、さまざまな画像を生成できる。

　画像生成 AI は、クリエイティブな活用のほか、医療分野での診断支援や、セキュリティ分野での顔認証技術など、さまざまな分野で利用が進んでおり、新興サービス「Midjourney」（ミッドジャーニー）では、専門職の利用のみならず、一般のユーザーも多く使用するサービスとなっている。しかし、画像生成 AI にはいくつかの課題もある。生成される画像の品質やリアリズムの向上、倫理的な問題やディープフェイクの不安、データセキュリティなどが挙げられる。現在、特に取り沙汰されて議論されているのは、画像生成 AI が生成

した画像の著作権やプライバシーの問題である。適正なサービスの利用が求められており、研究者や開発者がさまざまなアプローチや規制政策を検討されている。キリスト教会内でも、徐々に使用されてきている。特に、アメリカを中心とした海外の諸教会では、トラクトやウェブサイトといったものから、説教に挿入する際のパワーポイントの説明画像や、背景として積極的に使用されている。

⑶　生成系 AI と著作権

　なお、生成系 AI がもたらす著作権について理解しておく必要もある。AI と著作権については、データを収集し、AI 生成物を生み出すプログラムを開発する段階と、開発されたプログラム（学習済みモデル）を作って実際に AI 生成物を作る段階に分けて考えられている。前者、つまり著作物の「複製」「譲渡」「公衆送信」については、原則著作権者の許諾が必要であるが、実際には膨大なデータ量となること、またその扱いの性質上、著作権者への不利益は生じないと考えられている（著作権法第 30 条の 4「著作物に表現された思想又は感情の享受を目的としない利用」）。もちろん扱いの性質によってはその限りではない。しかし、生成したものを公表する段階、つまり後者において、既存の画像（著作物）との「類似性」や「依存性」が生じた場合、著作権侵害の議論が生じる。

　また AI が自立的に生成したものは、一般的に著作物には該当しないと考えられているが、AI を使ってこれを自立的に生成させた人の創作的意図が、著作物としての判断の根拠になるという点は、やはり生成系 AI を用いる人の問題ということにおいて、AI 全般の考え方においても重要な視点である。

5　宣教への活用

　生成系 AI が伝道の手法に及ぼす影響については、次のようなことが考えられる。

1）　チャットボットによる対話型伝道

　AI を搭載したチャットボットをウェブサイトやメッセージングプラットフォームに組み込むことで、オンライン上での対話型の伝道をできる可能性があ

る。ユーザーはチャットボットと対話することで、キリスト教の信仰や教えに関する情報や質問に回答を得ることが可能である。

2) 効果的なトラクトや制作物の作成

AI を活用した画像生成ツールなどでの画像生成。対話型 AI を利用し地域・年代にあった効果的な言葉を選択する方法が考えられる。

3) SNS（ソーシャルメディア）やデジタルコンテンツの活用

AI を用いたマーケティングやデータ分析の技術を活用して、ソーシャルメディア上でのキリスト教のメッセージやコンテンツの配信を最適化することができる。また、AI が自動生成したコンテンツや動画を活用することで、より多くの人々にキリスト教のメッセージを届けることが期待される。

4) 仮装現実空間の利用

AI 技術を使用して、仮想的な教会生活の体験を提供することも可能である。仮想現実（VR）や拡張現実（AR）技術を活用して、人々が教会の体験をオンライン上で得ることができる。実際に国内では、オンラインをメインとする活動を続ける教会もあり、身体性を伴った霊的交わりの重要性が唱えられるなどの賛否がある。

これらの AI を用いた伝道方法は、オンライン上で多くの人々にキリスト教のメッセージを伝えることができるという利点がある。しかし、AI を用いた伝道においても、信仰体験の重要性を忘れずに、技術を補完する手段として活用することが重要である。

5) 地図情報システムの活用（宣教戦略策定）

従来、開拓伝道において宣教戦略を策定するためには、市町村にある統計資料にアクセスし、対象となる地域の統計的特徴を捉えたり、さらに地域の公民館を訪ね、そこにどんなチラシが置いてあるか、どんな人々が集まっているかを調査したりすることは必須の作業であった。しかし近年のデジタル技術の発達により、ことに、地図上でビジュアルに人口動態や種々の地域情報を知るシステムが普及すると、これが宣教戦略策定にも応用されるようになった。

既に日本の教会の位置情報を示すマップシステムは幾種類か開発されてき

ている。ホーリネス宣教協力懇談会が作成したホーリネス系教会分布図[1]、RJCPN が作成した日本地方宣教ネットワーク[2]、カトリック中央協議会が作成したカトリック教会マップ[3]などである。しかしながらそれらは、地図上に教会の位置を確認することが中心であり、分析的なものではない。2022 年 1 月に国際教育開発合同会社が開発した MD（Map David）[4]は、地図上に日本の諸教会のみならず、世界の日本語教会の位置、規模、信徒数、牧師の有無の情報、さらには地域の宣教ネットワーク情報をビジュアルに提供することができる。また、宣教ターゲットエリアについて、1 キロメートル四方（徒歩圏内）、2 キロメートル四方（自転車移動圏内）、5、10 キロメートル四方（自動車移動圏内）の範囲で、人口密度に照らした、教会の具体的な宣教目標を瞬時に計算、数値化し可視化できる。

　例えば下の地図は、宮城県仙台市と多賀城市の教会設置状況を表示している。縦に伸びるバーによってこの地域にある教会の存在とその規模を知ることができる。またバーのカラーグラデーション（青から赤に、本書では黒から白に変化）の程度によって、その教会が地域の所定範囲で何パーセントの人口を信者として獲得しているかがわかる。さらに、地域の範囲を特定することで、その範囲内にどのくらいの住人がいるのかが数値で判断できる。

　この地図のように、教会を中心とした 2 キロ範囲内（自転車で通える範囲）

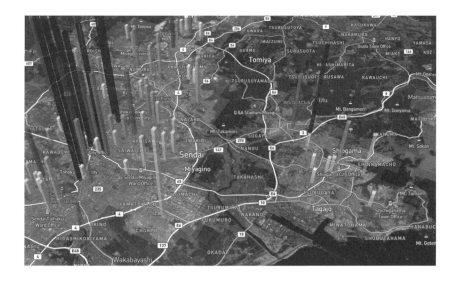

を設定すると（地図上では薄緑色で表示）、教会のない、いわゆる教会未設置エリアが七北田川周辺に存在することがわかる。しかも、教会の規模を示すバーの色からすると、その近隣にあるほとんどの教会が、その地域の２キロ範囲内において、居住者の1%を獲得していない。となると、この七北田川周辺に乗り込んでの教会開拓にはそれなりの意義があることになる。最終的には、人口統計値の変化を見ながら、サテライトモード（衛星写真モード）にして、さらにその地形的特徴、つまり大きな幹線道路、河川などで区切られた地域や、学区（子どもの場合は学区を越えて教会に通うことは少なかったりする）を確認しながら、新しい開拓候補地を絞り込んでいくことになる。こうした考え方を AI 情報としてプログラム化するなら、これからどこに開拓拠点、いわゆる物件を定めていくのがよいのかが示唆されるシステムに発展させることもできるだろう。

　「宣教1%の壁を破る」とはよく言われてきたことだが、実際に、足元の１キロメートル四方にいる人たちを、日本の教会がどれだけ、救いへと獲得できているかを計算してみると、1%を超えている教会はほとんどないと言ってよい。実は、歩いて通える距離にいる人々が、教会にほとんど獲得されていないとしたら、まずはそこから、真剣に取り組まなければならないだろう。漠然とチラシを配布したり、伝道会を計画したりせず、エリアを特定し、その地理的特徴を踏まえながら、必要とあらば、近隣の教会との協力関係でいかに宣教を進めていくかを考えることである。

　また未伝地をなくそうともよく言われる。例えば、具体的にクリスチャン新聞の未伝地マップにも名が挙げられている北海道「赤平」の地図情報は次頁のようになる。

　まず、教会を中心とした10キロ範囲での人口密度情報を表示してみる（薄緑表示、本書では白）。10キロは、車でなら負担なく通える距離である。しかし、その枠内で見ていくと、赤平は近隣の諸町村から気軽に通える場所というには微妙で、むしろ、この地域に乗り込んで宣教をする必要のある場所と考えられる。またマップ情報が示唆することは、車で約20分程度の滝川や芦別などの近隣の教会のバーは赤色表示、つまり教会規模も小さく、現実的に誰かを派遣して新規開拓をするのはもちろん、新規開拓を応援していくにも難しい状況にある教会群である。支援の可能性があるのは約60キロ、車で約１時間以上離れた旭川にある教会となる。となれば、この未伝地開拓を進めるために

　は、近隣の滝川や芦別の教会が強くされるための祈りがまず必要であることに気づかねばならないだろう。教会開拓のために近隣の諸教会の発展を祈ることが欠かせないということだ。そして、この地域に住む信徒、もしくは、よほど重荷を持ったゼロ開拓希望者が現れて、実際に開拓を進めることがある場合には、20 年、30 年かかると思われる持久戦の活動について、デジタルの活用や教派を超えた宣教協力など、持続可能な開拓のための具体的な戦略を考慮せずに、そうしてはならないことにも気づかなくてはならないだろう。

　以上、デジタル化の時代であればこそ、シミュレーションを持って開拓準備を進めることが可能となる。

6　教会の業務運営および管理への活用

　日本のキリスト教会内の急速なデジタル化により、教会運営にも有効なサービスが登場した。以下はその一例である。

1)　SNS の活用

　SNS をはじめとした、メッセンジャー・コミュニケーションツール（LINE、FB メッセンジャーやグループ、Teams、Slack）などといったサービスの活用はビジネスの現場でも積極的に取り入れられており、教会の運営面でも、電子メールや電話、FAX などといった旧来のシステムから徐々に置き換わっている。これらは、ビデオ会議ツールなどの機能が備わっており、それらを活用す

ることで、教会のメンバーや教職員間でのコミュニケーションがスムーズに取られるようになった。また、教会公式（オフィシャル）のコミュニケーションとして、公開される事例もあり、伝道のために、未信者とつながる敷居を低くするほか、教会のさまざまな情報を発信する場として、ウェブサイトと併用されるようになった。

2) 業務の効率化

　経理サービスソフトや会員管理システムサービスの質の向上により、効率化を図ることができるようになった。特に、クラウド上（ユーザーが大規模なインフラやソフトウェアを持たずとも、インターネット上で必要に応じてサービスを利用できる仕組み）を用いるサービスは、積極的に旧来のサービスから代替えされている。時に、グーグルなどが開発した、オフィスアプリケーションではほとんどが基本的に無料で使用されることもあり、積極的に使用されている。

【プロジェクト紹介】IT を活用した日本宣教のこれから

CALM 代表　中村恵久

　2019 年末に始まったコロナは、社会のデジタル化を一挙に推し進めるものとなった。これによって、キリスト教会においても、種々の実践が散見されるようになり、さらに SNS やメタバース、生成系 AI など、さまざまな話題が現れる状況について、どのようにこれらを考えていくか、考え方を整理する必要が生じている。キリスト教会がたどってきた歴史において新たに起こってきたデジタル化の課題と可能性について聖書的、神学的理解を踏まえながら、キリスト教会が進みゆく今後の方向性について明らかにしなくてはならないのである。そこで JCE7 から始まる本プロジェクトは、2 つの目的をもって進められる。
　①教会のデジタル化の方向性について聖書的理念を踏まえながら明らかにする
　②その方向性に進むために、よりキリスト教会全体が利益を得る宣教協力の在り方を明らかにする。
　以上の目的をもって、
　①ネットワーキングの在り方

②ツールとしての活用方法（礼拝、牧会、宣教、教育、コミュニケーショ
　ン、説教、事務、総会など）
③活用のための支援方法（遠隔支援など）
④宣教分析への応用
などを検討する。

7　神学教育への活用

　オンライン技術は、教会の諸活動のバックエンドサポートおよび、信徒の信
仰生活をサポートする一つのツールになるのみならず、ことに神学教育の分野
においてオンラインと F2F（直接対面）の長所を生かした取り組みとなってき
ている。コロナ禍以降、日本の神学校においてもオンライン教育への取り組み
が本格化した。オンライン教育は、それが e-learning として出始めた 1990 年
代、既に通信教育を実施している大学の補完的なシステムとしてのみ機能する
と評価されていた。今やそのようなアナログ的な実績があるなしとはまったく
関係なく、オンライン教育への本格的な取り組みが始まっている。そして同時
に学習方法の変化も生じている。
　従来日本における学校教育では「模倣的様式（mimetic mode）」と「変容的
様式（transformative mode）」の二つの在り方が授業改革の争点として論じら
れてきた。「模倣的様式」は、教えられる知識や技能をそのまま記憶したり、
習得したりする、いわば知識伝達型（教授者模倣型）の教育であり、「変容的様
式」は、一人ひとりが多様に個性的に探求し表現して、その差異を共有し、
「わかること」を追及する教育である。オンライン教育の導入は、この様式の
いずれかに軍配を上げるものとはならず、むしろ学習者に最適な学習体験があ
ることをいよいよ明確にしている。
　たとえばクラークは、オンライン学習には、教育史上に現れた 3 つの学
習観に特徴づけられる、3 つのタイプの学習があることを指摘している。
すなわち、情報吸収型（information acquisition）、応答強化型（response
strengthening）、そして知識創造型（knowledge construction）である。情報吸
収型における教授者の役割は、情報を提供することで、学習者のそれは情報を
受けることにある。応答強化型は、情報の吸収を前提として、ドリル演習が中
心となる。教授者は質問を提供し、回答に対する成否のフィードバックを提

供する。つまり学んだことを確実に身に着けていくための反復学習が特徴である。知識創造型の学習は、仕事上の予測不可能な状況に適応していく訓練に用いられるもので、教授者は、学習者が仕事に関係する問題を解決していくように、学習者の認識を導いていく。こうしたクラークの分類から神学の科目的特徴を整理すると、下図のようになる。[5]

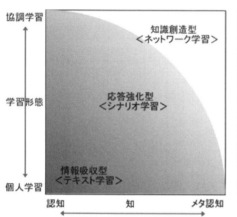
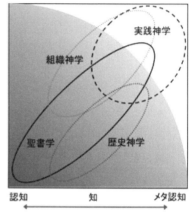

　つまり、聖書学のように神学教育の核となる教科ほど、情報吸収型、応答強化型による学習が中心となり、学習形態としては個人学習での履修が可能である。学生のペースや理解度に合わせて必要な教材を使い分け、目標達成に導くオンラインサポートが有効となる。またそれを応用していく科目、いわば組織神学や実践神学のように、現場における課題性を持つ科目であればあるほど、メタ認知を必要とする知識創造型の学習が必要とされ、学習形態としては協調学習が必須である。

　多くの学生がコロナ禍後、キャンパスに戻ることを期待するのは、それがよく学習できる形態であるというよりも、仲間と会う機会になると考えているためである。つまり、F2Fで、議論したり、共に考えたり、共にグループ活動をすることへの期待がそうさせるのであり、そうであるなら、F2Fの学習は、知識創造型の学習として構成される必要があるだろう。つまり、伝統的な講義の時間が、単に受動的な知識伝達の場ではなく、学生が仲間と共に楽しく知識創造を達成するF2Fの場となるように、神学校教育も変化しなくてはならない、ということである。

8 おわりに

　何が本物か分からない時代の始まりが本格的に到来した。私たちは何に従うべきか、それは唯一の神の言葉、聖書の言葉でありそして、それを理解し行動させる聖霊の働きであると確信する。我々、IT 技術者からしても、生成系 AI（ジェネレーティブ AI）が登場した、ここ数年の動きは特に未来が想像し難く、可能性と不安がある。IT 技術を知恵深く扱うことも私たちに委ねられている。だからこそ、お互いが賜物を生かし合い、イエス・キリストの名前が崇められるそのために与えられたものを効果的に生かす必要があると感じる。それぞれの諸教会の働きを覚え祈るばかりである。また、最後に執筆に協力してくださった福井誠先生、CALM のメンバーたちに感謝を贈りたい。

（中村恵久・福井誠）

〈注〉

1　https://www.google.com/maps/d/u/0/edit?mid=1SiDysZUikTNmcyevUecWsmkKSFzzAReY&usp=sharing

2　http://ja.ruraljapanchurch.com/

3　https://www.cbcj.catholic.jp/map/index.php/map

4　https://onl.sc/jX2i4UR

5　福井誠「神学教育における実践知形成と e 学習による授業設計」

第9章　教会形成（教団・教派、JEA）

　戦後日本は、高度経済成長の流れに乗ったが、1970年代以降、その高い成長率を大きく低下させる時代に入っていった。統計数理研究所は、戦後40年間の日本人の宗教意識の変化を追跡調査し、日本人の宗教行動は、社会の経済状況に連動していることを指摘したが、福音派諸教会の教勢も実際そのとおりの軌跡を描くことになった。

　また、1960年代後半、米国から行動科学の諸研究が日本に紹介されるようになると、人間の行動や法則性を科学的に研究し解明しようとするその学問の影響を受けた教会成長理論が生み出され、ことに福音派の諸教会に浸透するようになった。その結果に対する評価はさまざまであった。そして次第に、教会成長論に疲れを覚える、また牧師の燃え尽き症候群が起こっている、といった問題がメディアに取り上げられるようになると、新たな二つの現象が顕著となっていった。つまり1960年代初めに翻訳された当時はあまり注目されることのなかったヘンリー・ナウウェンの書籍、そしてそれに類似する癒やし系の書籍が1980年代以降次々と翻訳出版され、多数の読者を集めるようになった。そしてもう一つは、霊性を追求するセミナーが種々開かれるようになり、その参加熱が加速した。

　しかしながら、このコロナ禍によって多くの信徒と牧師が改めて自身の働きを再考する余裕を与えられるようになると、従来の成長路線でも、癒やし系・霊性追求路線でもない、一般社会において「グレートリセット」と言われる、立ち戻り現象が生じている。今回のJCE7の『「おわり」から「はじめる」宣教協力』のテーマ設定もその流れに沿うものであるが、これまでのキリスト教界が当たり前のように辿って来た大きな流れをいったんリセットし、あらゆる角度から見直し、新しい在り方を構築しなおそうとする試みが生じている。

　ただし、2023年5月8日以降、新型コロナが感染症法上5類に移行されるようになれば、再び、以前の流れや活動に何も考えずに戻っていくこともあるだろう。しかし、阪神淡路大震災、3・11、そしてその後のさまざまな自然災

害、パンデミック、戦争といった有事が続くこの時代において、聖書が語る終末のゴールを意識し、宣教と教会の形成を改めて本質から考え直し、必要な悔い改めと、仕切り直しをする、大切な機会が与えられていることは確かなことである。

2　教会形成のゴール

1)　単純な教会増殖からの脱却

　JCE7の『「おわり」から「はじめる」宣教協力』に沿って考えるにあたり、まず、教会形成のゴールについて検討しよう。これまでは、当たり前のように「教会増殖」、もしくは「教会が教会を生み出す」という言い方がなされ、拡大のイメージで考えられてきた。そして経営学を応用した諸プログラム、いわば地域のニーズを探り、近隣諸教会との差別化を図り、教会内のポテンシャルと組み合わせて成長プログラムを考案するプログラムは、その考え方を大いに後押しした。しかし、グレートリセットと言われるコロナ禍は、改めて教会成長のゴールを聖書に基づいて再考させ、さらに急速なデジタル化、グローバル化の動きの中で、世界各地で起こっている聖書的な動きに注目させる機会を与えた。

　つまりパウロは、民族的な壁を越えた教会の完成についてビジョンを提示し、それを最終的な奥義だと述べており（エペソ3：3〜6）、使徒ヨハネもその絵画的なイメージをもって、最終ゴールを示しているが（黙示録7：9）、そこに向かう具体的な動きが世界各地で起こり始めている。しかし、この動きは、今現場でどれほど意識されているであろうか。

2)　多文化共生教会を引き起こす地域社会の変化

　現在多くの教会は、近隣にはさまざまな年齢層の住人がいながら、教会の壁の中には、高齢者の割合が高いことを意識している。さらに教会によっては、教会の近隣にはDINKS（無子世帯）、単親世帯、シングル世帯など、さまざまな家族形態がありながら、教会の壁の中には何か一つの画一的なクリスチャンホーム観が強く推奨される緊張感があることも意識され始めている。しかし、教会の空間の特殊性についての気づきはそればかりではない。アンケート調査によれば、約70％の牧師が、地域の外国人居住率と礼拝における外国人

9-1 教会の周囲に住む外国人の居住率と教会内外国人の出席率の違い

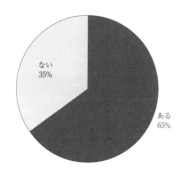

出席率のそれとには差があると感じている。つまり、教会の周囲にはさまざまな外国人が住んでいるのに、教会の壁の中は日本人だけがいるという特殊な空間が意識され始めている。米国では、地域住民の多文化的状況の中に白人だけが出席する教会が形成されている問題点が指摘されて久しく、今後2050年までには、白人がもはや多数派ではなくなる一種の多文化的転換点に差しかかると考えられている。日本も同じ方向に向かっていることは間違いがない。

しかしながら、そのような地域社会の変化に、気づいていないわけではないが、それは、今の自分たちの教会とはあまり関係のないテーマであると考えている教会は多いのではないだろうか。既に第2章「増える在留外国人と在日外国語教会との宣教協力」では、増加する在日外国語教会とのよりよい関係を築く必要のあることが述べられていたが、それすら、ハードルの高いチャレンジと思われているだろう。

9-2 外国人居住率と教会内外国人出席率の差を縮める努力

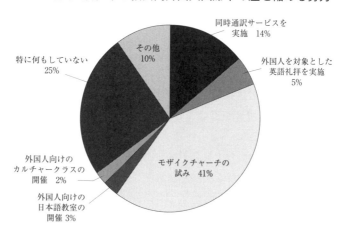

　しかし多文化共生教会形成のゴールへ向かう動きは、今や世界のあちこちで
さまざまなレベルで起こりつつあると同時に、最も自然な、宣教の本質的な課
題と受け止める必要がある。

　一般に多文化共生教会のゴールは、外国人が多く集まる国際教会をイメージ
させ、英語礼拝を始め、多様な外国人を集めていく試みのように考えられるか
もしれない。しかし実際にはそうではない。むしろ世界のグローバル化が加速
し、外国人居住者が増え、多文化共生社会が形作られていく時代の流れにあっ
て、教会がその動きに心を留め、その地域の変化と共に生きようとする中で自
然発生的に起こってくるものである。

　聖書的観点から言えば、それは創世記のバベルで神が引き起こされた混乱
（創世11：9）に基づき、アブラハム契約において始められた主のご計画（同
12：3）の実現である。つまりは聖霊の業による人類の福音の共有と一致（使徒
1：8）が進み、パウロが語る奥義が実現すること（エペソ3：6）、ヨハネが語る
神の大祝会に共に与る（あずか）ことで（黙示録7：9）、神の意思的、計画的な業として
世界各地で起こり始めていることである。それは人間が努力して作り出そうと
してできるものではないが、少なくとも、その動きに気づき、神の業を受け入
れていく開かれた信仰の目を必要とする。

　今や、教会に訪れる外国人は、一見インド系の容姿をしていても、インドを
まったく知らない、いわばイギリスで生まれ、米国で教育を受け、日本で仕事
をするために移住するようになり、日本語の習熟を必要とする外国人であった
りする。あるいは、アジア系の容姿をしていながら、その両親は青い目の白人
であったりする。つまり多文化共生教会形成の本質は、単純にさまざまな外国
人がいる教会を目指すことではない。つまりそれは、単なる同時通訳サービス
を提供する以上の働きである。むしろ、外国人にしろ、そうでないにしろ、さ
まざまな生活歴と背景を持った地域の人々のストーリーに出会い、互いに愛し
合ってキリストの下に一つとなる試みなのである。

　日本の教会は、歴史的経緯として、地域を飛び越えて、車や電車で通ってく
る人たちによって形成されていることが多いと言われる。そして地域に浸透
することができない問題を抱えている。しかしこれからは、まずは当たり前に
「地域の人々で構成され、建て上げられていく教会」を目指し「地域の変化と
共に生きる教会」となっていくことが大事にされる必要があるのだろう。とな
れば、歩いて通える距離にある教会に所属していく行動変化も必要とされるの

である。

互いのニーズから多文化的教会形成に導かれる

日本ホーリネス教団秦野キリスト教会牧師　照内幸代

秦野キリスト教会は、1つのビルを3つの教会で使用しています。1階は日本語教会、2階はブラジル人教会、3階はボリビア人教会です。併設された外国語教会があると、先に日本語教会があり、後から併設の外国語教会ができたと思われがちですが、私たちの教会は逆です。私たちよりも5年先にブラジル人教会が秦野で礼拝をしており、彼らと共に活動してはどうかと、ボリビア人教会の牧師が紹介してくださったのです。そこで2002年に日本語教会が、外国語教会が礼拝を終えた午後に会堂を間借りし、礼拝を始めたのが始まりでした。その時使用していたビルが売却されることになり、2008年に法人格を持っている日本語教会が現在のビルを名義人として購入、その返済は3教会で協力しました。日本語教会の教会員の共通の思いは、外国語教会のお陰で今の私たちがあるという感謝の気持ちです。私たちは支え合って今日まで活動をしてきました。

ところでブラジル人教会に集う大人たちはポルトガル語を話しますが、中高生〜青年世代は日本で生まれ育った日本語話者です。彼らはポルトガル語を聞きとることはできますが、話すことができません。その青年たちから「月に1度は日本語で説教が聞きたい」という要望があり、日本語教会の牧師である私が、月に1度ポルトガル語の通訳付きで礼拝説教をしています。今でも教会の駐車場を時間帯で分け合って使用しているので、日本語教会は午後礼拝を行っています。そのお陰で午前中私に時間ができるので、ブラジル人教会や近隣教会の講壇支援をすることが可能になっています。また、日本で生まれ育った子どもたちの洗礼準備会もさせていただきました。洗礼式は日本語とポルトガル語の入り乱れる、天国の先取りのような素晴らしい時間となりました。年に2回、クリスマスとイースターは外に会場を借りて合同礼拝をします。賛美の1番は日本語で歌い、2番はポルトガル語で歌い、折り返しはおのおの好きな言葉で歌って良いということになっています。これからも3教会で協力し合い、良い主にある関わりを持っていきたいです。

3)　多文化共生教会の形成と世界宣教

　なお多文化共生教会形成の動きは、非キリスト教国、およびキリスト教への敵対国に対する新たな宣教の可能性を開いている。

　世界の総人口約80億のうち、まだ福音を知らない人々は、約28億であると言われる。その内訳は、イスラム教約50％、ヒンズー教37％、仏教9％、とされている。キリスト教の福音宣教が困難な地域は、北緯10度から40度の地域、いわゆるR.ブッシュが指摘する10/40ウィンドーに位置する国々である。そして実は、このまだ福音が伝えられていない地域に派遣されている宣教師は、全世界に派遣されている宣教師のわずか5％という宣教師派遣のバランスの悪さも指摘されている。

　注目すべきは、そのような地域から日本に移住し、隣人となって生活している人々がいることであり、増加していることである。まさに世界宣教は、遣わすことを考えるだけではなく、近隣に住まう隣人に関心を向け、温かく迎え入れ、多文化共生教会の形成の神のビジョンに生きるところから自然に起こって来る。そのような地域から来た隣人を救いに導き、送り返すことで、最も自然な形で福音が、その地域に持ち帰られるからである。問われているのは、私たちの姿勢だろう。置かれた場にあって、明らかに困難と思われる言葉の壁を越えていく伝道をチャレンジとして考えるかどうかである。

3　教会の教育力

1)　教会の教育力と牧師の研修

　第1章でも触れているが、今回のコロナ禍を通して、日本の諸教会に意識されていることは、どんな活動やイベントを行うべきか、どんなネットワークを築いて教会へ求道者を導入するのか、といった小手先のノウハウへの関心では、もはや後がないことである。また第8章でも触れたように、コロナ禍はキリスト教会のデジタル化を一挙に推し進めたとはいえ、その長期化とともに、やはり宣教も牧会も結局はF2F（直接対面）で、しっかりと関わらなければ良い実を結ぶことはありえないという認識の強化である。

　この時代、牧会者の霊的力量が深く問われている。JCE6の『データブック』では、キリスト教会の教勢の低下がきわめて深刻な事態にあることが指摘され、その回復のために、教会の教育力を高めることへの注意が喚起されてい

9-3　現場で難しいと思っていること

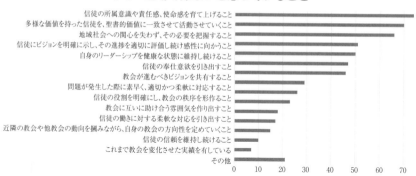

信徒の所属意識や責任感、使命感を育て上げること
多様な価値を持った信徒を、聖書的価値に一致させて活動させていくこと
地域社会への関心を失わず、その必要を把握すること
信徒にビジョンを明確に示し、その進捗を適切に評価し続け感性に向かうこと
自身のリーダーシップを健康な状態に維持し続けること
信徒の奉仕意欲を引き出すこと
教会が進むべきビジョンを共有すること
問題が発生した際に素早く、適切かつ柔軟に対応すること
信徒の役割を明確にし、教会の秩序を形作ること
教会に互いに助け合う雰囲気を作り出すこと
信徒の働きに対する柔軟な対応を引き出すこと
近隣の教会や他教会の動向を掴みながら、自身の教会の方向性を定めていくこと
信徒の信頼を維持し続けること
これまで教会を変化させた実績を有している
その他

0　10　20　30　40　50　60　70

た。それは、単純に牧師の教育力の向上を意味するわけではないが、まず教会の牧会者として立てられている牧師は、現場でどのような困難に直面しているのかを調査した。

牧師の選択率の高いものは、

①信徒の所属意識や責任感、使命感を育て上げること

②多様な価値をもった信徒を、聖書的価値に一致させて活動させていくこと

③地域社会への関心を失わず、その必要性を把握すること

④信徒にビジョンを明確にし、その進捗を適切に評価し続け完成に向かっていくこと

⑤自身のリーダーシップを健康的な状態に維持し続けること

になっている。

では、現場の牧師は、こうした力不足を補うために、どのような努力をしているのであろうか。牧師が試みている研修について調査した。

牧師が選択しているプログラムは多種多様である。また、回答者の約40%は、そのような研修は受けたことがないと答えている。その理由は、明確に学ぶ必要がなかったと答える牧師はわずか3%で、その多くは時間も経済的余裕もなかったと答えている。しばしばこのようなプログラムは、一般の経営学のキリスト教的な焼き直しと見なされて敬遠されている声もあるが、実際には、必要性を感じながらも、物理的、経済的、時間的事情で研修を受けられないでいる牧師たちの現実がある。また受講者のみに絞って分析すると、約63%以上の牧師が、少なくとも2つ以上の研修を受けている。現場の牧師の解決努力、いわば、高い研修意欲が伺える。

2）研修プログラムの効果

　では、実際にこれらの研修は、受講した牧師にどのような効果があると認められているのであろうか。研修者が圧倒的にその効果を認めているのは、①牧会理念、つまり牧会に関する考え方を整理できたこと、そして②自身の霊的な健康性の回復、そして③ビジョン形成である。しかし、信徒や教会の体質を宣教的に整えていくこと、また、奉仕者の意識をボランティア的なものから責任を持った献身的なものに整えていくことについては、その選択率は低い。

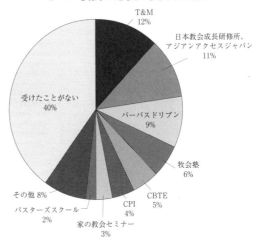

9-4　牧会の必要上受けた研修

T&M 12%
日本教会成長研修所、アジアンアクセスジャパン 11%
パーパスドリブン 9%
牧会塾 6%
CBTE 5%
CPI 4%
家の教会セミナー 3%
パスターズスクール 2%
その他 8%
受けたことがない 40%

3）研修プログラムの課題

　米国では、1970 年に ATS が専門職学位である D.Min.（牧会学博士）の授与を認めたが、4 年間の神学校での学習後に認められる「in-sequence」D.Min. はあまり普及せず、既に M.Div（神学修士）を取得し、教職となっている者を対象とする、いわゆる継続教育プログラムの「in-ministry」D.Min. が大々的に普及したとされる。その原因は、受講者に、最初の学位（M.Div）では得られなかった知識や技能の必要性が認識されたこと、またその効果として、教職としての実体験がなかったために神学校教育では現実的に取り組むことができなかった牧会の問題に取り組むことができ、専門技能を向上させたこと、さらにモラルの向上に役立ったこと等が指摘されている。一方日本では、こうした D.Min. 教育はあまり一般的ではないため、多くの牧師は、先にあげたような研修プログラムを通してスキルアップを経験する機会としているのではないだろうか。よって牧会理念を養ったり、同じ苦労を分かち合う同僚を見つけ、健康なリーダーシップを回復する手段にたどり着いたりする意味で、それらの評価が圧倒的に高いというわけである。しかし、実践的な牧会スキルの育成は、さらに時間のかかることなので、研修プログラムに対する評価は低くならざる

9-5　受けた研修が役立ったもの

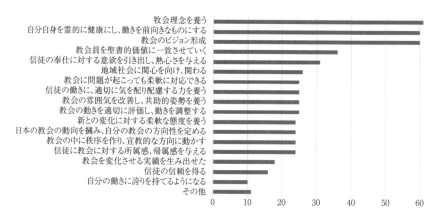

をえない。事実、研修プログラム提供者へのインタビューによれば、次のような課題も指摘されている。

　一つは、受講者の中には、即時的な効果を求める者が多く、時間をかけて取り組まなければならない牧会スキルの性質を理解できず、わかったつもりになって、中途半端な受講で終わってしまうことが多いという。また、教会の伝統、教師たちのパラダイム理解、指導力、その教会に適した取り組みの在り方などの問題により、プログラムを有効に活用する者とそうではない者との差が生じる、という。

　さらに重要な指摘は、本来、おもに米国で開発されたこの手のプログラムは、信徒と牧師が一緒に学び、一緒に教会を建て上げる筋道を見いだすスタイルを取るものであるが、しばしば受講者の中には、第三者教育機関、いわゆる教会コンサルティング的な機関が教会に加わる研修スタイルを好まず、結果として牧師がまず学んで信徒にそれを上意下達式に教えるスタイルを取るため、革新的な研修にならずに終わってしまう例も多いという。

　信徒と牧師の共同が語られて久しい。また、今や「グレートリセット」の機会にあると言われるこの時代、牧師だけが学んで信徒に教えるという従来のやり方を終えて、信徒と牧師が共に教会形成を学び、牧会理念を共有し、さらに健康な信徒と牧師の在り方について互いに理解を深め合う、新しい機会にチャレンジすることが必要とされているのだろう。

　なおこれらのプログラムは、それぞれ固有の特徴はあるものの、現在では教

材も似通い、相互乗り入れている内容も多い。ことに外来のプログラムにも、最近は和製の牧会塾と同じような自助グループ的な活動が取り込まれ、プログラム参加者の現場に即して学ぶ内容もあり、どれが日本の教会形成のプログラムとしてベストであるとは言い難いものとなってきている。つまり、どのプログラムで学ぶのか、ということよりも、しっかりと神に向かわせる個人的かつ養育的指導のできる人との出会いが重要なのである。

4　教会と教団・教派

　さて、教会形成の働きは、牧師、もしくは信徒と牧師の共同によるものであるが、いわゆる教会単独の努力によらず、さまざまなリソースを活用する中で、また所属する教団・教派の祈りと支援の中で進められていく。しかしながら、これまでのやり方では後がない状況を感じさせられる昨今の状況においては、もう一度教団・教派の、教会への関わりを見直していく、いわゆる組織改革と言うべき必要があるものと思われる。

1)　人材不足の状況（無牧教会、兼牧教会）

　既に、先の『データブック』では、主として『クリスチャン情報ブック2019』（データは2014年）に基づいて、各教団教派の牧師の無牧、兼任等の状況を明らかにした。その後、クリスチャン情報ブックの更新が久しく中断したため、経時的変化を知るためには、聞き取り調査による最新情報を入手するほかなかったが、以下提示できるデータは9団体の内容となる。

9-6　無牧、兼牧の状況

教団教派	形態	全教会		無牧		兼牧	
		2014	2020	2014	2020	2014	2020
同盟福音基督教会	教団	30	29	1	3	1	3
日本ホーリネス教団	教団	162	151	0	0	39	41
基督兄弟団	教団	67	58	0	0	16	9
イムマヌエル綜合伝道団	教団	118	111	0	0	3	12
日本イエス・キリスト教団	教団	131	124	1	0	15	20
日本同盟基督教団	教団	256	261	1	0	22	24
保守バプテスト同盟	連合	70	73	7	6	1	3
日本福音自由教会	連合	88	66	4	3	0	1
JECA	連合	187	197	9	11	1	3

　まず、教団教派に登録されている教会数は、この7年間に明らかに減少した。ただし、「はじめに」でも述べているように、近年教会の定義そのものに多様性が生じ、カウントされている教会は必ずしも従来イメージされる教会ではなく、実質家庭集会に近いものであったり、ハイブリッド型の集会も含めてであったりする。そのため数値的に教会数が増加しているように見えても、その解釈には注意を要する。

　また、無牧率、兼牧率の変化を見ると、昨今の牧師不足の状況があるという割には、無牧率が低い。しかしそれは、定年制を敷いていない教団・教派が多いためである。また定年制を敷いている場合でも、75歳、もしくは80歳まで退職年齢の延長を可能にしている団体が多いためである。ということは、統計的には無牧教会は少なく、人材も足りているようではあるが、実際には、シニア人材によってカバーされている状況がある。となれば、今後高齢化に伴う種々の人的リスクのある教会が増えていくということでもある。

　また無牧率、兼牧率には、教団教派の組織形態によって、多少の差が見られる。つまり監督制の教団よりも、会衆制の教派で無牧率が高い。そして教職の後継者問題が解決しているかどうか尋ねてみると、所属団体内に承継できる後継者がいるという場合でも、実際に監督制の教団では、教団の人材不足を承知した上で、後継者については教団任せとしている回答が多く、実質後継者が確実にあるというわけではない。実際、2022年、研究部門の中西健彦が次世代関連で行ったJEA加盟団体に向けて行った調査によると（21団体の回答）、今後10年以内に予測される教職者数の減少に対して、「引退教職者に対して新卒教職者で」50％以上満たせる団体は全体の14％で、約半数の教団教派では後継者を見つけられない状況に直面していることがわかる。

　ちなみに後継者問題は既に

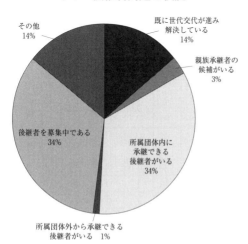

9-7　後継者問題の状況

その他 14%
既に世代交代が進み解決している 14%
親族承継者の候補がいる 3%
所属団体内に承継できる後継者がいる 34%
後継者を募集中である 34%
所属団体外から承継できる後継者がいる 1%

解決済みという教会は14％、また確保できている教会が34％、近々募集中は34％となっている。これは、帝国データバンクによる一般企業の後継者不在率動向調査による後継者不在 61.5％（2021 年調査）に比べればよいほうだろう。また同調査では一般企業での親族間の事業承継割合は約39％とされているが、キリスト教会のそれは、既に世帯交替が進み解決している 14％の内訳を確認しても、親族継承の割合は全体の 4％程度であった。

2)　人材不足への対応

ともあれ各団体での後継者問題への対応を尋ねると、まず

①現状の調査と把握

②教区協力体制の強化

③コミュニケーションの促通

④教育の強化（教職者研修会の実施）

があげられた。そして、実際の人材獲得については、従来ならば

①モラルサポート（祈りと交わり）

②協力牧会（教会役員の自主性を尊重する）

③兼任（指導牧師が主導する）

④合併

⑤閉鎖

と段階的に対応するところであるが、近年の傾向は、

①信徒の動員

②外国人牧師の積極的招聘

③IT ツールの活用

となっている。

①の信徒の動員については、ホーリネス教団の勧士制度のように、牧師の指導のもとに、牧会、宣教の一部を信徒リーダーに委ねていく方法を取るものであり、団体レベル、また各教会レベルでさまざまな試みがなされている。②外国人牧師の積極的招聘の場合には、従来異文化の壁を乗り越えなければならない課題が生じていたが、近年は、牧師として採用する前に、団体所属の神学校で学んでから採用という手続きを踏む例が増えてきている。さらに③IT ツールによるサテライト牧会も種々の実践があるものの、実際には、IT ツールによって信徒と牧師がつながる形を整えても、対面と同様に信徒一人ひとりの心

に触れ、実を結ぶ牧会がなされていなければ、教会の消滅を遅らせていくだけの措置にしかならない。

以上の対応があるとしても、超少子高齢化時代においては、もはや単純に献身者を増加させる努力には限界があるという現実をまずしっかり受け止めなくてはならない。求められていることは、少数の献身者のリーダーシップに基づき、信徒の協力とITツールを活用した形での、新しい教会の運営体制および新規開拓の在り方を教団組織と共に、教会が考えていくことである。この場合、ことに会衆制の教派組織においては、教派組織内に、そのような特別委員会を設けなくては、もはや無牧教会および閉鎖教会の増加を食い止めることができない事態である。

JCE7のプロジェクト「ITを活用した日本宣教のこれから」では、献身者減少の低成長時代に生じている教会の統廃合、また新規開拓の課題について、デジタル技術をどのように有効的に活用できるか、その可能性を追求する試みを行う。

3) 教団・教派の教育組織体制

次に各教団・教派においては、各教会の後継者問題をどうするか、という問題と同時に、教職の職能の向上をサポートし、教会の教勢を伸ばすことが喫緊の課題である。しかしながら、各教団教派の教職のスキルアップを図る職能教育システムが体系的に整備されているところは少なく、またそれらがあったとしても、そのシステムを運用する財政基盤や人材が十分ではないという課題が散見される。そのために、先に論じたように、種々の宣教団体が提供する職能開発プログラムが有効利用される必要がある。

つまり今後、教団・教派が職能向上プログラムを独自に持ち、整えていくだけではなく、たとえば保守バプテスト同盟がCBTE、日本ホーリネス教団がT&Mなどといった外部専門団体と提携して行うスタイルを検討していくことである。教団・教派が独自で何から何までやれないことはないが、もはや、コンサルタント的専門機関が、教団・教派とよりよい宣教協力関係を結ぶほうが、経済的にも効率的にも目的にかなうことだろう。

4) 教会が所属団体に期待することと職能研修

実際、各教会に、所属する教団教派に何を期待しているのかを尋ねてみる

と、

　①教職者が自由に交わり、祈り合える場が提供されること

　②教職者が国内外で研修するため利用できる研修補助制度の存在

　③青年たちが、配偶者を見つけることのできる団体としてのプログラム提供

などがあげられた。教団教派側に期待されていることは、個々の教会が活かされるために、各教会が主体的に考えて取り組み、必要なリソースとの出会いを達成する宣教協力関係を整備することであり、それは、牧師の職能研修においても言えることなのである。

【プロジェクト紹介】開拓者アセスメント＆支援センター設立プロジェクト

教団教派の新パートナー

　国内開拓伝道会（KDK）によると、戦後 70 年間に KDK が支援した教会開拓は約 250、その約 5 分の 1 の教会が閉鎖、さらに、いまだに経済的に自立できず苦闘している教会が多くあるとされる。その要因はいくつか考えられ、例えば、KDK が支援してきた開拓伝道者は、教団教派に所属する開拓伝道者であるとしても、開拓者としての適性や訓練に不十分な点があったこと、また、実際に開拓を開始した後、効果的な資金的援助や教育的支援が十分でなかったことなどである。

　今日、献身者不足が言われ、新しい教会開拓はこの数十年皆無であるという教団・教派も散見されるが、開拓者はゼロというわけではない。そうであれば、その適正を見極め、さらに、実際にその開拓伝道を効果的に進めていくため、各種宣教団体と教団教派との宣教協力をつなげ、開拓者の労がよりよい実りを得る宣教的環境を作り上げることが急務である。また日本の教会の約 70％以上の教会は、開拓教会とは言えないものの、実質開拓状態を脱していない小規模教会であるとされる。そのような教会にとっても、利用できるさまざまな教育プログラムやリソースが有効に活用されるための宣教的環境を整えることが、このプロジェクトの目的である。

5）組織階層教育システム

　そこで教団教派が力を入れるべきことは、牧師の職能よりも、教団教派としての持続性の教育ということである。以下は、団体内の研修制度を調査し、簡

易的にまとめたものである。一般に団体に必要とされる教育システムは二つあるとされる。既に述べた牧師の牧会技能を向上させ、教会の働きを促進することを目的とする職能教育的なもの、そして、教会が所属する団体を維持発展さ

9-8　理事会の研修の内容

	新任	中間	全体	その他	理事研修	理事会で必要な研修
	組織内研修					
A	○					
B	○	○				
C	○	○				
D	○					
E	○					「理念の継承」のための自主的な学び合い
F	○					
G				神学会		
H				教職者会	法律関係の説明・確認	宗教法人・総会・責任役員会の位置付けなどについてのセミナーがあると良い
I	○	○	○		理事改選後、オリエンテーション	
J	○			若手牧師のコーチング		
K	○		○	5年毎の面談、牧師研修会支援制度		総務・会計、（法律・世の規則・運用の学びの必要がある
L						年金制度等、福利厚生の研修が必要と思う
M	○		○			牧会者と信徒の相互の立場を理解し、意見交換がなされるための研修
O	○		○		伝道・牧会・諸問題の学び	教役者の成長のための研修、時代の要請に応じた学び
P			○			会議法・リーダーシップ・危機管理の学びが必要と思う

せるために必要とされる、組織階層教育と呼ばれるものである。通常は、新任研修から始まり中間幹部研修、理事研修へとつながる組織階層教育システムが整備されていくが、多くの団体でこの２つの教育の区別がついていない。職能教育は、他専門団体を活用するとしても、この組織階層教育は、独自のものが必要である。しかしながら、職能教育とは別の組織階層教育システムそのものを意識し、その流れを踏まえて教育体系を築いていると思われる団体は、調査対象の中では１団体に過ぎなかった。

　また、教団教派運営の鍵を握る理事会、いわば組織階層教育の上位研修（幹部研修）の必要性を感じている団体は多いが、実際に研修を制度化している団体は、わずか３団体である。一般に組織として理事会が受けるべき研修は、実務職的なものよりも、理事会としての判断が求められる①危機管理事項、②国内・海外業務内容の改善と拡大、それに伴う③組織体制の整備、そして④新しい事業変革に関するものと言われる。もちろん、日本の宗教法人法の責任役員を兼ねている場合は、宗教法人実務に関してある程度理解しておかなければならないこともあるが、本来の宣教団体としての理事会に求められる研修を意識して取り組んでいる団体、また取り組もうとしている団体は少ない。

6)　理事会（代表役員）制度

　次に、理事会の現況を調査した。理事会に、適切な人材が選任され、時代に即した健康的な世代循環が進むことは、各個教会や団体のパフォーマンスに重要な影響を与える。時代に即した健康的な世代循環に欠かせないのが、理事の任期制である。理事の任期制を定めている団体は約62％、定年制を定めている団体は約56％であった。再任の反復により在任期間が長期化しやすい仕組みがあると、ある程度一貫性のある運営を可能とする。しかし、それはデメリットになる場合もある。つまり、在任期間が長期化することで、理事年齢の高齢化が進み、特定理事の利害関係が深化する。その結果独断専行的な団体運営に陥る危険性が生じる。他方、ある程度の在任期間が確保されないと業務改善、新事業変革が進みにくい。だから、9-9 に見るように、再任規制を定めているのは、妥当な判断ではあるが、その期間は当該組織の目的に沿ったふさわしいものが考えられなくてはならない。たとえば、組織が成熟し、理事会に期待される役割が連絡調整というものであるのなら、６年は妥当な線と思われるが、組織内にシンクタンク的な役割を果たす部署がなく、その役割も期待され

9-9　理事の年齢、任期

	理事の年齢						理事の任期、定年			信徒理事数
	30代	40代	50代	60代	70代	80代	任期	再任規制	定年	
A		2	5	5					65	3
B			3	6					70	3
C			3	3	12				75	3
D	1	4	3	4			2年	有4年（2期まで）	70	0
E	1	2	3				2年	有6年（理事3期、代表4期まで）	65	0
F			4	2	6		3年	有6年（理事、代表2期まで）	78	3
G			3	6			2年		65	0
H		1	9	3	1		3年	有6年（2期まで）	教職70、信徒なし	2
I	1	3	3		1				教職65、信徒なし	4
J			1	2	3					0
K		5	2				2年			2
L	2	1	3	7	2					9
M			1	3	2	1	2年			3
N		1	1	5	2		2年	有6年（理事、代表3期まで）		3
O			1	1	2		5年			0
P			2	2			3年	有6年（理事2期まで）		0

ているとしたら6年は微妙な長さである。また、定年制を採用する目的が、主として理事任期制と絡んだデメリットの抑制にあるのだとしたら、その目的にかなう定年年齢は考慮すべきである。

　また、こうした任期制、定年制と合わせて考えなければならないのが、先に述べた、組織階層教育システムの整備である。若手人材の登用に向けた組織階層教育の体系が整っていないと、理事として適切な教育を受けていない人材が理事になる、いわゆる早すぎた世代循環が進みやすい。教団組織の刷新のためには、理事会制度の改革とその運用の適性化から取り組まなければならないの

であるが、それは同時に、階層教育システムをどれほど整えているか、また、そのシステムを動かせる人材がどの程度確保されているかということを抜きには考えられないのである。

　若手が理事に登用されると、組織が活性化され、相乗的に若手人材の意欲を高めることになる。しかし、それはシニア人材のモチベーションを大きく低下させ、協力を得にくくなり、組織改革の動きを停滞させる。しかしこれも、問題が発生してから対応するものではなく、組織階層教育システムの課題の一つとして考えられていなくてはならない。一般企業でも事業の譲渡側と後継側の意識や感情のずれ、後継側の能力が追い付かない問題は多々指摘されているが、それは、キリスト教会の教団教派組織でも同じことである。そして実際には、譲渡側と後継側の間に挟まれた、触媒役となる中間管理職となる人材への配慮、触媒役への適切な評価と活動への提供も考えられていなくてはならず、これも組織階層教育プログラムの中に組み込まれなければならない要素である。

　ちなみに、約 62％の団体では、信徒理事を採用している。信徒と牧師と協同の時代と言われるこれからの歩みにおいて、避けて通ることのできない課題である。

7)　各教派団体の福利厚生

　牧師の健康的な世代循環を進めるために考えなくてはならないもう一つのことに、福利厚生の問題がある。以下は、各教派団体の福利厚生面での調査概要である。団体によって、差のある内容であり、それぞれが努力目標を達成しようとしている状況がある。

9-10　牧師の退職などの手当てについて

所属教団教派	一時金	算出方法		年金	内容
		中退共	教団独自の算出方法		
日本聖泉基督教会連合	×			×	
キリスト兄弟団	×			×	
福音交友会	×			×	

東京福音センター	×			×	
日本福音キリスト教会連合	×			×	
日本神の教会連盟	×			○	現在整備中
日本福音自由教会協議会	×			×	
活けるキリスト一麦の群	×			×	
日本バプテスト教会連合	○	○		×	
日本ルーテル同胞教団	○	○		×	
福音伝道教団	○	○		×	
同盟福音基督教会	○	○	勤続年数に合わせて、掛け金を設定。算出表に基づき数年毎に更改、掛け金は最大 1.2 万円	×	
日本イエス・キリスト教団	○		勤続年数 10 年 = 60 万　勤続年数 11-36 年 = 60 万 + 10 年以上の勤続年数 × 9 万　勤続年数 37 年以降 300 万 + 36 年以上の勤続年数 × 10 万（上限 400 万）他教会で担任教師に対して毎月最低 5000 円以上の退職積み立て	×	
基督聖協団	○		勤労年数を満たす者に、一括 or 月々の支給	○	一括 or 月々の支給・生涯
日本聖約キリスト教団	○		20 万	×	

日本同盟基督教団	○		基礎退職金（上限6．9万円）×教会担任在職年数（年）	×	
イムマヌエル綜合伝道団	○		在職5-9年：1万/年＋在職10-19年：2万/年＋在職20年以上：3万/年。以上の合計額　上限150万	○	70才で退職の場合3万円／年、退職時の年齢により段階的に加算、上限は80才退職時6万円／年召天まで受給
世界福音伝道会	○		退職時の俸給月額×勤続年数×0.5	×	
単立・鎌倉海岸キリスト教会	○		勤続年数	×	
単立・シオンの群教会	○		40万	×	
東京フリー・メソジスト教団	○		勤続年数×12万（夫婦伝道者）、勤続年数×7.2万（単身）Ex.勤続30年以上の夫婦で480万	○	終身、夫婦の場合月20万円の標準額から公的年金を差し引いた金額＋住宅手当（8万円あるいは6万円）単身者は75％
日本ホーリネス教団	○		年数によって計算	○	隠退から召天されるまで

9-11　牧師の福利厚生

所属教団教派	小教会の救済	内容	各教会の退職積立	厚生年金	福利）牧師厚生部署	その他
キリスト兄弟団	○	教団の年金制度はないが、引退牧師に対する生活援助金を加入者に支給	不明	不明	福利厚生委員会	資産運用をしている牧師の有無や割合を知りたい

日本バプテスト教会連合	○	中小企業退職金制度	ない	10%未満	なし	
日本イエス・キリスト教団	○	申請により住宅費援助金、上限5万円	ある	100%	厚生部と委員会	
日本同盟基督教団	○	70歳で教団退職金支給、退職者の生活困難者には教団の生活互助制度あり。	ある	47%	社会厚生部	引退後の生活支援の充実は、現役教師の将来への安心感につながる。
東京福音センター	○	過去に開拓教会牧師が退職金として一定期間親教会から受け取っていた	ある	100%	大宣教会議	
世界福音伝道会	○	教会援助金と教会積立金がある。要請により随時支給。	不明	100%	理事会	
東京フリー・メソジスト教団	○	規程で決まっている	ある	90%	厚生委員会	
日本神の教会連盟	○	申請により、月額6万円の教会助成金あり。	ある	約65%	事務局	
日本福音キリスト教会連合	×		不明	不明	福利厚生委員会	
日本聖泉基督教会連合	×		不明	不明	なし	
イムマヌエル綜合伝道団	×		不明	不明	厚生委員会、及び総務局厚生部	

福音交友会	×		ある	30%	福祉部会	
同盟福音基督教会	×		ない	72%（常勤は100%）	教団役員会	
基督聖協団	×		ない	20%	教師福祉会	
日本ルーテル同胞教団	×		ある	95%	財務厚生部	
福音伝道教団	×		ある	52%	人事厚生局（厚生部）	
日本聖約キリスト教団	×		ない	100%	厚生局	
単立・鎌倉海岸キリスト教会	×		不明	現在1名	なし	
単立・シオンの群教会	×		不明	60%	なし	
日本福音自由教会協議会	×		ある	約70%	協議会役員会	
活けるキリスト一麦の群	×		ない	22%	なし	各個教会で対応。
日本ホーリネス教団	×		ない	厚生年金に加入してる教会は15教会、厚生年金を受給している隠退教師数は不明。	奉仕局	

8)　牧師の退職年齢

　牧師の退職年齢については、教団教派のみならず、個人の召命観の違いもあり、論ずるに難しい問題であるが、やはり聖職者とはいえ、一般の社会と同じように、組織の長としては難しい年齢を迎える状況は考える必要がある。生涯献身者という考え方もあるが、実際高齢化することによって、一般社会組織で指摘される問題は、聖職者とはいえ無縁ではない。退職後、もしくは年齢的な課題を持った教職者の位置づけについて、教団教派それぞれにさまざまな対策が考えられている。

9-12　牧師の定年制について

所属教団教派	定年	年齢	その他
日本バプテスト教会連合	×		
福音伝道教団	×		
日本同盟基督教団	×		
日本聖泉基督教会連合	×		
イムマヌエル綜合伝道団	×		
福音交友会	×		
東京福音センター	×		
日本福音キリスト教会連合	×		各個教会による
日本神の教会連盟	×		
単立・鎌倉海岸キリスト教会	×		
単立・シオンの群教会	×		
日本福音自由教会協議会	×		教団ではないため、各個教会によってバラバラ
活けるキリスト一麦の群	×		群の中で90歳以上の牧師もいるなど定年制はない。各個教会主義のため群としての対策する予定は今の所ない。教会によっては退職金制度について話す委員会を設置。
キリスト兄弟団	○	75	75歳以降1年ごとに更新、80歳にて退職
日本イエス・キリスト教団	○	75	80歳まで1年更新の嘱託可能
同盟福音基督教会	○	65	定年退職後、定年まで奉仕した教会には原則所属しない。75歳までの再雇用または非常勤教役者としての雇用あり。教団総会の代議員資格：嘱託教役者は70歳まで。

基督聖協団	○	75	
日本ルーテル同胞教団	○	65	
日本聖約キリスト教団	○	65	
世界福音伝道会	○	65	
東京フリー・メソジスト教団	○	70	高齢牧師の中には、引退しても「生涯現役」を主張する方がおり、どのように受け止めるか思案している。
日本ホーリネス教団	○	75	80歳まで延長できる。

9-13　牧師の退職後の処遇

所属教団教派	退職者への教団の求め					退職後の立場					その他
	牧師会	総会	セミナー	無牧教会派遣	その他	牧師	協力牧師	名誉牧師	信徒	その他	
キリスト兄弟団	○		○			○	○	○			
日本バプテスト教会連合	○			○		○			○		
日本イエス・キリスト教団				○		○					
同盟福音基督教会	○		○	○	総会の代議員（70歳迄。教会が教会の代表として派遣する場合は75歳迄）	○	○		○		75歳までの再雇用の場合。牧師－担当教会あり、協力牧師－無任所牧師。
基督聖協団	○	○	○	○		○				引退牧師	
日本ルーテル同胞教団					交わり・協力は任意					定年後は「継続教職」、その後引退後は「引退教職＝信徒」	

福音伝道教団					教団派遣教師になる場合も			○	
日本聖約キリスト教団									教団に残る場合、嘱託雇用
日本同盟基督教団					なし			○	
日本聖泉基督教会連合						○	○	○	
イムマヌエル綜合伝道団					各教会の要請で奉仕する場合あり				引退牧師
福音交友会					なし			○	基本は信徒
東京福音センター	○	○	○			○			
世界福音伝道会	○	○	○	○		○		○	
日本福音キリスト教会連合					退職した時点で教会連合の教職者扱いは外れるため、協力牧師となり、現役教職者と同じ扱いとしている	○	○	○	
日本神の教会連盟					なし		○		
単立・鎌倉海岸キリスト教会						○			
単立・シオンの群教会									

日本福音自由教会協議会	△			教役者総会への出席	○	○	地域教会によって異なる	一つのビジョンとミニストリーにおいて、そのスピリットを保ち、育まれるケースは、結果的に世襲制が次の霊的リーダーになる傾向がある。
東京フリー・メソジスト教団	○			協力牧師の場合		○	希望により引退牧師	引退しても「生涯現役」を主張する方がおり、どのように受け止めるか思案している。
活けるキリスト一麦の群				退職制度なし	○			働きができる限りは現役
日本ホーリネス教団			○	年会への出席	○	○		

　例えば調査結果を見ると、牧師会やセミナーなどの交わりの維持、無牧教会派遣という形でのつながりが多い。また退職後の位置づけは、信徒とする例が多い。問題は、信徒と位置付けられても、自分が牧会した教会に残るケースでは、そのように見てはもらえず、そのため、後継者との関係で難しい状況が生じたりすることである。また、そのことを配慮して他教会に赴くものの、受け入れ先の教会がなかったり、意を決して新しい開拓を始めても、年齢と共に、新来会者、ことに難しい来会者のケースへの対応能力が落ち、結果、行き場所

を失っている状態にあったりする教職も少なくない。

　教職の老後の課題は、信徒と牧師とが一緒に研修する課題と同じで、そもそも信徒と牧師の関係の在り方を根本的に考え直していく必要のあるものと言える。

9)　次世代理事の課題

　ところで、これまでのリーダーたちは、神への献身を合言葉に、自ら、そして家族をも犠牲にし、労することを厭わなかった。神はその努力を用いて、多くの実が結ばれてきた。しかしそれだけに、世の中の一般企業が社員の福利厚生の制度を整えてきたほどに、教会のそれを整える余裕を持たずに来てしまった教団、教派も多い。そうなると教職によっては持ち家もなく国民年金で生活せざるをえない、いや、その国民年金もしっかり支払えない期間があったために退職後十分な収入が確保できない事態に直面する者もあると聞く。その結果、恩を受けた神の家族にではなく、未信者の血縁の家族に老後を見てもらうケースもあるという。

　これまで、以上のような議論はタブー視され、取り上げられることも少なかった。しかし 2030 年問題は、ただ超少子高齢化という時代背景のもとに教勢を伸張させるだけの問題ではない。それは、これまでキリスト教会を築き上げてきて、次世代に後を託す先人たちの老後をどのように見ていくかという課題にも直面させるのである。つまり、そのための組織構造的な改革を考え、さらに、団体と教会の在り方を見直し、主体的な教会の働きが活かされるシステムを考えていくことを必須としている。

　こうして現理事会を担う次世代のリーダーは、これまでのリーダーたちが経験してきた時代とはまったく違う状況と課題を背負っていることへの祈りが必要とされるのである。

5　教団・教派と日本福音同盟（JEA）

1)　教団・教派が日本福音同盟に期待すること

　最後に、教団・教派が JEA などの超教派組織に期待していることは、

　①教会の併合など、教団・教派の垣根を超えた協力の調停

　②伝道・牧会に関する情報交換

　③交わり

　④励まし合い

　⑤弁護士、司法書士、医師など、専門職の方々の情報共有

　⑥ユースの人材交流、結婚への対策

などである。

　日本福音同盟（JEA）は、聖書信仰に立つ福音的諸教会の交流・協力機関として、相互理解と交わりの促進、諸問題への必要な対処、各種専門委員会による調査研究の実施と情報の提供、世界の同様の団体との協力提携を目的として活動してきた。しかしながら、JEA の働きを支える働き人は、ほとんどが、所属教会のみならず所属教団教派の責任を負う教職やパラチャーチスタッフである。1968 年にスタートしたこの超教派団体の働きは、当初とは比べものにならないほどに拡大し、ニーズも肥大化しているが、実際の運営は、いまだに有志的な協力に頼っている。つまり、教団・教派が JEA に期待する本来の目的を達成するには、それ相当の専任・専門職員を必要とするにもかかわらず、そうではない状況がある。結果、物事が進みにくい事態が生じるのはよく理解できるところである。

　例えば、JEA では、教派を超えた地方教会の統廃合などの課題をはじめ、種々の合意形成を進めやすくするために、諸教派の理事会の交流を促進するためのインフラ整備への取り組みを 2015 年から始めている。しかし、実際にはなかなか進んでいない。もちろん、理由はそればかりではないが、そこに有志的働きの限界性の問題があるのは言うまでもない。となれば、JEA がこの状態を脱して、種々のニーズに対応する運営基盤を確立していくためには、各所属教団教派、専門団体は、それなりの覚悟と意欲を持った人材を、やはり意識的に選んで送り出す必要があるのではないだろうか。

　JCE7 プロジェクト「福音派の新しい宣教協力の枠組みへの提案」は、超少子高齢化の時代に、スリムな運営体系で最大のパフォーマンスを生む仕組みを検討するプロジェクトになると考えられるものである。

【プロジェクト紹介】福音派の新しい宣教協力の枠組みへの提案

　1970 年代以降、福音派の結束力が弱められる状況と並行し、各教会の教勢も落ちている現状がある。他方、地方においては、福音派の枠組みを

超えた宣教的交わりの必要性が感じ始められ、実際に行われている。また社会的、福祉的、政治的な問題について、日本の諸教会が協力を余儀なくされている状況もある。さらには、神学的協調性について改めて検討されなくてはならない課題も提起されている。宣教協力の推進が求められる一方、その方向で動くことについて、何をどの範囲において協力していけるのか、その可能性と課題を明確にし、その上で、一つの方向性を共に考えていく必要がある。

　本プロジェクトは、超教派の宣教協力の在り方をめぐって、JEA、NCC、さらには聖公会、カトリックの研究部門などから情報収集を行い、宣教協力の課題、可能性について整理し、また、新しい宣教協力の枠組みについて明確にしていく。

2）　JEA と教団・教派に必要とされるリーダーシップと研修

　さらに教団・教派が日本福音同盟などの超教派活動を考える場合、課題となっているのは、教団教派間での考え方の基盤共有が進みにくいことである。現代のように、正解のない、低成長プロセスをたどらざるをえない状況において一般社会で注目されているのは、同業他社が合い集まる「越境学習」である。おそらく今後のキリスト教界においても、この時代を乗り越えるために、所属する教団教派の枠を超えた学び、あるいは学びを共有する機会が必要とされている。というのも、戦後福音派のリーダーシップを担った先人が、教団立の神学校のない時代、同じ神学校で同じ釜の飯を食べながら学び、各団体に散っていくことで自然になされていたことを、今、新たに制度化する必要が生じているのだ。実際これからの次世代のリーダーに求められていることは、これまでのやり方にとらわれず、ゼロからイチを生み出すことであるが、それは、基本的には古い世代がたどったのと同じように、皆で集まりあい徹底して語り合う作業を通じて生み出されるものと言える。なお、こうした教団教派の越境学習につながる試みの手始めとして、JCE 7 で取り組む神学校交流プロジェクトが検討されている。

【プロジェクト紹介】神学校交流プロジェクト

　戦後の時代の変化と共に、徐々に各教団教派での教団立の神学校が設立

され、その働きが整えられるようになると、教団立の神学校で育てられた教職は、超教派活動において初めて顔を合わせ、そこから人間関係を作り、またビジョンや活動のすり合わせをするようになる状況も生じた。本プロジェクトは、そのような時代背景を踏まえて、各神学校の独自性を尊重し、守りながら、神学校間の主体的な交流を推進していく。

　既に、関西方面、関東方面、さらにホーリネス系の JEF 神学校協議会など、いくつかの系統による神学生交流が進められており、本プロジェクトはそれらをつなぎ、さらに強化し、これらの全国的な神学生（研修生）交流プログラムを進めていくことによって、神学校卒業後の現場での超教派活動を進めることのできる即戦的な人間関係を構築しようとするものである。

6　おわりに

　本稿で述べてきたことは、ある意味で、皆が普段感じていることを再確認するような内容かもしれない。グレートリセットが起きていると言われるこの時代、教会に与えられているチャレンジは、多文化共生教会の動きに目を開き、取り組んでいくことであろう。それはこれまでの単純な拡張的成長論ではない、質的な教会の成熟と完成に向かっていくことを方向性としている。もはやただ増殖するだけの教会ではなく、ソーシャルディスタンスが叫ばれても、感染力を失わないいのちある教会、世の光となり続ける教会が求められている。

　また従来教会の教育力が弱いと指摘されてきたが、問題になっているのは、教職の教育力というよりも、信徒と教職が共に育む教会全体の養育力である。それは、これまでどおり牧師が勉強し、それを信徒に伝えるというやり方ではもはや達成しえないものである。これからは、牧師と信徒が裃を脱いで一緒に学び、共に神の御業に参画していくのである。牧師が信徒の困難を聞くだけの時代も終わりである。信徒も牧師の困難を受け止め、共に信仰共同体として支え合い、教会の未来を創り出す歩みをスタートさせなくてはならない。そのような教会の主体的努力を支えるのは、しっかりとした教団教派内部の体制づくりであることに間違いはないが、教団教派ができることにも限界がある。超少子化高齢化社会においては単純な献身者増の目標も限界がある。となれば、教団教派の限界や献身者数の限度を補う新しいシステムが、教会、教団教派、宣

教団体、そして JEA との時間をかけた話し合いのもとに創り出されなければ
ならない、ということだろう。そのような意味で、JCE7 のさまざまなプロジ
ェクトが計画されていることも紹介させていただいた。JCE 宣教協力プラッ
トフォーム（https://jcenet.org/teamjce）でなされていく今後の議論もぜひ参照
し、活用していただきたい。 （福井誠）

第10章　JCE7東海宣言　「おわり」から「はじめる」私たちの祈り

1　JCE7東海宣言が生まれるまで

　第7回日本伝道会議（JCE7）プログラム局は、『「おわり」から「はじめる」宣教協力』というテーマに添った宣言文（誓約文）を草の根的に作成することを構想した。従来のJCE宣言文とは色合いの異なる出発点である。各地の牧師、信徒の意見を収集する手立てが用意された。ウェブサイトで広く声を聞けるようにし、JEA加盟団体や各地の牧師会、宣教ネットワークなどに呼びかけてディスカッションを依頼した。おもな質問は次の4つ。

　2030年、私たちの宣教の働きはどのようになってほしいと思うか。

　そのために何を大事にすべきか。

　そのために何を終わらせたらよいか。

　そして何を始めたらよいか。

　2022年春を目途にしていた収集結果の要約は、なお広く声を聞くために幾度か延期された。時間を要した面はあるが、多くの声が寄せられたことは幸いであった。

　宣言文作成委員会は、上記の要約版をもとに、聖書的、神学的考察を加えて、宣言文案を整えるという務めのために集められた。聖書信仰を機軸としてさまざまな立場や世代の奉仕者が集められ、その中の「作業部会」では30歳代、40歳代の伝道者が大切な奉仕を担ってくださった。途中で計画変更に直面して、作業部会が中心となって文案を編むことになった。多くの声を分析・分類して文案の枠組みを整え、宿題を持ち帰り、オンラインで作業を続けた。委員会全体で共有しながら、大きな変更も経験し、結果、「祈り」として編む方針に着地した。

　困難な時代に希望をしっかり握って祈る。宣言ではなく、誓約というよりも、主にささげる「祈り」を共に告白することへと導かれた。感謝と賛美、悔い改めやとりなし、嘆願もあり、誓約のような面もある、このたびの「祈り」に導かれたことを主に感謝して、JCE7のテーマに並べて祈りのタイトルを付けた。

その第1次案を1年前大会で公開して、フィードバックを呼びかけた。各地の地区大会からの応答を中心に多様な反応をいただき、並行して委員会で内容の精査を続けた。今年1月には第2次案を公開し、引き続き諸教会からの声をうかがった。切迫感もあれば希望の響きもあり、嘆きもあれば主に期待する前向きな声もあり、実に多様な応答を得た。

日本伝道会議として包括的に、しかし総花的にではなく、この第7回ならではの祈りを編むことができたと信じる。簡潔に、しかも的確かつ十分に、という両立至難の挑戦を主が助けてくださったことを感謝している。長い祈りだという印象は拭えない。6項目に分けたので、会議の後も1日1項目ずつ、日々の祈りに加えて、祈り続けていただきたい。

一行一行の祈りの背景にさまざまな問題意識や時代認識があるが、それは解説文で紹介した。用語や表現の選択の背景についても解説文で触れている面があり、『宣教ガイド2023』の資料や解説を参照している部分もある。ぜひ精読していただきたい。解説文には、委員のほかにも数名の執筆者の協力を得て、それぞれの専門や見識から貴重な文章を寄せていただいた。記名の記事にしていないのは、文責は委員会にあるという立場の表明である。委員会として全体を確認し、編集を加えたが、執筆者の視点を活かした面もあって、多様性が残ることをよしとした。ともあれ、解説文を手がかりにして、問題意識を広げ、祈りを広げ、宣教協力の具体的な結実へとつなげていただければ幸いである。

（宣言文作成委員長　赤坂泉）

2 「おわり」から「はじめる」私たちの祈り

※・司会者と◆会衆が交互に祈り、「一同」とある箇所は全員で祈ります。

1 「おわり」を見つめることができるように

- やがて栄光の主として来られ、天地を新たにしてくださる世界の完成者なる神さま。

◆ 私たち聖書信仰に立つ日本の教会が、京都会議から神戸会議まで6回の伝道会議を重ねて宣教協力を深め、国内外の福音宣教の働きに参与させていただいてきたことを感謝します。私たちは、宣教の主ご自身がみわざを前進させてくださることを信じ、主への期待をもってこの祈りを御前にささげます。（解説(1)）

- 今、私たちは「おわり」の時に立っています。民族は民族に、国は国に敵対して立ち上がり、平和が脅かされています。大きな地震があり、深刻な飢饉や未知の疫病が起こっています。
- ◆ 環境破壊が急速に進み、災害が甚大化しています。世界の各地で起きている迫害や紛争も深刻です。あらゆる分断が世界を覆い、格差の拡大に、貧困に、倫理の混迷に世界中が痛み、うめいています。（解説(2)）

- 教会が直面している困難も多面的かつ深刻です。多くの教会で高齢化が進み、献身者の減少が顕著です。兼牧や無牧の教会が増え、教会の合併や閉鎖、奉仕者の燃え尽きが止みません。（本書第 9 章参照）
- ◆ 新型コロナ感染症のもたらした交わりの課題や経済的な困難もあります。さらには、キリスト教から生まれた異端・カルトにより家庭が崩壊し、心も体も傷ついている人々が多くいます。（本書第 1 章、第 7 章）

一同：主よ、私たちが遣わされているこの時代の現実から目を背けることなく、聖霊なる神に探られ、教えられて、悔い改めと主への信頼に生きることができるように助けてください。「おわり」の日の幻を見つめ、希望をもってあなたにお仕えします。私たちをあわれんでください。

2　立場を越えた宣教協力を「はじめる」ことができるように

- 私たちをご自身のかたちとして造られた創造主なる神さま。
- ◆ この世に生を受けたすべての人が、神によって与えられたいのちのゆえに、尊厳をもって福音に生きることができるようにしてください。

- 家庭や学校で、声を上げることができないまま苦しむ子どもたちに気づき、手を差し伸べることができますように。
- ◆ 若い魂が主と出会い、神に由来する自分の存在意義をはっきりと知ることにおいて健全に成長し、学ぶこと、働くこと、そして遊ぶことを通しても、主を賛美する者となりますように。キリスト者の豊かな交わりに生かされ、聖書が語る希望に人生の土台を据え、生涯を通して神との確かな関係に生きることができますように。（解説(3)、(4)）

- 独身として歩む人々と結婚に導かれる人々が、それぞれに与えられる祝福を聖書から学び、賜物を生かして、主にある喜びのうちに歩めますように。神の愛のうちに家庭が築かれ、家族一人一人が、暴力や虐待などあらゆる危険から守られ、祝福を味わうことができますように。(本書第5章参照)

◆ 年齢を重ねた人々が、永遠のいのちの希望をもってさまざまな変化を受け止め、「外なる人」は衰えても「内なる人」は日々新たにされることを覚えながら歩めますように。(解説⑸)

- 性的少数者、外国人、路上生活者、重い病や心や体の「障害」を持った方など、偏見や差別、無理解に苦しんでいる方々が教会にもいます。そのうめきや葛藤に耳を傾け、互いの弱さを担い合うことで、私たちをキリストの力がおおう教会としてください。(解説⑹)

◆ 信徒と教師が、互いの役割の違いを理解しつつ協力し、それぞれの個性を尊重して支え合い、共に主の教会を建て上げることができますように。そして、職場、地域、家庭など、あらゆる領域で信仰をもって生きる信仰者一人一人が、神の国のために用いられることを確信させてください。(解説⑺)

一同：私たちは立場を越えて、教会の交わりに生きる喜びを知り、互いを尊敬し合いながら、それぞれの立場に届く形で福音を分かち合っていきます。主よ、私たちに宣教のための知恵と尽きることのない情熱をお与えください。

3 教派を越えた宣教協力を「はじめる」ことができるように

- キリストをかしらとする教会に私たちを加えてくださり、そのからだの各部分としてくださった贖い主なる神さま。

◆ 教会が真実に神のみを礼拝し、主の御名のもとに伝道、教育、奉仕のわざに忠実に励み、愛のある交わりを実現できますように。(解説⑻)

- 教会の歴史を学びつつ、変えるべきことと変えてはいけないものを見極めることができるよう助けてください。かつて日本に置かれたほとんどの教

会は、教派を越えた協力のなかで、戦争に加担し、天皇を神とする偶像崇拝を行い、アジア諸国においても神社参拝を強要する国家に与するという罪を犯しました。私たちはその罪を悔い改めます。

◆ この時代の政治状況を注視し、為政者のためにとりなしつつ、イエス・キリストの十字架の赦しと、復活の力により、主のきよさに生きる者としてください。私たちの隠れた罪を示して、姿を変えて私たちに忍び寄る偶像崇拝の誘惑に打ち勝たせてください。(解説(9))

• ローザンヌ運動を通して促されてきたように、私たちは「ことば」と「わざ」を通してイエス・キリストをあかしし、福音をあまねく届けたいと願っています。

◆ 東日本大震災、さらに各地を襲った災害による被災地での教会の働きが続けられて来ました。そこにある痛みを担うという、地上に置かれた教会の使命を、そして教派を越えて協力することの必要性を私たちは強く教えられてきました。

• 私たちのなかで福音の包括的な理解がさらに深められ、協力して社会的責任を果たせますように。

◆ キリスト者の多種多様な働きが教会のわざとしてますます充実し、あらゆる分野において神の国が実現し、福音が前進しますように。(本書第9章)

一同：主よ、私たちは教派・教団・教会・働きの壁を越えて、仕え合い、学び合い、一つのからだである教会として協力して宣教に取り組みます。私たちに愛を加え、謙遜な心を与えてください。(解説(10))

4　地域を越えた宣教協力を「はじめる」ことができるように

• 日本と世界各地に生きる一人一人を愛し、生かし、配慮してくださる主権者なる神さま。

◆ 私たちが、置かれた地域の歴史、文化、風習を理解し、人々の生活を重んじながら、多様な人々の心と現実に届くことばを語ることができますように。

- 地域の文化に福音の息吹を吹き込み、主にある新しい文化の創出と、神の国の実現のために、私たちを整え用いてください。
- ◆ 従来のさまざまな宣教方法や枠組みにとらわれることなく、継ぐべきものと捨てるべきものを取捨選択し、新しい取り組みに挑戦することができますように。（解説⑾）

- 私たちが固定観念から解放され、地域の事柄に柔軟かつ果敢に取り組むことで、世界に祝福をもたらす教会を建て上げていくことができるようにしてください。
- ◆ それぞれの教会が教えられたことや受けた恵みを、地域の壁、特に「都市」と「地方」の壁を越えて分かち合う機会をこれからも追求し、実践します。（本書第4章参照）

- 困難の中にある教会や宣教団体をお守りください。孤立することがないよう、祈りと献金をもって支え合い、オンラインも含めた交わりをもつことができるように、私たちを押し出してください。
- ◆ とりわけ、被災し、厳しい状況に置かれたままの人々と地域があります。私たちは福島をはじめとする各地の大きな痛みと、声なき声に耳を澄ませ続けます。（解説⑿）

一同：私たちが事実を風化させたり、他人事として見過ごしたりすることがありませんように。むしろ被災した方々とともに歩む意識、今後に起こる災害に備える意識、地域をこえた当事者意識を持たせてください。

5　文化を越えた宣教協力を「はじめる」ことができるように

- 世界の隅々にまで御目を注ぎ、それぞれの文化を生かしてくださる、和解の主である神さま。
- ◆ ウクライナをはじめ各地で戦争が起こっています。主よ、平和をもたらしてください。また私たち自身の中にある、争いを生み出す欲望を自覚させ、平和をつくる者とならせてください。（本書第6章）

- 富む者がますます富み、貧しい者がますます貧しくなっています。飢餓や

搾取をなくし、互いに助け合い、支え合い、分配し合う世界を実現させてください。（解説⒀）

◆科学技術の進歩に伴い、かつてない問題や新たな弊害も生まれています。私たちが神を正しくおそれ、聖書の倫理といのちが軽んじられることがありませんように。むしろ、主にあって科学技術が有益に用いられ、人間の生活の向上に資するものとなりますように。（解説⒁）

• 神の創造された麗しい世界が、罪と堕落の影響を受けてうめいています。私たちの貪りの罪を赦してください。地球温暖化や環境破壊に歯止めをかけ、すべての被造物が調和して憩う世界の実現のために、私たちを被造世界の秩序の回復に仕える管理者として用いてください。この第7回日本伝道会議を契機として、全教会的に環境保全の取り組みが具体化するように道を開いてください。

◆主よ、私たちは国境を越えて、文化を越えて、地球規模の諸問題に取り組んでいきます。（解説⒂）

• そのために、まず国外の日本語教会と国内の外国語・多言語教会、あらゆる働きに従事する宣教師たちとの連携と協力を進めます。

◆私たちは、外国から日本に来てくださった兄弟姉妹を感謝し、歓迎します。尊敬をもって違いを学び合いながら、多文化に開かれた教会として、共に世界に広がる宣教を担っていきます。（本書第2章、第3章参照）

一同：私たちの働きは、あなたの宣教の一部です。あなたが始め、やがて完成させてくださることを確信しつつ、最善を尽くして労します。私たちにあなたの視点を与えてください。

6　「おわり」から「はじめる」ことができるように

• 主よ、私たちは、まことに厳しい現実に置かれています。しかし、主にあって希望を失いません。私たちは目を上げて、主が再び来られる日を待ち望みます。

◆「その後、私は見た。すると見よ。すべての国民、部族、民族、言語から、だれも数えきれないほどの大勢の群衆が御座の前と子羊の前に立ち、

白い衣を身にまとい、手になつめ椰子の枝を持っていた。彼らは大声で叫んだ。『救いは、御座に着いておられる私たちの神と、子羊にある。』」（ヨハネの黙示録7章9〜10節）

- この希望のゆえに、私たちはこの「おわり」の地で、立場を越え、教派を越え、地域を越え、文化を越えて「はじめ」ます。私たちの宣教協力を祝福してください。
- 「見よ、わたしは新しいことを行う。今、それが芽生えている。あなたがたは、それを知らないのか。必ず、わたしは荒野に道を、荒れ地に川を設ける。」（イザヤ書43章19節）

一同：感謝と期待をもって、主イエス・キリストの御名を通して祈ります。アーメン。

（宣言文作成委員会）

3　解説

1）　日本伝道会議の足跡

　過去6回の日本伝道会議の宣言文を振り返りつつ、今までの流れを総括したい。まず、第1回は「日本をキリストへ」をテーマに1974年に京都で開催された。「聖書66巻が唯一の誤りなき神の権威あるみことば」を土台とする福音派のアイデンティティが明示され、キリストのみを「唯一の救い主」とする信仰に混乱を来す異端や宗教混合の立場を退ける決断が表明された。[2]

　第2回は「終末と宣教」をテーマとして1982年、前回に続いて京都で開催された。聖書信仰を踏まえながら、福音の中心理解がぶれることなく、全人的救い、さらには終末論的な世界にまで視野を広げた。宣教の担い手は「教職を含めたすべてのキリスト者」として教会とパラチャーチの双方の協力が訴えられ、[3]1986年のJEA再編に寄与した。

　1991年の第3回日本伝道会議は、地方からの視点を重視して那須塩原で開催され、「日本からアジアそして世界へ」をテーマに視野を広げた。それは日本を越えてJEAが国際的ネットワークを広げつつある中で開かれたものだった。[4]アジア諸国の人々に対して日本が歴史的に負っている戦争責任と向き合

い、キリスト者として赦しと和解への歩みが希求される中での宣言であった。[5]

　2000 年に沖縄で開催された第 4 回は「21 世紀の日本を担う教会の伝道 ——和解の福音を共に生きる」をテーマに開催された。戦争の世紀を回顧し、新たな世紀を展望する節目で、開催地が沖縄だったことは、歴史の現実に触れる意義のあるものであった。[6]この沖縄宣言は終末の希望を掲げつつ、「破れの狭間」に立つ者としての祈りで締めくくられている。

　第 5 回は 2009 年に札幌で開催され、日本開国後の初期宣教師の来日から150 年を迎えたこともあり、教会の置かれた世界と社会の危機的現実にどう向き合うかに焦点が当てられた。それは同時に教会の内側の危機とも呼応し、それまで以上に具体的で、より実践的な取り組みを意識し、多様な領域を網羅する宣言文の内容となった。[7]世界に目を向けるなら、翌 2010 年に第 3 回ローザンヌ伝道会議が南アフリカのケープタウンで開催され、包括的福音に生き実践することへの決意表明がなされた。その数か月後に東日本大震災が起き、社会的現実に、いかに教会が仕えつつ福音を届けるかが問われた。

　第 6 回は、阪神淡路大震災で被災した神戸で 2016 年に開催され、東日本大震災で問われたことが継続して問われることとなった。また、ローザンヌで採り入れられたテーブルを囲む対話を重視し、課題を共有し共に祈り、関係を構築する中で会議がなされたことも注目に値する。[8]福音を届ける民として、自らの変革なしに進めることはできないとするなら、何を終え、何を継続し、次世代に向けて何を新たにする必要があるかが、真に問われる中で今回の第 7 回を迎えている。

2）　終わりの時としての今

　「おわり」から「はじめる」私たちの祈りは、私たちが世の終わりにあることを思い起こさせる。同時に、私たちはイエスのことばを思い起こす。主は「人に惑わされないように気をつけなさい」（マタイ 24：4）と語り、「気をつけて、うろたえないようにしなさい」（同 24：6）と弟子たちに教えられた。私たちは、この主のことばに信頼し、祈る者である。

　私たちが世界のために祈るとき、その現状を知らなければならない。あるいは、今、世界に目を向け祈るとき、どこまで視野を広げているかを問われているとも言える。今日、世界の人口は 80 億人に達し、今も増加傾向にある。[9]以下、被造世界に生きる私たちが直面している飢餓、疫病、迫害、格差、貧困が

どのような状況にあるかを素描する。

　2015 年以降、栄養不良の人々の数は増え続けている。2018 年を例にとると、栄養不良に陥っている人々の数は 8 億 2,200 万人である。そのおもな原因は気候変動による食糧不足と戦争である。当然ながら、戦争は飢餓を生み出すだけの問題ではなく、罪の結果そのものである。2019 年には国内や国家間で起こる武力紛争は 52 件にのぼり、2000 〜 2019 年における死者数は 140 万人を超える。2022 年に焦点を当てれば、2 月 24 日にはロシア軍がウクライナ侵攻を開始した。また香港では、6 月 30 日に可決された香港国家安全保持法案をめぐり、デモ隊と警察の衝突が起こった。さらに 2022 年の 1 年間で北朝鮮から発射された弾道ミサイルは 36 回にのぼり、過去最多となった。私たちは戦争、紛争が人の命を奪うだけではなく、その地に生きる信仰者の迫害へとつながる現状をも覚え、祈るのである。

　また、現代は伝染病とパンデミックの時代である。新型コロナウイルスは 2019 年 12 月に中国の武漢市で発生が確認され、2020 年 2 月に「新型コロナウイルス（Covid-19）」と命名され、同年 3 月に WHO（世界保健機関）は世界的規模のパンデミックと宣言をした。

　さらに教会は絶えず迫害の歴史を歩んできたとも言える。今日でも世界のさまざまな国で迫害が起こっている。2018 年には 2 億 1,500 万人のクリスチャンが迫害下にあり、世界のクリスチャンの 12 人に 1 人が厳しい迫害を経験した。3,066 人が殺害され、1,252 人が拉致、1,020 人がレイプとセクシャルハラスメントの被害に遭い、793 教会が襲撃を受けた。2019 年には、最も迫害が激しい国々で、クリスチャンへの迫害が前年に比べ 6％上昇した。2021 年には 7 人に 1 人が厳しい迫害下にあり、世界で 3 億 6 千万人のクリスチャンが迫害に直面している。同年には 5,000 人以上のクリスチャンが迫害によって命を落とした。

　最後に貧困についてであるが、2017 年、入手可能なデータによれば、7 億人が 1 日 1.9 ドル未満（絶対的貧困）、また 36 億人が 1 日 5.5 ドル未満で生活していることが報告されている。日本に目を向けると、相対的貧困は 15.4％とされ、7 人に 1 人となる。私たちが祈りにおいて覚えるべきは、貧困とは低所得という意味だけではなく、教育格差、社会格差などを生み出し、分断をもたらす一つの要因であるとの点である。つまり、貧困は親から子へと連鎖し、教育格差や社会格差をもたらす。その格差は固定化しやすく、分断が続くのであ

る。私たちはこの連鎖が断ち切られることを祈らなければならない。

3)　親子を取り巻く環境の変化

　科学の発展は生活や文化を豊かにした一方で、時に人間自身が管理できない領域や、後になって踏み込んではならなかったと悔やむ結果へ誘う危うさがある。以前から人間の遺伝子研究は加速していたが、「世界初のデザイナーベビー」と呼ばれる、遺伝子操作による双子が中国で誕生したという 2018 年の報道は衝撃であった。「神のかたち」として創造された人間（創世 1：26）、母の胎の中で人を組み立てられるのは神（詩篇 139：13）という真理に反して、親が望む外見や特徴を備えた子どもを人間がデザインすることは、神の領域にあるいのちの尊厳を侵すことにならないか。人は「弱さ」を受け入れられない者になり（Ⅱコリント 12：9）、人の価値が特定の時代や個人の価値基準で変わっていくことに、計り知れない危惧をもつ。

　聖書の真理に立たない人間観と相まってか、日本においては少子化が進んでいる。その要因について政府は、晩婚化、生涯未婚率の上昇、平均出生児数の低下などを挙げる。その背景として、経済的不安、それによる共働きが増えて仕事と子育ての両立が難しい、また結婚の必要性を感じないなど価値観の変化を挙げている。少子化によって一人ひとりの子どもにかける時間が増えそうにも思うが、むしろ親の忙しさのため親子が一緒に過ごす時間が減っているという。また、核家族化も一因にあるのか、子育てが苦手という親が増えている。さまざまな情報を取り入れやすい時代である反面、情報過多により、かえってどのように子どもに接してよいか判断できずに悩むケースも増加している。一人で遊ばせておくために、タブレット好きな子どもが増え、その結果、人と触れ合うこと、人と遊ぶことよりも一人で過ごすことが楽で、人間関係に苦手意識をもつ子どもが増えているともいう。

　また昨今は、児童虐待の報道が絶えない。家庭内だけでなく、信頼されるはずの保育所などの施設でも起きている。それらは、これまで隠れていたものが見え始めただけだとも言われる。小さな子たちの間でもいじめがある。大人も子どもも心のゆとりがなく、他者との関わりが薄く、だれかを攻撃することでしか自分を確認できないのかもしれない。こうした現状において主の教会は、いのちの尊厳、結婚・家庭の祝福、個々の存在の価値について聖書から真理を説き明かし、具体的にかかわっていきたい。

4）　若い世代の戦い

　聖書は、「あなたの若い日に、あなたの創造者を覚えよ」（伝道 12：1）と明確に語っている。若い日に創造者なる神を知ることは、自己の存在意義と価値を知ることにつながり、不条理（不確実）で生きづらいと感じやすい現実を、日々力を得て歩むことにつながる。若者たちは、周囲からさまざまな影響を受けながら、自分を知り、他者を知り、社会を知って、親から自立しアイデンティティを確立していく時期にある。めまぐるしく変わる社会情勢が彼らの歩みに負荷をかけ、多様性や自由を強調する現代にあって、彼らは迷い、葛藤する。特に教会で育ってきた若者たちは、聖書が示す神の国の価値観とこの世の価値観との違いに戸惑い、それをどう消化していくか悩む。このような中で信仰に生きることは大きな戦いとなる。

　そこで、彼らが家庭や学校、教会で孤立することなく健全に成長していくために、私たちは必要な環境を整えることができるのではないか。彼らには衣食住が満たされるだけでなく、学びの機会、安心できる居場所、切磋琢磨しつつも彼らの賜物が生かされる機会が重要である。彼らが整えられていくためには時間も労力も忍耐も要する。しかし、神が私たちを諦めずに導いてくださったように、私たちも諦めずに取り組んでいきたい。

　彼らにはこの時代、この場所に生きていること、生かされていることの意味を、学びを通し、人との関係や社会を通して知り、味わってほしい。私たちに与えられている神の約束の実現が、死後、天の御国に入る時まで先延ばしにされているのではなく、この地上でも罪の問題の解決と救いの喜びがあることを知ってほしい。それゆえ、今ここで神の国の建設に携わる任務が与えられていることを自覚し歩めるように、彼らが生活のあらゆる領域で、福音に生きることを励まし合える場が必要とされている。

　絶望に覆われているような世界でも、時代がめまぐるしく移り変わっても、決して諦めておられない神の視点を私たちも共有し、思いをはるかに超えて働かれる神に信頼して彼らに福音を伝えていこう。一人も失われてはならないし、私たちの希望は失望に終わることはない（ヨハネ 3：16、ローマ 5：5）。

5）　超高齢社会

　日本の高齢化率は現在約 30％で世界一である。教会においてはその割合はいっそう高く、6 割以上が高齢者であるという教会は珍しくない。ほぼ高齢者

だけという教会も存在する。とはいえ、キリスト者には老いて心身の機能が衰えても、なお復活の主を仰いで内なる人が日々新しくされ、永遠の希望をもって豊かに日々を生きる恵みが与えられている。この祈りをいっそう熱くしたい。実際に教会で中心的な役割を担うアクティブな高齢者も多い。老いには個人差が著しいが、75歳未満の前期高齢者には、職業生活から引退してもなお壮健な方も多く、教会や社会の第一線でもキリストの証人として主に用いられている。またそれによって自身の健康悪化を予防できる。同時に、教会の高齢者は、若年世代がいっそう中心的な役割を担えるように、子育てを担う若年世代と社会の変化の理解に努め、過剰な介入をせず、励まし、支え、育て、良き教会の伝統やビジョンは語り伝えていくことも聖書的な務めである。

　一方で、高齢者が要介護状態になった時には、信仰の有無にかかわりなく日本社会には厳しい現実がある。昨今は高齢者が入院しても家族が寄り付かなくなってしまうという悲しい事象もあるが、今後は国の病床削減計画が進み、療養場所としての入院そのものが難しくなる。介護施設も箱物よりも担い手不足であり、在宅での生活が選択肢として濃厚となる。年間150万人の人々が亡くなる多死社会は今後いっそう進展する。だれもが身近に死を経験するということは、「全人的な痛みや喪失の危機」に直面することを意味するが、それは宣教の好機でもある。生と死に向き合うことは、人のスピリチュアルな面を発露させ、永遠のいのちにも目を向けさせるからだ。これまで一般の病院や介護施設では、最後の看取り期に教師（牧師等）の介入は困難であったが、在宅であればその扉は緩やかとなる。

　今後、高齢世帯の3分の1が一人住まいとなり、老夫婦世帯と合わせればその割合は7割に達する。教会が孤独に悩む地域の高齢者に居場所を提供する役割も宣教の一部と認識したい。都会に住むキリスト者が地方に住む老親へのケア、いわゆる遠距離介護においても教会は教派を越えて助け合う仕組みも創設可能である。そして、日本は高齢者の5人に1人が認知症という認知症大国でもある。認知症になっても永遠のいのちの希望と生の輝きをキリスト者は証しできる。しかし、そのような備えが教会や神学教育にもあることが前提でもある。高齢化で世界のトップランナーである日本の教会は、超高齢社会の中での教会のモデルを世界に示す使命も与えられている。

6)　差別と偏見

　現代社会は、目に見える経済・産業の発展や効率性に直結する能力を重視する。そこではだれもが上昇志向をもって、より高い階層を目指そうとする。子育てにおいても、人並み以上になろうとする力が親たちを突き動かす。教育現場でも、人格の尊厳や個性の尊重は建前になりがちだ。人々の意識の奥に厳然と潜む優生思想も看過することができない。重い病や「障害」を抱える人々は、こうした社会の風潮の中で偏見にさらされ、価値なきものと排除され、社会の周縁に置かれてきた。性自認等に違和感を持って悩み苦しむ人々、迫害等から逃れて入国したのに滞在資格が得られず過酷な環境におかれる外国人、社会のセーフティネットから漏れて路上での生活に追いやられた人々も然りである。

　こうした差別と偏見による耐え難い生きづらさを有する人々の問題は、個人にのみその原因が帰されてはいけない。彼らを取り囲む我々の態度および環境との相互作用によって生じるものと理解したい。「障害者」は、（健常者と自称する）人々の欲望や自己中心、そして社会構造が作り出しているとも言える。人間の悲惨で底なしの罪に根差した偶像礼拝と人間の尊厳の喪失は表裏一体である（エレミヤ2：5）。

　弱さとは、社会的弱者というよりも、だれもが持ちうる脆弱性（弱さ、脆さ、傷つきやすさ、危うさ）である。だが、脆弱性はマイナスばかりでない。人と人を結びつける紐帯となり、主の恵みが注がれるパイプにもなりうる。いろいろな生きづらさ、痛み、苦悩、「障害」や弱さを有する人々に、教会はどう向き合ってきただろうか。昨今、キリスト者が世の価値観に侵食され、社会の周縁よりも中心に立とうとする現象が透けて見える。そのことは、牧師や福祉の担い手不足という事態に現れている。しかし、救い主の誕生が真っ先に伝達されたのは、当時最も卑しい仕事と差別され、社会の周縁に追いやられていた羊飼いたちであった。主イエスは、人々から「罪人」とみなされ、嫌われ、疎外されていた人々と食事をし、愛の御手で包み込んだ。主イエスの病人への癒やしは、単なる治療でなく、差別と偏見で社会から隔てられた人に対する共同体への回復の物語である。今、教会に求められるのは、降りていって、苦しむ者、悲しむ者とともに生きる姿勢であり、あわれみ（共感共苦）の態度である。それゆえ、この祈りは「偏見や差別をなくそう」というかけ声でなく、私たちの生き方の方向性や態度そのものの変革を求める悔い改めである。

7)　信徒と教師

　16 世紀の宗教改革は、聖職者中心主義の悪弊を取り除き、「全信徒祭司制」[22]を打ち出したが、プロテスタント教会の中には、別のかたちの教師と信徒の間の壁が存在し続けてきたように思う。そこには確かに「役割」の違いが存在する。それを無視してないもののようにすることは、教会に無秩序と混乱をもたらす。しかし両者の違いを「理解しつつ協力し」、それが引け目や分離・分断とならず、むしろ両者の主にある一致と協調へと向かうことが、キリストのからだである教会には必要不可欠である。

　「教師と信徒」ではなく「信徒と教師」とした。教会は信仰者の群れである。教師は、その信徒の成長と奉仕を通して教会を建て上げるための存在であり（エペソ 4 : 11 〜 16）、自らも信徒の一人である。教会は決して教職中心でないことを示すために「信徒と教師」とした。また「牧師」ではなく「教師」としたのは、教団・教派によって職制の違いや多様性があるからで、教職制度そのものがない教会も存在することを念頭に置いたためである。

　「互いの役割の違い」の背景には、受けた教育の違いがある。まず神学教育の違いである。神学教育を「神学校が提供する教育」に限定することはできないが、正規の神学教育を受けていない教師がいる反面、神学教育を受けた信徒がいるのも現実である。また神学教育に限らず、さまざまな教育の違いが両者の間に溝を生む可能性があり、それは信徒と教師の間だけでなく、教師同士や信徒同士の間にさえ影響を及ぼす。そのような違いを認めつつ、理解と協力をもって主の教会としての一致に向かいたい。

　信徒にも教師にも弱さと限界がある。「個性」にはそれらも含まれる。私たちには、自分の弱さを認められないところがある。他人の弱さや限界を理解しないところがある。互いに、相手の弱さや限界を受け止めずに成長や奉仕を求めてはならない。私たちは、「教師として当然」「信徒として当然」という架空の基準を持ち出して相手を測ることをやめ、「到達したところを基準にして」（ピリピ 3 : 16）、互いの弱さや限界や欠けを補い合いながら進んでいきたい。そこに教会の絆である結びの帯（コロサイ 3 : 14）がある。それを与えて実現してくださるのは、教会のかしらであり、ご自分の尊い血潮をもって教会を買い取ってくださったキリストご自身である。その主に、私たちは信頼をもって実現を祈りたい。

　そのようにして、主にすがって生きる私たちの存在と生き方が、「職場、地

域、家庭など」私たちの生のあらゆる領域で神の国のために用いられる。何かをすること、私たちが行った成果が主に用いられることはもちろんだが、それ以前に、主により頼んで生きる私たちの存在と生き方そのものを主が用いてくださる。そのことを主にあって確信したい。

8） 教会の働き

これは、教会が教会としていつまでも立ち続け、キリストのからだとして働きを担い続けることができるようにという祈りである。そのために主要な教会の働きとして、礼拝、伝道、教育、奉仕、交わりの５つが挙げられている。

コロナ禍で、礼拝の形態が多様化（対面・オンライン・両者の併用など）し、プログラムの簡素化が行われた。そこで改めて礼拝とは何か、礼拝に必要不可欠な要素は何かが問い直された。どのような形態やプログラムであろうと、何より大切なことは真実に神のみを礼拝することである。またこのことは、聖書と歴史の教訓から常に問われ、求め続けなければならない私たちの切なる祈りである。

伝道・教育・奉仕のわざは、マタイ９：35にある主イエスの働きに基づく。主の教会は、この主イエスの働きを継承し、終わりの時代にあってますます忠実に励むのである。2022年にはカルト宗教の脅威が改めて注目された。伝道がますます困難になることが懸念される。しかし主の御名のもとに積極的に伝道することを忘れてはならない（Ⅱテモテ４：２）。また御国の福音を大胆に語るだけでなく、福音に基づいて人々を丁寧に教育し、奉仕するという具体的な行動によって神の支配を広げる働きがある。ローザンヌ誓約からケープタウン決意表明、そして東日本大震災とその後の歩みを経て、ますます包括的宣教の重要性と必要が叫ばれている。

そして教会は、愛のある交わりの実現を目指す。それは初代教会に見られた教会のあるべき姿であり、そこには信仰者だけの交わりに限定されず、「民全体から好意を持たれ」「主は毎日、救われる人々を加えて一つにしてくださった」（使徒２：47）とあるように、信仰をもたない者にも開かれた広がりがある。一方で一致や協調が叫ばれ、他方で差別や分断が助長される現代である。あらゆる隔ての壁を打ち壊すキリストの十字架のみわざに基づいて、教会から「愛のある交わり」を実現することで、福音に生きる喜びを世界に広げていきたい。

　最後に、「主の御名のもとに」という一句に注目する。主の教会は、神を礼拝することから始まり、その主の「御名のもとに」伝道・教育・奉仕のわざが行われ、愛のある交わりが営まれる。そして、これらの教会のわざは、再び神を礼拝することへと向かう。「主の御名のもとに」という句は、そのような礼拝から始まり礼拝へと向かう教会の営みを表す重要な一句で、かしらなるキリストの主権を表している。そこには、私たちの努力やがんばりではなく、聖霊なる神の促しと助けによって実現される、私たちの主体的・能動的な働きが意味されている。

9)　日本における「教会と国家」

　これまでの伝道会議の宣言文において、そして JEA による戦後 50 年、60 年、70 年に当たっての声明において表明されたとおり、第二次世界大戦中、日本の国に置かれた教会のほとんどは「侵略戦争」に加担した。「おわり」から「はじめる」私たちの祈りにおいても、その歴史を確認し、悔い改めの祈りを捧げている。

　当然のことながら、戦争において、どちらかのみが悪であることはありえない。また、ある国が完全に悪であることもありえない。連合国側にも悪があり、日本政府の行動が結果的に欧米の植民地支配下にあったアジア諸国の独立を助けたという側面は確かにある。それでも、日本政府が侵略という目的をもち、兵士・民間人に残虐行為を行ったことは歴史的事実である。

　教会は、第二次世界大戦が起こった時、教派を越えて協力し、合同して日本基督教団をつくり、祈りと献金によって戦争を支えた。また、アジア諸国の教会に同じことを強制し、また勧めるために「日本基督教団より大東亜共栄圏に在る基督教徒に送る書簡」を書いた。

　その手紙において顕著であるが、ほとんどの教会が、侵略戦争を支える異教的価値観、すなわち皇室に至上の価値を置く「皇室神道」と、国家に至上の価値を置く「ナショナリズム」に同調した。無自覚に同調した教会もあれば、自覚しながらも政府や周囲からの迫害を恐れるゆえに同調した教会もあった。実際に、主日礼拝において、皇居に向かって拝礼したり、天皇を讃える意味で君が代を斉唱したりしたあと、聖書を説教しながら、同時に異教的価値観をも語ったことが記録に残っている。極めつけは、当時の日本基督教団の統理だった富田満牧師が教団成立を伊勢神宮に報告し、その発展を祈願したことである。

それは、世界のキリスト教史のなかでも特筆すべき罪責であり、信仰の敗北であった。

そのような状況のなかで、抵抗した教会や個人もいた。岐阜県の美濃ミッションはその一つであり、特に子どもたちが神社参拝を拒否した。しかし、多くのキリスト者たちは、彼らを非難し、迫害した。ホーリネス派の牧師たちのなかには、投獄され、命を落とした者たちがいた。一方で、獄中で主を否んでしまった牧師たちもいた。

現在の日本に置かれたキリスト教会は、このような歴史の上に存在する。もちろん、イエス・キリストの十字架により、すべての罪は赦されている。しかしそれは、罪を犯し続けてよいという意味ではない。復活の力によって、私たちは誘惑に打ち勝つことができる。偶像崇拝の誘惑は巧妙である。キリスト者が少数で影響力もない日本においては、キリスト者は無力感を覚えやすい。また、現代政治は複雑であり、その意味でも難しさを覚えやすい。それでも、この地に遣わされた者として、この地の歴史を学び、今日の政治的状況を注視し続ける必要がある。特に、同じ過ちを繰り返さないように、誘惑に気づくことができるように、知見を共有しながら、教会の歴史を学ばなければならない。そのうえで、みことばに立ち、力を合わせて、権威に対して服従すべきときには服従し、抵抗すべきときには抵抗しなければならないのである。

10) ことばとわざによって

1974 年に開かれた第 1 回ローザンヌ世界宣教会議以降、日本の福音派の教会は、社会的責任を見つめつつ包括的福音に生き、実践することへの促しを受け続けてきた。特に 2010 年の第 3 回ローザンヌ世界宣教会議（ケープタウン大会）の翌年に発生した東日本大震災以降の 12 年間は、毎年のように大きな災害が発生し[23]、災害大国とも言われる日本において、教会がその置かれた地域社会にあって果たす役割と存在意義を特に意識させられ、考えさせられ続けてきた。

津波被害、原発事故被害、地震被害、洪水被害等による各被災地域の惨状を前にして、各県、各地域で教会によるネットワークが次々と結成され、国内外の支援団体との協力、そして県や地域を越えて駆けつけるクリスチャンボランティアとの協力の下、教会による被災地支援活動が展開されてきた。「教会が取り組むべきは『支援』なのか『宣教』なのか」という二者択一ではなく、

「やがての宣教のための支援活動」でもなく、被災という痛みを負った地域に立ち、主の深いあわれみをもって人々に寄り添い、全人的な必要のために仕えることを通して、福音に生き、実践するイエス・キリストの姿（マタイ9：35）を教会は学び続けてきたといえる。

　各地域で展開された災害後の働きにより「壁」が取り払われてきた。多くの地域において、支援活動を通して教会の存在がそれぞれの地域社会で認識され、評価された[24]。また、各教団・教派・教会間で、支援活動に一致して取り組んだことにより、その働きは大きな力となり、その後の宣教協力の推進にもつながっている。災害に備えて各地のネットワークや支援団体をつなぐ「キリスト全国災害ネット」が生まれ[25]、今後起こるであろう災害に向けての備えと協力も進められている。

　同時に、「その地を覆う痛みを担うことの重要性」への気づきは、被災地と呼ばれる地域の教会だけでなく、罪ゆえの痛みが覆う、あらゆる地域、あらゆる分野において、地上に置かれた教会が経験し続けていることであろう。教会が置かれたそれぞれの地域社会の必要を見極め、時にそこにある不義をも鋭く見定めつつ、その必要のため、社会的責任を果たすために協力して取り組むという視点がますます深められていくことが期待される。

　パラチャーチ[26]による働きも多岐にわたってますます充実し、各専門分野での取り組みが進められている。さらに主の手が伸ばされるべき領域、私たちの視線がまだ及んでいない分野においても、働きが広がることを祈る。そして、キリストのからだなる教会のことばとわざによって福音が前進し、神の国が実現していくことを祈る。

11)　地域社会に仕える～「S&L ネットワーク」

　JCE7 開催地委員会は、伝道会議以降、東海4県の諸教会が「神の国のインフルエンサー」となって地域社会に仕えていく仕組みとして、「S&L ネットワーク」を立ち上げた。信徒たちに与えられている賜物を切り口に、地域の宣教協力を実現していくためのプラットホームづくりである。

　主イエスは、私たちに地の塩（Salt）、世の光（Light）となることを願っておられる。クリスチャンたちもそれを願っている。しかし、一人のクリスチャンが社会に働きかけることには限界がある。もし同じ地域に、同じような賜物と関心が与えられているクリスチャンたちがいて、共に手をつなぐことができ

ればどうだろうか。祈り合い、励まし合いつつ、主の愛をもって地域社会に仕えることが可能となるのではないか。そのような信徒同士の結びの帯が、東海地域にいくつも生まれることを願っている。

　しかし、まず活動ありきではなく、何よりも励まし合う仲間になることを目指している。そのような交わりを通して、主からビジョンを与えられるならば、地域社会に仕える何かが実践されていくことが期待できる。

　もちろん、信徒だけが一人歩きするわけではない。教会・牧師の理解と励まし、協力が必要だろう。そのような協力関係を築くことによって、東海地域の諸教会全体が強められていくことを願う。すでに、「ゴスペル」の働きがクリスチャンたちとノンクリスチャンたちの歌の交流を通じてS&Lとなっている。「子ども食堂」や「フードバンク」なども、クリスチャンたちが地域の方々とともに活動することによってS&Lとなっている。「便利屋」になって地域に仕えたいと願っているクリスチャンもいる。ほんの小さなこと、自分たちにできることから、気軽に始められたらよいだろう。教会に人が来るのを待っているだけでなく、教会から地域に出ていく姿勢を大切にするためにも、他の地域でも同様の取り組みが始まることを願っている。

12）　大災害の記憶

　東日本大震災後、12年が経過する現在、事故を起こした福島第一原子力発電所にたまり続ける汚染水問題を解決するため、国と東電は、2015年以来、「関係者の理解なしにいかなる処分も行わない」と繰り返してきたにもかかわらず、処理水の海洋投棄を決め、着々とその準備が進んでいる。また、筆者の住む福島県には、今なお、県外避難者21,392人（2022年11月1日現在／復興庁）、県内避難者6,392人（2022年11月1日現在／福島県）が存在している。さらに、甲状腺がんと診断された人の数は、県民健康調査検討委員会にて明らかにされただけでも296人に及ぶ（2022年6月30日現在／福島県）。また、がん登録によって把握された上記集計外の患者が43名いることが明らかになっている（OurPlanet-TV）。ほとんど報道されなくなったが、事故当時、福島県内に居住していた18歳以下の子どもたちのうち、甲状腺がんと診断を受けた人が338人もいる。

　東日本大震災前より過疎が進んでいたが、震災後もその傾向は止まらず、長い歴史に終止符を打ち、閉鎖された教会もある。震災後、新たに開拓された教

会もあるが、震災の爪痕は今なお残っている。

　現在、震災を体験していない子どもたちが増え、震災後各地に生まれた教会ネットワークのメンバーの顔触れは、震災経験者の数が少なくなり、震災後、福島県に赴任してきた教職者の数が増えてきている。避難解除された地域には、次々と新しい施設が建ち、被災地も大きく様変わりしている。そのようななか、NPO法人東北ヘルプは、仙台食品放射能計測所「いのり」を閉鎖し、放射能計測器を福島市に移し、新たな食品放射能計測所をスタートさせようとしている。放射能の問題も新型コロナウイルス感染症の広がりによって、人々の意識からは遠くなり、放射能問題を口にすると「まだ気にしているの」と言われる。「あなたの切り出された岩、掘り出された穴に目を留めよ」（イザヤ51：1）とある。震災直後の混乱を忘れてはならない。不安や疑問を押し込めるのではなく、率直に自由に語れる場所が求められている。

13)　二つの貧困

　「貧困をなくそう」は、SDGs（持続可能な開発目標）の一番目の目標である。すでに解説(2)で触れているが、世界には衣食住など必要最低限の生活水準が満たされていない「絶対的貧困」の状況にある人々と、先進国において生活に困っている「相対的貧困」の状況がある。SDGsでは、2030年までにこれら世界中の貧困を終わらせることが目標である。毎日の基本的な生活に苦しむ絶対的貧困は、ブルンジ、南スーダン、中央アフリカなどアフリカや、南アジア地域に集中しており、生活に必要なお金や物資を支援するさまざまなNGO活動がなされている。しかし、貧困の解決には、総合的な取り組みが重要である。つまり道路、水道、ガス、電気などの公共インフラの整備、産業開発やビジネスの導入、さらには貧しい人々の意識変革など、当事者が自分たちの力でより良い生活を達成していけるように多方面からの援助を必要としている。実際、世界で最貧国とされるネパールは、援助漬けの国ともいわれ、多くの国際支援が入りながら貧困の解決は遅々として進まない。意識変革やリーダーシップの育成が求められており、そのような意味で、勤勉さや自助努力の大切さを促す福音宣教が重要である。

　他方、「相対的貧困」の貧困率が高いのは、OECD加盟国3か国の中で、コスタリカ（20.5％）、米国（18.0％）、イスラエル（16.9％）の順で、日本も上から8番目に数えられ、貧困者の多くは、高齢者、単親世帯である。豊かな人と貧

しい人の格差が広がってきている。こうした格差の解消にも、子ども食堂など
の直接的に生活を支える活動のみならず、共助的な精神を養う福音による意識
変革が重要である。日本人のボランティア意識は、139か国中111位で、寄付
文化も諸外国と比べて低水準である。それは、日本の教会の貧しさを見てもよ
くわかる。人々が困窮することなく、人間らしい生活をする格差解消の鍵は、
十字架の愛をもって互いに助け合う共同体づくりにある。

14) 科学技術と神

　人間は、神によって、ご自身のかたちに創造され、被造世界を治める責任と
能力との両方を与えられた（創世1：26～28、2：19）。人間は、その能力を生
かして、観察や実験によって、種々の法則を打ち立て、科学を進歩させてき
た。特に近代科学は、コペルニクスやガリレオなど、熱心なキリスト者によっ
て始められたと言える。また人間は、自分たちの必要に応じてさまざまなもの
を作り出し、改良を重ねて技術を発展させてきた。科学も技術も、私たちが生
きていくために不可欠の存在である。科学の手法自体は本来中立で、善悪の価
値を含まないものである。しかし人間の限界や偏りのゆえに、誤った結論に
至ることもある。科学の土台の上に立つ技術は、政治や経済のみならず、人間
の欲望の影響を受けやすいという危険もはらんでいる。まず、可能なことと、
してもよいこととを区別する必要がある。科学や技術の発達の結果、脳死での
臓器移植、出生前診断などが可能になったが、それらをどう受け止めたらよい
のか。私たちの心の準備や倫理基準の構築、法の整備が追いついていない。ま
た、自分たちの生き方を振り返らなければならない。私たちは、大量のエネル
ギーを消費し続け、地球温暖化を引き起こしているが、このままでよいのか。
核エネルギー（核兵器と原子力発電）の課題はあまりに大きいため、科学や技
術に加え、経済・政治・法律などを総動員してもコントロールできていない。
　さらに、科学や技術の結果は万人に及ぶので、その用い方に関しては、専門
家任せにせず、一般の人たちも積極的に関わる必要がある。罪を犯して神から
離れた人間は、発展する科学や技術を、神なしでもやっていける方向で用い
ようとした。バベルの塔の出来事（創世11：19）以後も、その傾向は続いてい
る。科学の限界をわきまえない科学万能主義に立ち、「この科学の時代に、神
など要らない」と主張する者もいる。しかし、科学的に神を否定することはで
きない。私たちはふだん、自分たちが造ったものに囲まれ、周りの人々との関

係で心がいっぱいになり、人間のことしか考えない生活に陥りやすい。しかし
神は、「あなたがたは目を高く上げて、だれがこれらを創造したかを見よ」（イ
ザヤ40：26）と命じておられる。静まってへりくだり、目を高く上げ、創造の
神を覚えたい。そうして神のみこころを求めながら、目の前の諸々の課題に取
り組み、人間に与えられた責任を正しく果たす者でありたい。

15）　環境問題

　私たちが生きる地球の環境はきわめて深刻な状況にある。地球温暖化、海洋
汚染、水質汚染、大気汚染、森林破壊など、多くの問題が指摘されているが、
まさにみことばにあるとおり、全被造物がうめいている（ローマ8：22）。絶滅
する動植物があり、公害はもちろんのこと、環境破壊との間接的な関係が指摘
されるさまざまな自然災害により苦しんでいる人々がいる。特に、貧しい人々
が大きな被害を被っている。
　環境問題の根本原因は人間の罪である。神は、ご自身のかたちに造られた人
間に世界の管理を委ねられた（創世1：26～28）。それにもかかわらず、人間
が反逆したことにより大地は呪われ（創世3：17）、その後人間は、動植物を、
大地を、水を、空気を、自らの利益のために痛めつけた。特に産業革命以後の
工業化は加速度的に地球環境を破壊した。科学の発展により、地球環境が破
壊されている事実が次第に明らかになると、対策がなされるようになっていく
が、地球環境の破壊を省みようとしない人間の貪りの罪の力はすさまじく、
とても破壊のスピードには追いついていない。環境問題は構造的な問題でもあ
り、一個人の力では、どうにもならないようにも見える。
　このような状況の中にあっても、信仰者は、この世界を愛され（ヨハネ3：
16）、全被造物の和解のために御子を十字架につけられ（コロサイ1：20）、やが
て終わりの日に、被造物を「滅びの束縛から解放」させてくださる（ローマ8：
21）神を信頼して祈る。目の前の悲惨な状況から目を背けず、それを生み出し
た自らの罪を悔い改め、神が「非常に良かった」（創世1：31）と言われた被造
世界の回復のために用いていただくことを祈り求める。その祈りは、環境問題
の解決のための取り組みとして実を結ぶ。具体的には、資源やごみのリデュー
ス、製品のリユースとリサイクルなど、日常生活で可能な取り組みを推進し、
自然エネルギーの利用を進めることにより二酸化炭素排出を削減し、原発に頼
らない電力供給を後押しする。このような環境保全運動は、キリスト者でない

人々に対して良き証しであり、さらにこの運動を彼らとともにすることによって福音を伝える機会ともなる。

　教会として、環境問題の解決のための実践を継続するためにも、教派を越え、国境を越え、互いに学び合い、励まし合うシステムが求められる。そのための交わりが「聖書的環境コンソーシアム」であり、そこに多くの信徒が加わっていただくことを心から願っている。

「おわり」から「はじめる」ことができるように

　私たちは改めてこの時代の厳しい現実を直視したい。その視線の先に、主にある希望を見つめて歩みたい。「おわり」の時に、「おわり」の地で「はじめる」と告白した私たちは、主が行ってくださる「新しいこと」に期待して進む。みことばの約束を握って。

4　むすびに

　「志を立てさせ、事を行わせてくださる方」が、JCE7のテーマを導き、プログラムを整え、この「祈り」を編ませてくださった。2023年日本に生きる兄弟姉妹の声を集約した「祈り」として、JCE7閉幕後も共に祈り続けたい。『宣教ガイド2023』から切り取って、あるいはウエブサイトからダウンロードしてプリントアウトして聖書に挟み込んでいただいてはどうだろうか。1日1項目ずつ心を込めて主に祈り、折々に解説文を読み返して理解を確認しながら、用いていただきたい。

　なお、「祈り」の英語訳（公式訳）ならびに15の諸国語訳（こちらは参考資料で、主として機械翻訳による訳文を協力者にチェック、修正していただいたもの）をJCE7ウエブサイトで公開する。

　最後に、実行委員会諸氏に感謝し、プログラム局、特に宣言文担当の福井氏に主のねぎらいを祈る。宣言文作成委員諸氏と、解説文の執筆、全体の編集、翻訳などで協力してくださった諸氏に感謝する。中でも、長期にわたり頻回の会合と大量のメールの往来を引き受けていただいた作業部会の諸氏に深い感謝を表明する。

　神に栄光がありますように。

（宣言文作成委員会）

宣言文作成委員会（＊作業部会）

　　赤坂 泉＊、青木義紀＊、近藤愛哉＊、塚本良樹＊

　　大庭貴宣、鴨下直樹、スズキ知恵子、徳永 大、中川昭一、西岡義行、
　　水野晶子

　　福井 誠（JCE7 プログラム局・宣言文担当）

解説文執筆協力者

　　井上貴詞、内山 勝、木田惠嗣、小林久実、聖書的環境コンソーシアム

編集協力者

　　鴻海 誠

5　補足 ── JCE8 に向けて

　JCE7 においては、いくつかの点で、これまで長年繰り返されてきたやり方
を大きく変えていく試みがあった。

　まず、宣言文作成の在り方が変わった。既に赤坂氏が、本章の「1　JCE7
東海宣言が生まれるまで」に述べているように、それは宣言文を草の根的に作
成しようとする試みであった。実際には、地域大会を開いて、信徒、牧師を集
め地域の声を拾う、また集められた声に丁寧に目を通し、それらを咀嚼し、神
学的に検証し、宣言文に落とし込んでいくなど、大変な作業を伴うものとなっ
た。担当者として、その取り組みの様子を間近に見ながら、物事の在り方を変
えるというチャレンジの厳しさ、そして、立てられた委員や担当者はもちろ
んのこと、日本全国のさまざまな信徒・牧師が貴重な時間を献げてくださるこ
とで、今回の「おわり」から「はじめる」私たちの祈りが結実したと感じてい
る。いや、むしろ、そのような今取り組まなければ後がないという真摯な意気
込みの中で、主が、私たちにとって最も必要な、そして、JCE8 まで祈り続け
るべき大切な祈りを与えてくださったのではないか。

　また、宣言文作成の在り方を変えたことは、付随して新たな宣教協力ネット
ワーク形成のきっかけを創り出した。地区大会開催のためには、まず既存の地
域宣教ネットワークに働きかけなくてはならなかった。実際には、それはさま
ざまな理由で難航した。しかし難航の末、いくつかの地区では、それを機に、
まったく新しい世代（30 〜 40 代）で構成された新しい地域宣教ネットワーク
が生み出されるに至った。しかもそれは、50 代以上のベテランの世代が温か

くサポートする体制の中で生み出されたものでもあった。大切なのは、単に新たな宣教協力的な交わりが生まれたということではない。むしろ、日本の宣教を真摯に考え、伝道会議でのテーマを継続的に追求し、そして地域の宣教を効果的に進めようとする同志的なネットワークが形作られたことである。そして、その交わりがより効果的なものとなるために「宣教協力プラットフォーム」（https://jcenet.org/teamjce/）も開発された。

　このプラットフォームは、基本的に、JCE7 の参加者が登録され、伝道会議終了後も、伝道会議で触れたさまざまなテーマ、ことにプロジェクトの進捗や成果をフォローできるのみならず、広く、宣教的交流や協力を促進できる情報共有システムとなっている。伝道会議は、もはや数年に一度のイベントに終わらない。JCE7 から始まる共通の祈りに加えて、全国的でかつ継続的な共同研修、交流の場を形作るのである。

　そして最後に、JCE7 は、JCE8 に向けて新しい世代が動き出すきっかけを与えた。4 年前にプログラム局が JCE7 のために動き出した時には、確かに白髪交じりのベテランと呼ぶべき人員が機動力となった。しかし、あれから 4 年、人員が追加され、今や働きは、30 代、40 代の新しい世代がリードしている。信徒、牧師の分け隔てもなく、あだ名で呼び合う、和気あいあいとした雰囲気のプログラム局に加え、宣言文委員会、そして伝道会議本体のメインセッションの担当グループにしても、今や伝道会議に向かってすべてを動かしているのは、30 代、40 代の信徒であり牧師である。建築現場にたとえて言うならば、ベテランは彼らの作業のための足場のようなものである。一般社会では、一挙に若返りを図ることで、団体の動きがどこに飛んでいくのかわからない、そのような不安感が先立って、なかなか世代交代を進められない状況があるとも聞くが、JCE7 の準備グループはそうではなかった。しかしそれもまた、ただ主の大いなる哀れみのゆえに守られた準備プロセスであったのかもしれない。

　ともあれ、JCE8 に向けていくつかの大きな地殻変動が起こり始めたと言うべきだろう。それによって、どのような新しいキリスト教界が構築されるのか、その建造物がお披露目されるのは、ずっと先のことである。つまり、一説に、明治維新が、天保の大飢饉（1833 年）から始まり、維新政府の発足（1868 年）という形で結実したように、30 年以上も先のこと、つまり 2050 年のことかもしれない。しかし、信徒と牧師の共同が求められ、次世代が動き出したこ

とは確かなことである。若い世代は実に大きな可能性を秘めている。そして神のご計画と、そのなさることは、私たちの思いを超えたものである。私たちにできることは、その働きを担っていく新しい世代のために、私たちに与えられた祈りを大切にし、それを祈り続けることである。　　　　　　　（福井誠）

〈注〉

1　「障害」という表記は、不快用語であり、差別を助長するという考えから、「障がい」「障碍」「しょうがい」「ハンディキャップ者」「チャレンジド」などさまざまな表記がある。ここでは、表記を統一しがたいという点、また表記の変更よりも社会の障壁こそが「障害者」を作り出しているという認識、並びに私たちの理解と態度と行動がまず変革されることが重要であるという観点から、カッコつきの「障害」という表記を用いている。

2　第1回日本伝道会の聖書講解に招かれたのは、スイスのローザンヌで1ヵ月ほど後に開催されたローザンヌ世界宣教会議の中心的存在であるジョン・ストットだった。このことは、日本が世界の福音派と連携して歩むことの表れといえる。また、根本主義の偏狭性を脱することを願いながらも、「福音主義」の基本と中心を堅持しつつ包括的な福音理解へと視野を広げようとする講師が立たれたことは、伝道会議の方向性に大きな意味を持つことであった。貧困や政治的・社会的圧迫からの解放ではなく、それをもたらす罪からの赦しと解放こそ福音宣教の中心であるという福音派の根幹が提示された。詳しくは泉田昭「日本の福音派 ── 戦後四十三年の歩み」（『日本の福音派』日本福音同盟／いのちのことば社、1989 年）51-52 頁参照。本論考は「日本の福音派戦後三十年の歩み ── 日本福音同盟十周年を記念して」『はばたく日本の福音派』（日本福音同盟／いのちのことば社、1978 年）12-90 頁が元となっている。

3　会議では、宣教の働きの核となる教会の成長を目指しつつ、「普遍的公同教会の一員としての自覚」に立ち倫理的、社会的課題にも目を向けつつ、教会と超教派の諸団体や神学校などとの協力関係の重要性を訴えた。ともすると教会とパラチャーチ（すなわち、さまざまな伝道・教育・社会奉仕に関連する諸団体など）は、歩みを異にする傾向が指摘されるようになっていた。そのことへの反省を込めて、協力・共働に向かうようにとチャレンジされた。その際重要だったのは、終末の再臨を待望しつつ共有する宣教の使命に向かうことだった。その意味で、この「京都宣言」は、宣教活動の少なからぬ部分がパラチャーチの働きとされ、自らの責任として受け止めないできた教会のあり方を問う預言者的使命があったといえる。

4 日本福音同盟の再編後、アジア福音同盟（AEA）、世界福音同盟（WEF）に加盟したことと深く関連している。また、1989 年にマニラで開催された第 2 回ローザンヌ世界宣教会議、さらには 1990 年 8 月に AEA にとって意義の大きなアジア宣教会議（韓国ソウルにて）にも、日本の福音派の代表者が参加した。詳しくは蔦田公義「新しい JEA と国際関係」『21 世紀の福音派のパラダイムを求めて』（日本福音同盟、2006 年）43 頁以下参照。こうした国際会議への日本からの正式な参加によって、キリストにあるアジアの兄姉との和解なしに、真に福音をもたらす使命に立つことはできないことが一層意識されるようになった。さらに、マニラのローザンヌ会議では、次のミレニアムに向けて福音派の世界で活動する宣教団体がさまざまな働きを結集したことは、日本における教会とパラチャーチとの連携の重要性が一層重視されることにつながった。

5 第 3 回の会議では、「この世の諸権力の反抗と人々のさまざまな反応を招く霊的な戦い」にも言及し、見えざるサタンの支配との闘いという側面にも目を向けた。これは、カリスマ派が強調する聖霊の働きに対する理解が福音派にも深まっていったことと関係しているといえよう。

6 宣言では、日本全土の防波堤とされた太平洋戦争の筆舌に尽くしがたい苦悩、さらに終戦後もさまざまな痛みを背負わざるを得なかった現実を知ろうとせず、無関心であったことへの懺悔が表され、和解の福音に生きる責任が伝えられた。また、「歴史を形成する者」として、宣教の働きとして社会のさまざまな領域に言及されている。例えば、罪によって夫婦、親子、家族の関係が崩壊しつつある家庭の現実での具体的和解、また教団教派やそれらを超えた働きが求められる教会においても、和解が問われた。さらに和解の福音をもたらすものとして社会の現実にも目を向け、アジアや世界の社会的課題に具体的に目を向けることを宣言した。それは、飢餓や災害などで苦しむ人々に対する緊急援助と自立支援のための働き、紛争下の人々への支援、あるいは抑圧された少数民族の人権を擁護する活動、貧富の格差をなくすための実際の働きなど、宣教団体と教会とが協力しながら、日本においても世界においても社会を変えていく責任の自覚と実践への招きがなされた。この要約は『札幌宣言 —— 21 世紀における教会のチャレンジ』（JCE5 宣言文起草プロジェクト編、いのちのことば社、2010 年）26 頁以下に、それまでの伝道会議の要約が記載されているので参照されたい。

7 この伝道会議ではプロジェクト方式が導入され、宣教の課題に、継続的に取り組むべく動きが始まった。詳しくは、『札幌宣言 —— 21 世紀における教会のチャレンジ』を参照。

8 第 6 回では、第 5 回から引き続きプロジェクトが組まれるなど、宣教の課題に具体的に継続的にかかわり続けるなかで見えてきたことに向き合うことが強調された神戸でなさ

れた。この会議については、第 6 回日本伝道会議実行委員会編『再生へのリ・ビジョン』（いのちのことば社、2017 年）に詳しくまとめられている。

9　ダン・スミス『危機・格差・多様性の世界地図 データが語る改善への道しるべ』澤田治美［日本語版監修］、富山晴仁・長友俊一郎・森田竜斗訳（柊風舎、2022 年）16-17 頁。人口増加は「人口爆発」とも表現され、さらなる資源不足、貧困の増加が懸念されている。

10　『危機・格差・多様性の世界地図』136 頁。

11　『危機・格差・多様性の世界地図』110-111 頁。

12　『危機・格差・多様性の世界地図』132 頁。

13　「迫害下にある教会のための国際祈禱日 2018」2018 年 10 月 25 日版、世界福音同盟（WEA）信教の自由委員会、日本福音同盟ホームページ〈https://jeanet.org/release/2018/10/1580〉、（参照 2023-03-08）。

14　「迫害下にある教会のための国際祈禱日 2020」2020 年 10 月 25 日版、世界福音同盟（WEA）信教の自由委員会、日本福音同盟ホームページ〈https://jeanet.org/release/2020/10/2030〉、（参照 2023-03-08）。

15　「迫害下にある教会のための国際祈禱日 2022」2022 年 10 月 23 日版、世界福音同盟（WEA）信教の自由委員会、日本福音同盟ホームページ〈https://jeanet.org/release/2022/10/2358〉、（参照 2023-03-08）。

16　『危機・格差・多様性の世界地図』44 頁。貧困については解説 13「二つの貧困」も参照。貧困は非衛生的な環境や栄養不良をもたらし、スラムで暮らす 5 歳未満児の 4 人に 1 人が水の汚染などで死ぬ世界である。石井光太『本当の貧困の話をしよう』（文藝春秋、2019 年）73 頁。

17　相対的貧困は「国民の等価可処分所得の中央値の半分未満」で算出される。

18　岩田規久男『「日本型格差社会」からの脱却』（光文社新書、2021 年）9 頁。

19　『本当の貧困の話をしよう』210 頁。

20　吉川徹は社会分断を「社会に顕在するアイデンティティ境界に基づいて、相互交流の少ない人びとの間で、不平等が固定している状態」と定義している。吉川徹『日本の分断 切り離される非大卒若者たち』（光文社新書、2018 年）30 頁。

21　『本当の貧困の話をしよう』208 頁。

22　かつては「万人祭司」と呼ばれていたが、「万人」は未信者も含めた「すべての人」を意味することとなって語弊があるので、最近では「全信徒祭司制」という用語が定着しつつある。ここでもこの用語を採用した。

23 2011年3月11日の東日本大震災以降、主な災害は以下の通り。2011年3月12日長野県北部地震（栄村大震災）、2011年4月11日福島県浜通り地震、2011年9月2-3日の台風12号、2013年の猛暑、2013年台風26号、2014年の豪雪、2014年8月20日豪雨による広島市の土砂災害、2014年9月27日御嶽山噴火、2016年4月14日熊本地震、2016年4月16日大分県中部地震、2016年8月16-31日台風第7号、9号、10号、11号及び前線による大雨・暴風、2017年7月5-6日九州北部豪雨、2018年7月西日本豪雨（広島県、岡山県、愛媛県など）、2018年6月18日大阪北部地震、2018年猛暑、2018年9月6日北海道胆振東部地震、2019年8月九州北部豪雨、2019年9月台風15号、2019年10月台風19号、2020年7月熊本県を中心に九州・中部地方など日本各地で発生した集中豪雨、2021年2月福島沖地震、2021年7月伊豆山土砂災害、2021年8月集中豪雨、2022年3月福島沖地震など。Cf. 日本で起きた災害一覧（7mate.jp）

24 支援活動を通して教会も生まれている。

25 2019年11月発足。（https://zenkisai.net/）

26 パラチャーチ：各専門分野において社会福祉や伝道の働きを担う超教派団体。例えば、神学校教育や学生宣教、出版事業、放送伝道、マーケットプレイスミニストリー、スポーツ伝道、キャンプ伝道、災害支援、貧困支援など、それぞれの分野における宣教に従事する。

あ と が き

JEA 宣教委員会宣教研究部門チーフ　福井誠

　ようやく本書が無事出版される運びとなり、ひとまずの安堵を得ている。振り返ってみれば、本書の刊行はほぼ7年がかりの取り組みであった。この間、毎月1回のオンラインミーティング、また年数回の合宿を重ねながら共に編集会議を続けてきた。それぞれ牧会のみならず、さまざまな責任を負いながら、忙しい中時間を削り出しながら、しかもコロナで思うようにデータを集めにくい中での大変な作業をやり遂げてくれた。毎回顔を合わせるたびに親しくなり、楽しい時を過ごさせていただいたことも併せて、心から感謝を申し上げたい。また私たち研究部門の作業のために、さまざまな先生方からの助言とご指導、また励ましをいただいた。拝謝する思いである。

　本書の出版は、ある意味で問題提起であり、JCE 7 から始まる探究の方向性を示し、さらに議論を深めるべき内容を提示したものと考えている。だからこれが始まりであって、継続した議論と実践は JCE7 以降「JCE 宣教協力プラットフォーム」で行われる。その複雑なプラットフォームの注文を受けてくれたランプメイトの上坂栄太氏にも感謝する。さらに、これからの議論と実践が主にあって実を結ぶための祈りとして、『「おわり」から「はじまる」私たちの祈り』が、実にタイミングよく脱稿された。その祈りを、編み出す労を惜しまなかった、赤坂泉氏が率いる宣言文作成チームにも心から謝意を表したい。

　そして遅れがちな執筆に、押せ押せのスケジュールとなり、余裕のない編集時間の中で、細かな校正、図版の作り直しを進め、本書をまとめてくれた、いのちのことば社の山口暁生氏にも心より感謝を申し上げる。

　なお、研究部門の使命は、調査、研究、分析にあることは言うまでもないが、先の「はじめに」も書いたように、昨今のキリスト教界内の変化により、今後、的確な調査分析提言がなされるためには、情報の規格化が進められる必要があると感じている。つまり、キリスト教界全体の実情、もしくは、その対策を考えるには、NCC 系プロテスタント教会、聖公会、カトリック教会などの研究部門との交流、また共同研究なくしては、もはや先に進めない大きな課題があると考えている。ただこれも、主の恵みのなせる業で、主が働いてくだ

さって、整えられていく部分かと信じている。

　実際、JCE 7のさまざまな準備作業にかかわる中、その作業メンバーの中に、著者が若き頃、超教派の高校生キャンプで説教奉仕をした際に、神学生でカウンセラーとして参加していた牧師と作業を共にする機会があった。当時は、その彼が、後に海外でも学問的研鑽を積み、立派な牧会者兼学者になろうなど、考えも及ばず、改めて、神の働きは、人間の思いを超えたものであるとつくづく思わされるところがあった。

　調査、研究、分析も主の助けによるものである。そして、本書が刊行され、この働きが閉じられることは、そこから新たに、神がJCE8に向けた働きを開いてくださることを意味している。働きをゆだねられた次世代の一人ひとりが、主にあって、よき働きを進められるように祈るものである。

第1章〜9章の担当者は以下のとおりです。

福井誠　研究員チーフ、国内開拓伝道会総主事（第1、6、8、9章）

松沢実喜男　研究員、日本ホーリネス教団神戸教会牧師（第2，3章）

佐々木宏光　研究員、日本ルーテル同胞教団愛子中央キリスト教会牧師
　　　（第4章）

中西健彦　研究員、日本福音キリスト教会連合、北栄キリスト教会牧師
　　　（第5章）

小岩裕一　日本イエス・キリスト教団、和歌山教会牧師、異端・カルト
　　　110番共同代表（第7章）

根田祥一　クリスチャン新聞顧問、異端・カルト110番編集顧問（第7章）

中村恵久　CALM-IT Christian Network 代表（第8章）

聖書 新改訳 2017©2017 新日本聖書刊行会

宣教ガイド 2023
～「おわり」から「はじめる」宣教協力～

2023 年 9 月 25 日発行
2023 年 10 月 25 日再刷

編　者　JEA 宣教委員会宣教研究部門
印刷・製本　日本ハイコム株式会社
発　行　いのちのことば社

〒164-0001 東京都中野区中野 2-1-5
TEL 03-5341-6920
FAX 03-5341-6921
e-mail：support@wlpm.or.jp
ホームページ http://www.wlpm.or.jp/

新刊情報はこちら